基督教文化研究丛书

主编 何光沪 高师宁

五编 第 **6** 册

溺女、育婴与晚清教案研究资料汇编（上）

鲁静如、王宜强 编著

花木兰文化事业有限公司

国家图书馆出版品预行编目资料

溺女、育婴与晚清教案研究资料汇编（上）／鲁静如、王宜强
编著 -- 初版 -- 新北市：花木兰文化事业有限公司，2019〔
民 108 〕
目 2+230 面；19×26 公分
（基督教文化研究丛书　五编　第 6 册）
ISBN 978-986-485-805-7（精装）
1. 基督教史　2. 清代
240.8　　　　　　　　　　　　　　　　108011505

ISBN-978-986-485-805-7

9 789864 858057

基督教文化研究丛书
五编　第六册　　　　　　　ISBN：978-986-485-805-7

溺女、育婴与晚清教案研究资料汇编（上）

编　　者　鲁静如、王宜强
主　　编　何光沪　高师宁
执行主编　张　欣
企　　划　北京师范大学基督教文艺研究中心
总 编 辑　杜洁祥
副总编辑　杨嘉乐
编　　辑　许郁翎、王筑、张雅淋　美术编辑　陈逸婷
出　　版　花木兰文化事业有限公司
发 行 人　高小娟
联络地址　台湾235 新北市中和区中安街七二号十三楼
　　　　　电话：02-2923-1455 ／ 传真：02-2923-1452
网　　址　http://www.huamulan.tw 信箱 hml 810518@gmail.com
印　　刷　普罗文化出版广告事业
初　　版　2019 年 9 月
全书字数　365313 字
定　　价　五编 9 册（精装）台币 20,000 元

溺女、育婴与晚清教案研究资料汇编（上）

鲁静如、王宜强 编著

作者简介

鲁静如，1992 年毕业于北京第二外国语学院英语系，后获美国爱荷华大学会计学硕士学位。主要从事行政管理和文字翻译工作，曾翻译出版《培养孩子的领导力》（宋蕾、鲁静如译）和《150 年后重看进化论》（鲁静如、王天佑译）。

王宜强，1990 年毕业于北京医科大学，主要从事医学研究工作，业余时间对中国近代史（特别是基督教在中国医疗、教育事业发展中的作用）资料挖掘感兴趣。

提　　要

本书收集了近代国内外报纸或出版物中关于溺女、育婴问题的报道资料或时评文章，并以国外资料中关于"婴儿塔（童塔）"的记述为主，辅以国内目前浙江地区仍然存留的"婴儿塔（童塔）"实物照片，借以说明溺女这一陋习在中国历史和社会生活中的严重性，以及保婴、育婴任务的艰巨性。同时，汇集的关于晚晴时期几起著名教案的中外官方档案资料，显示了外强侵略以及历次"不平等条约"带给中国人民的屈辱感，如何将外国教会机构相关的保婴、育婴善行，演变为"虐婴、杀婴"的谣言，并进而引发各种教案。本书最后围绕 1927 年民国治下发生在福州的"仁慈堂杀婴案"，汇总了当时期的新闻报道、杂志述评、教会认识辩白，以及后来（解放初期）对该案的定性和批斗宣传资料，从而为了解该案及类似案件提供了全方位的资料。

本书是目前国内第一本专门围绕"溺女"这一现象及衍生的重大问题（如教案，以及为解决教案而新加的"不平等条约"内容）的资料汇编，为全面研究 1840 年以后基督教机构（包括天主教和新教）在中国社会变迁中的作用提供了新的视角，也为研究宗教在当今中外关系中的地位和可能影响提供新的思路。除可供基督教文化研究领域的学者参考外，本书还可帮助社会学、近代历史学研究专家或爱好者了解晚清和民国时期的部分风土人情。

"基督教文化研究丛书"总序

何光沪 高师宁

基督教产生两千年来，对西方文化以至世界文化产生了广泛深远的影响——包括政治、社会、家庭在内的人生所有方面，包括文学、史学、哲学在内的所有人文学科，包括人类学、社会学、经济学在内的所有社会科学，包括音乐、美术、建筑在内的所有艺术门类……最宽广意义上的"文化"的一切领域，概莫能外。

一般公认，从基督教成为国教或从加洛林文艺复兴开始，直到启蒙运动或工业革命为止，欧洲的文化是彻头彻尾、彻里彻外地基督教化的，所以它被称为"基督教文化"，正如中东、南亚和东亚的文化被分别称为"伊斯兰文化"、"印度教文化"和"儒教文化"一样——当然，这些说法细究之下也有问题，例如这些文化的兴衰期限、外来因素和内部多元性等等，或许需要重估。但是，现代学者更应注意到的是，欧洲之外所有人类的生活方式，即文化，都与基督教的传入和影响，发生了或多或少、或深或浅、或直接或间接，或片面或全面的关系或联系，甚至因它而或急或缓、或大或小、或表面或深刻地发生了转变或转型。

考虑到这些，现代学术的所谓"基督教文化"研究，就不会限于对"基督教化的"或"基督教性质的"文化的研究，而还要研究全世界各时期各种文化或文化形式与基督教的关系了。这当然是一个多姿多彩的、引人入胜的、万花筒似的研究领域。而且，它也必然需要多种多样的角度和多学科的方法。

在中国，远自唐初景教传入，便有了文辞古奥的"大秦景教流行中国碑颂并序"，以及值得研究的"敦煌景教文献"；元朝的"也里可温"问题，催生了民国初期陈垣等人的史学杰作；明末清初的耶稣会士与儒生的交往对话，带来了中西文化交流的丰硕成果；十九世纪初开始的新教传教和文化活动，更造成了中国社会、政治、文化、教育诸方面、全方位、至今不息的千古巨变……所有这些，为中国（和外国）学者进行上述意义的"基督教文化研究"提供了极其丰富、取之不竭的主题和材料。而这种研究，又必定会对中国在各方面的发展，提供重大的参考价值。

就中国大陆而言，这种研究自 1949 年基本中断，至 1980 年代开始复苏。也许因为积压愈久，爆发愈烈，封闭越久，兴致越高，所以到 1990 年代，以其学者在学术界所占比重之小，资源之匮乏、条件之艰难而言，这一研究的成长之快、成果之多、影响之大、领域之广，堪称奇迹。

然而，作为所谓条件艰难之一例，但却是关键的一例，即发表和出版不易的结果，大量的研究成果，经作者辛苦劳作完成之后，却被束之高阁，与读者不得相见。这是令作者抱恨终天、令读者扼腕叹息的事情，当然也是汉语学界以及中国和华语世界的巨大损失！再举一个意义不小的例子来说，由于出版限制而成果难见天日，一些博士研究生由于在答辩前无法满足学校要求出版的规定而毕业受阻，一些年轻教师由于同样原因而晋升无路，最后的结果是有关学术界因为这些新生力量的改行转业，后继乏人而蒙受损失！

因此，借着花木兰出版社甘为学术奉献的牺牲精神，我们现在推出这套采用多学科方法研究此一主题的"基督教文化研究丛书"，不但是要尽力把这个世界最大宗教对人类文化的巨大影响以及二者关联的方方面面呈现给读者，把中国学者在这些方面研究成果的参考价值贡献给读者，更是要尽力把世纪之交几十年中淹没无闻的学者著作，尤其是年轻世代的学者著作对汉语学术此一领域的贡献展现出来，让世人从这些被发掘出来的矿石之中，得以欣赏它们放射的多彩光辉！

2015 年 2 月 25 日
于香港道风山

目次

前　言

在当今的中国社会，提起女婴、女宝、女孩儿，多数人心里闪现的词语可能是水灵、可爱、花裙、天使，无不美好、悦人。但在并不太久远之前的中国历史中，"女婴"曾经是累赘、无用的代名词之一；跟着接生婆迎接她的，可能是死神。

据 1872 年 8 月 24 日《申报》消息，上海租界医局对社区内华人十五岁以下幼男幼女数目进行统计，有幼男 7907 名，幼女 5716 名，女孩数量是男孩的 72.3%。将近一个甲子时间过去，到了民国的 1930 年，当时的行政区划浙江省民政厅，调查全省七十五县人口状况，发现男女数量严重失衡，在各县市，男女比例从 10：1 到 10：4 不等；如果按照一男一女的理想比例，"浙江省缺少女子约二百五十万人"。

按照上帝的创造设计也好，对自然规律的观察也好，人类生育的男女数量应当大致相等，那么面对上面几个简单却畸形的数字，人们不禁要问：女宝，都去哪儿了？

答案是：她们成了"溺婴"这一群体的一员。

溺婴，本指通过溺水淹死已经出生的活婴，但也泛指通过其他方式如火焚、勒颈、击杀、活埋、遗弃等任何主观故意行为剥夺其生命的做法。中国历史自从进入农耕社会，便一直存在着重男轻女的观念，而伴随着这观念的，则是现实中的主要针对女婴的虐杀行为。虽然少数情况下也会有男婴被弃或被杀，但本书中多数的资料提及"溺婴"时，仍则主要指向女婴；同样的，当使用"溺女"一词时，也并不排除男婴被杀死。

从公元前 250 年前后《韩非子·六反》中"父母之于子也，产男则相贺，产女则杀之"的文字记录，到新中国初期"妇女能顶半边天"的标语以及近些年"生男生女都一样"的劝慰，都指向了历史上曾经对女性的摧残或歧视。另一方面，无论是当时的统治阶级或有识之士出于何种考虑，都曾尝试对这一违反人性和道德的行为进行制止。这与封建社会对另一残害妇女的陋习—裹足—的态度截然不同：最开始提倡缠足以及后来反对"放足"的人群都是有发言权的统治阶层。特别是进入晚清时期以后，这种试图消除溺女陋习的努力更加广泛。除了主动的"新思想"宣传，还有被动的挽救措施，因此催生了官方或民间育婴、保婴等慈善机构。遗憾的是，中国"君要臣死，臣不得不死；父要子亡，子不得不亡"的传统文化又给了父母对儿女生命留去的绝对决定权；特别是当家庭已有人员的生存质量可能受到新生女婴的影响时，"溺婴"者仍能在民间找到冠冕堂皇的理由。因此，溺婴风俗从古而来，并贯穿在中国的整个近代史；直至上世纪上半叶即将结束的 1949 年，溺婴行为仍在部分地区大量存在。甚至到了新中国政权成立后的 1950 年代，报纸上仍不时刊登"溺婴与歧视妇女是违法的"（1952 年 1 月号《新中国妇女》报）、"严禁堕胎、溺婴、弃婴的犯罪行为"（1952 年 5·6 月号《新中国妇女》报）这样的文章，说明溺婴问题依然存在。

另一方面，中国产生新思想、建设新社会的近代，也正是中国被迫打开国门、与"西方"国家与人民爱恨情仇、纠缠不清的阶段。正如我们时常读到的，伴随着西方列强的坚船利炮进入中国的，还有"上帝使者"身份的各国、各派、各行、各类的宣教士。顾名思义，他们既抱着宣教的目的，便想方设法地将他们所信的"教"宣扬出来——有时是通过"宣讲"，有时则是通过"行道"。他们试图融入中国人的生活，并借此寻找宣教的机会。他们试图借着中外经济实力的悬殊，在西方母会的支持下带给中国帮助和祝福。在中国人眼中看来是屈辱、不平等的各种"条约"，从他们的角度看来则是上帝为他们打开的一扇门。他们试图通过他们信仰支持下的教育、医疗、社会服务等管道，把他们认为现代或先进的文明带给中国、并最终借机将中国人领到上帝的福音面前。作为这一切目的综合的体现，他们在中国建设各类学校、开设西医医院，并创办育婴堂、敬老院等各种慈善机构。但，并不是所有中国人都愿意相信这些洋人苦心和爱心行动后的真正动机或力量源泉。信仰或文化的冲突，掺杂着其他如经济和利益的成分，一次又一次的"不平等条约"

带来的屈辱，在中国则演变成一次次民间的抗争。打不过西方的坚船利炮，自可以杀几个"马前卒"宣教士，而所能找到的打杀借口，几乎也无一例外：洋人利用育婴堂之类的"假慈善"机构，虐杀我中国婴儿。于是一次次的"教案"在晚清和民国政府统治下的这块土地上上演。殊不知，现在回头看，一次次用以逞一时之快打杀的理由，都被中国自己的官方政府证实是谣言，结果自然是偿命、充军、赔款、给洋人更大自由和权利，成为更加屈辱的条约和枷锁。

　　近些年，国内学者对历史上的溺婴现象或育婴、保婴善举，以及"虐婴、杀婴"因素在近现代特别是晚清时期各种"教案"中的催化剂效应进行了一些研究，但多数是围绕个案而进行，研究结果多以单篇论文形式在学术期刊发表。本书则以"溺婴"、"教案"为关键词，以近现代中国兴起的报章的相关报道为主要素材，搜集当时关于溺婴现象的报道和记载或其他资料，希冀与读者一同回到当年。同时，也以中国历史上最著名的与"杀婴"相关的几次教案为例，试图与读者一同思考，影响中国近代历史进程的若干重大事件，真相到底如何。同时作为对比，本书还编入了现代甚至最近一些出版物或团体对部分历史事件的记述、宣传，供读者自行比较、判断。

　　本书第一部分"溺女——历史的沉疴，近代更甚"的主要资料来源为当时在中国大陆地区最有影响的上海《申报》。采用"溺婴"、"溺女"、"育婴"等为关键词搜索北京爱如生数字化技术研究中心开发的《申报》数据库，搜集的时段范围涵盖《申报》整个发行时间（1872 年 4 月 30 日至 1949 年 5 月27 日），基本可以检索到该报就此问题发表的所有文章。除纯粹的新闻报道外，也收录了密切相关的评论、分析等，比如对引起教案的国际或国内社会大环境、具体地方的小环境的分析，以及有识之士批判溺婴恶习、呼吁保护婴童权利的文章。对部分有特别意义和价值的条目，以"【编者注 】"形式补充其他来源的资料。《申报》共计发行 77 年，后来被称作中国近代史的"百科全书"，其新闻报道的真实性、分析文章的客观性、对政治相关事件的中立性等，都促成了其在当时中国东部、南部地区的行业霸主地位，也成为民众、学者或机构发布消息、表达意愿的重要媒介。《申报》对溺婴问题以及由溺婴问题引发的其他问题（教案乃其中之一）的持续关注，表明该问题是当时社会的突出问题之一。

　　第二部分"婴儿塔（童塔）——部分溺婴的归宿"则从实证的角度，为第一部分提到的集中埋葬溺婴的建筑--"童塔"--提供了若干现今仍存的实物。

比如《申报》1876 年 12 月 14 日"代葬幼殇骸骨说"一文提到"各善堂建有普童塔数处，以便抛置其中，俟积累将满则从而火之"。虽然未知此处各善堂所辖区域大小、人口多寡，但"各善堂建有普童塔数处"来看，这样的建筑为数应该不小。其实，这样的建筑，特别是将尸体"抛置其中"任其自行腐烂消亡，所散发的气味，无法不给人以强烈的感官和心理刺激；当这样的建筑位于人口较为密集的城市时，就更是不能不引起人们的注意。这也是为什么很多最初进入中国的洋人们都不约而同地在其作品中提到这一特殊的建筑，并直接将其称为 Baby Tower，甚至为其提供了实景照片。但国内档案资料中却缺少类似的记录；以至于国内关注这一建筑的学者需要从国外发表的著作中找到实证的根据。比如 2015 年 4 月 30 日福建《东南快报》都市栏目发表以"网络流传海外摄影师拍摄的福州'婴儿塔'"为题的文章并附了一张照片。至于对该类建筑的作用，有人认为可能与当时来华传教士宣扬的宗教思想有关系，另有人认为是中国人自己某种仁慈观念和鬼神观念的体现。其实，详细研读国外关于 Baby Tower 的文章或书籍，加上本书第一部分的历史性记述，不难看出"童塔"本身与任何的宗教信仰或观念没有任何关系，它只不过是为迁就溺婴这一历史陋习而产生的特殊产物。同时，上述《东南快报》文章所引发的讨论，尤其是相关的历史学者们对这类建筑之功能的猜测，也反证国内学术界对溺婴、婴儿塔这一现象缺乏足够的认识和研究。我们借助近年兴起的网络电子化图书馆，特别是早期的报章书籍资料，从中找到若干重要线索。同时，根据部分网络讨论线索，实地考证了位于浙江境内的几座童塔。

回顾晚清时期的中国历史或中国外交历史，一个基本的印象便是由貌似宗教冲突引起的"教案"层出不穷。因为所有"教案"都涉及与洋人所属国的外交关系，因此所有教案都需由分管外交事务的亲王处理，有时还要惊动皇上。由于当时信息往来传递主要依靠车马，沟通效率低下，因此"教案"处理速度缓慢，以至于在某些时候，在亲王案前办理或待办的教案有好几起。如前所述，引发"教案"的深层次原因固然是"不平等条约"带来的排外、仇外情绪，但最直接的导火索却基本如出一辙：传闻洋人慈善机构虐杀华人婴童。本书第三部分"晚清时期由'虐婴、杀婴'传说引发的著名教案"，以现代中国学者整理出版的部分史料（如福建师范大学与中国第一档案馆合编的《清末教案》，包括大量当时为解决教案而进行的清廷官员信函往来、中外之间会晤协商纪要、外方驻华使节与其本国政府之间的信函）为线索，主要介绍最为著名的 1868 年"扬州教案"和 1870 年"天津教案"的起源断定、解决办法等，辅以深受该两起教案影响的曾国藩的传记资料或辅以当时国外一些报纸的报道，试图较为全面、客观地展现"教案"的本来面目。

　　第四部分则研究了民国早期（1927 年）在福州发生的"仁慈堂杀婴案"。此时距扬州教案已经近 60 年时间，国家也已于 1911 年开始了中华民国的新纪元。但引发福州教案的缘由与晚清时期的教案毫无二致。更加遗憾的是，1927 年的 1 月正好赶上北伐军进入福州城，出于战时治安统治的需要，虽然"福州仁慈堂杀婴案"中仅有西班牙教会所属育婴堂、天主堂被抢劫，部分外国人士寓所被攻击和抢劫，少数人被打受轻伤（但没有任何人员死亡），也还未等外方政府施加压力，便有十余位中方人员因为参与暴乱而被军政府迅速处决，不能不令人唏嘘。也是由于该案发生时间较晚，此时新闻、出版、通讯等行业已有长足发展，因此引起较为广泛的报道和讨论，它也成为新中国成立后对旧社会外国侵略者残害中国人民的经典案例之一，本书对此也略作探讨。

　　本书使用的《申报》资料主要来自北京爱如生数字化技术研究中心开发的申报数据库。该数据库包括《申报》报纸的电子扫描版和进行识别转换后的文字版。早期的《申报》文章和其他文字资料（如官臣奏折、皇室谕旨等）使用文言体、繁体字，并且没有标点符号。为符合现代读者阅读习惯，我们在编辑整理时依据当时的行文习惯，添加了标点符号。对于任何存疑义的地方，均根据前后文和背景资料分析进行确定。对于实在不能确认的地方，比如原版报纸皱褶、缺失、磨损等导致个别文字不可辨识，本书均以"【编者注 】"形式进行说明。为更方便读者理解一些重大历史关节事件，本书也以"【编者注 】"形式适当扩展、补充其相关背景并给出文献出处。

　　需要说明的是，本书并非追求成为系统、全面的研究报告，但它所包括的资料，都是白纸黑字的历史文字记载，特别是来自当时中、外政府的官方文件资料最为权威；至于《申报》，我们现在回头看去，意识到它作为一个新闻传播为主的媒体，其中立、客观的立场，也是被同时代的人以及后来者所认可的。虽然我们尽力追求给读者一个多方位的介绍，由于客观条件的限制，比如难以找到一些事件最直接、原始的一手资料或档案，我们也无法对当时报章的报道的真实性进行更深一步的验证，但仍期冀该书能够激发读者共同追求真相的兴趣。若对于文中引用的资料有任何补充、更正或讨论，请不吝赐教。

第一部分
溺女——历史的沉疴，近代更甚

第一章　溺女问题的历史缩影

根据《韩非子·六反》中"产女则杀之"的说法，中国人溺女的历史，至少从春秋时期就开始了，而在地域上，则以多水的南方尤甚，因此国内学者对这一现象所做的研究也多集中在福建和长江中下游领域[1-11]。今天仍有一定声望的明末文学家、戏曲家、思想家冯梦龙，年届六十才补为贡生，1634年上任福建寿宁知县，在任四年。他对后世的遗产，除了流传下来的文学作品"三言两拍"，还有一篇治理溺女问题的告示，全文如下：

"寿宁县正堂冯，为严禁淹女以惩薄俗事。访得寿民生女多不肯留养，即时淹死，或抛弃路途。不知是何缘故，是何心肠。一般十月怀胎，吃尽辛苦，不论男女，总是骨血，何忍淹弃。为父者你自想，若不收女，你妻从何而来？为母者你自想，若不收女，你身从何而活？况且生男未必孝顺，生女未必忤逆。若是有家的收养此女，何损家财，若是无家的收养此女，到八九岁过继人家，也值银数两，不曾负你怀抱之恩。如今好善的百姓，畜生还怕杀害，况且活活一条性命，置之死地，你心何安？今后各乡各堡，但有生女不肯留养欲行淹杀或抛弃者，许两邻举首本县，拿男子重责三十、枷号一月，首人赏银五钱。如容隐不报，他人举发，两邻同罪。或有他故必不能留，该啚呈明，许托别家有奶者抱养。其抱养之家，本县量给赏三钱，以旌其善，仍给照；养大之后，不许本生父母来认。每月朔望，乡头结状中并入"本乡无淹女"等语，事关风俗，毋视泛常；须至示者"。【根据网上资料说，该"溺女告示"现在与冯梦龙画像一起贴在寿宁西浦状元祠里。】

冯梦龙离职后不久，历史的车轮便进入了大清帝国时期，治理溺女问题的包袱则遗留给了新朝政府。又是二百多年过去，"严禁溺女"的告示甚至谕旨仍然频出。《宁海县志》卷二十一《碑碣》一文记载，在宁波市海曙区天封塔下东北碑林有一块标明同治十二年（1873 年）的"督办浙江军需报销总局奉宪永禁溺女恶碑"（图 1），碑文如下：

"督办浙江军需报销总局杭嘉湖道何、盐运使司宗室灵、布政使司卢、按察使司蒯、督粮道如、盐运使衔记名道张，为严禁溺女恶俗、以拯婴孩事。恭查同治五年十月奉上谕：'御史林式恭奏[民间溺女积习未除，请严行禁止]一折。民间溺女，自乾隆年间，部议照故杀子孙律治罪，例禁綦严。乃据该御史奏，日来广东、福建、浙江、山西等省仍有溺女之风，恐他省亦所不免，实属伤天地之和，若不严行禁止，何以挽浇风而全民命。着各直省督抚、董饬所属地方官，出示严禁，并责令各州县劝谕富绅，广设育婴处所，妥为收养，俾无力贫民不致因生计艰难，再蹈恶习。倘仍不知悛改，即治以应得之罪，毋稍姑贷。钦此'。仰见朝廷保赤之怀，上体天地好生之德，自宜凛遵弗替，永绝颓风。无如小民无知，往往以生男为可喜，生女为可憎，憎之而竟溺之，忍心害理，无有过于此者。

浙江兵燹以后，虽屡次申禁，而恶俗要未能泯。兹据鄞邑绅董洪璇枢、张瑞梁、杨为焕、谢骏德、祝启唐、马永廉、徐孝榆、周宗坊、徐志水、徐挺芝、徐孝檀、张瑞清、华志青、毛昌善、徐志芬、华长恩，奉邑绅董周序英、周绍旦、周沛霖、周发潜等禀称：'窃于同治四年间，会议捐资，在宁郡设立保婴会。查宁属奉邑屡多溺女恶习，邑中虽建有育婴堂，而四乡设会未及举行，经枢等设法办理，分赴奉邑各村庄，善为开导，先由枢等保婴会助钱，劝令设会，捐钱置产生息，并各会各立柱首等管理收捐、保票、查验、给发等事，如贫户无力养女，觅保交票定数，按期给钱自养。若给满后，仍系无力抚养，许其抱入育婴堂收养。自捐办以来，迄今八载，各乡设会已遍，而贫户生女不致再溺，业已着有成效。所恐日久废弛，必至前功尽弃，又经选择妥当司事，不时查察缮册，禀恳给示勒石永禁'等情前来。查该董等办理宁郡保婴，而兼及奉化一邑，捐资设会，合县遵行，恶习尽除，实堪嘉尚，应准给示，勒石永禁，以免日久废弛。

为此示仰士民人等知悉：尔等当念天伦至性，男女同是所生，人命关天，小大毫无区别。中人以上之家，不难抚养，固宜洗心革面，痛改前非。即贫乏小民，不能留育者，既有保婴善会贴给钱文，不得再行淹溺。如贴钱给满，仍无力抚养，即送婴堂，官为收养，俾呱呱赤子均得长大成人，将见俗美敦

庞，共登仁寿，岂非怡然至乐之境哉！此次示禁之后，敢再狃于积习，任意
溺毙，则是愍不畏法，毫无天理人心，定将夫男拘拿到案，照故杀子孙之例，
杖六十，徒一年，定地发配，断不稍事姑容。尔等务当激发天良，切勿以身
试法，是为至要。其各凛遵，毋违！特示。同治拾贰年九月□日给【原碑文
无具体日期】。宁郡保婴会建，毛昌善书丹。"

图 1. 《督办浙江军需报销总局奉宪永禁溺女恶碑》

根据资料（http://parovariotomy49.rssing.com/chan-
22466906/all_p10.html），该碑目前位于宁波市海
曙区天封塔下东北碑林。

除了上述由若干“高官”联署的勒石立碑外，还有地方保婴局较小规模的立碑，以表明与这一恶习的斗争（图 2）。遗憾的是，溺女这一顽疾，熬过了康乾盛世，也熬过了老朽晚清，并熬过了早期的中华民国（图 2）。直到中华人民共和国政府在这片土地上成立，溺女的陋习仍时常沉渣泛起（图 3）。令人欣慰的是，随着人类生产能力的提高，当缠累中国人民两千多年的贫穷被克服、当天理真的入了人心时，“溺女”这个幽灵也最终被消灭。

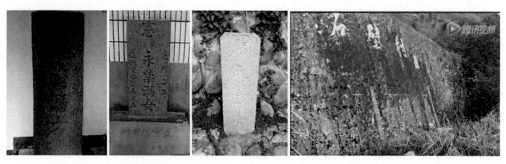

图 2. 网络上流传的三块现存的“永禁溺女”碑和一处石刻

根综合网上资料，其中左起第一块立于 1875 年，第二块立于 1876 年（位于现福州闽侯县村里村）。第三块位于现福州市永泰县嵩口镇古码头附近，立碑年份不详。第四块立于民国 26 年（1937 年），位于现横溪镇六都港石壁村村口。

嚴禁墮胎、溺嬰、棄嬰的犯罪行爲

編輯同志：

近來江蘇啓東縣各地又相繼發生棄嬰、溺嬰、墮胎等現象。如匯龍鎮兩個月中，即有三個嬰孩被拋棄在菜市的魚攤上；大興區東興鎮，三星區高家鎮亦有類似事件發生；余角區蠶豐鄉徐家生五個孩子僅被虐殺了兩個，另外一個掩埋在灰堆裏，被鄰居發現救活；二滧區呂復鄉民兵隊長沈學和，竟將私生嬰孩用開水燙死。以上被拋棄的或虐殺的嬰孩，大部分是女孩。

據我了解，目前農村中對保護嬰孩的教育做得很不夠的。羣衆重男輕女的封建思想，還相當嚴重。有的幹部對保護嬰兒的政策認識很模糊，沒有認識到墮胎、溺嬰是犯法的行爲。雖然他們口頭上也講禁止墮胎、溺嬰，但到事情發生，則採取少管閒事或抱不聞不問的態度，因此很多有墮胎、溺嬰的罪行者沒有得到應有的教育和法律制裁。

爲了正確貫徹共同綱領及婚姻法中保護嬰孩的政策，徹底掃除數千年來的封建殘餘影響，嚴禁墮

溺嬰與歧視婦女是違法的

編輯同志：

關於禁止溺嬰問題，各地報上都一再提出，部分溺嬰的父母並已受到法律制裁；但溺嬰事件還在各地繼續發生，特別是溺死女嬰的現象非常嚴重。這裏我告訴你一件溺死女嬰的事情。

山東鄒城北鄉西村沈全生的老婆馮氏，因連續生了三個女孩，全家就都對她不滿意。今年馮氏又懷了孕，沈全生說：「你就是生太子，我也不歡喜。」到馮氏將要生產時，沈全生就命令她到猪圈裏去生產。馮氏沒有辦法，只好到村外炮樓底下去生孩子。這次又生了兩個小女孩。沈全生看見後，更爲不滿，就破口大罵。馮氏在受屈之下，只有恨自己「命不好」；加上有些人還說：「二女上床，家破人亡」等迷信話，逼得馮氏只得將兩個新生的女孩拋在「亂葬崗」上，活活凍餓死了。

從這件事看來：在羣衆中還存在着嚴重的重男輕女思想。爲了徹底地保障嬰兒的生命安全，特別是女嬰的生命安全，希望各級政府和婦聯，除給溺嬰者以嚴厲懲罰外，並應加强有關這方面的教育。

山東省鄒城縣委　王　超

編者按：共同綱領上明文規定保護母親和嬰兒的健康，但現在有的地方還仍然存在像這樣野蠻地殘害嬰兒和母親的事例，這是不能容忍的違法現象，這是重男輕女的封建思想遺毒。希望當地政府和民主婦聯應嚴加注意這類事件，並教育羣衆，以免類似事情再發生。

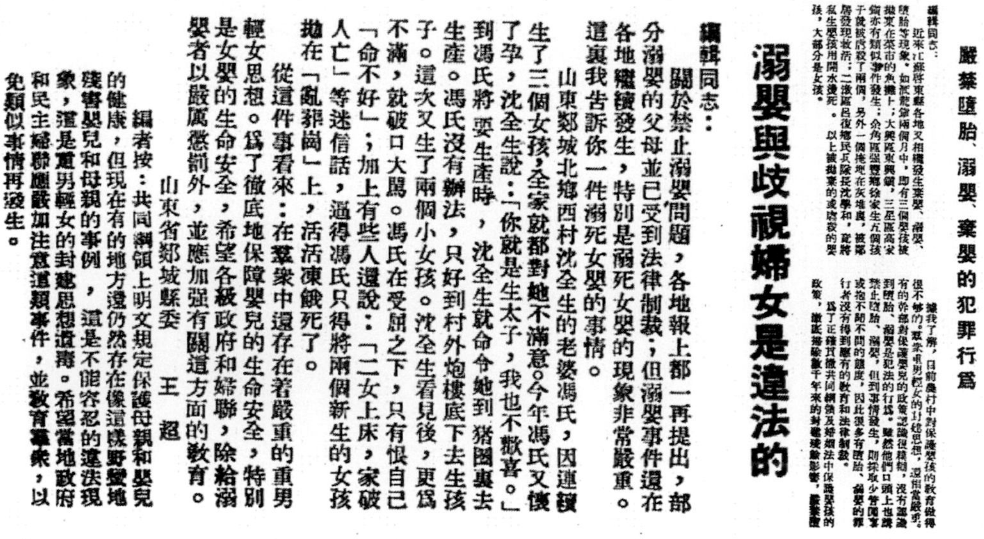

图 3. 《新中国妇女》报

1952 年一月号（左）和五 · 六月号（右）谴责溺婴问题的文章。

但当我们回顾"溺婴"这一社会现象在中国历史中的变迁时，却蓦然发现，它在决定近代中国历史走向的诸多因素中，扮演着极为重要的角色。自春秋至 1840 年的两千多年中，"溺婴"仅仅是个让民众心痛、朝廷头痛的陋习。但自列强用枪炮轰开中国的大门，同时涌进中国的，除了有钱有势、"利欲熏心"的商人，还有胸怀上帝使命的宣教士和基督徒。不曾想，"溺婴"竟成为中外外交冲突的焦点之一：中国人民对前一类人恨之入骨却又无可奈何的愤怒与委屈，转嫁给了柔弱而逆来顺受的后者[1,5]。详查历史，"溺婴"这一现象被中国人作为"自己的事"做了、忍了两千多年，却无法忍受道听途说的洋人虐婴、杀婴。于是，"教案"接二连三地发生，并成为列强政府新一轮的借口。

这样的恶性循环，记录在白纸黑字的报纸和官方档案中。

第一章之参考文献

[1]李俊丰.多元观照和文化建构——19 世纪西人眼中的中国溺婴现象[J].北京社会科学，2019（01）：13-24.

[2]张超凡.清代湖南地区溺女现象与政府救助[J].湘南学院学报，2018，39（04）：41-45+51.

[3]陈熙.清至民国福建溺婴现象与育婴堂研究[J].地方文化研究，2015（02）：49-59.

[4]张功远.宋、清溺婴问题研究综述[J].黑龙江史志，2015（04）：38-39.

[5]吴巍巍.近代来华西方传教士对中国溺婴现象的认识与批判[J].江南大学学报（人文社会科学版），2008，7（06）：83-86+90.

[6]刘昶.清代江南的溺婴问题：以余治《得一录》为中心[J].苏州科技学院学报（社会科学版），2008（02）：65-69.

[7]姚延玲.宋代溺婴问题探析[J].河北青年管理干部学院学报，2008（02）：63-65.

[8]薛刚.清代福建溺女陋习及整饬[J].历史教学（高校版），2007（05）：24-28.

[9]王美英.明清时期长江中游地区的溺女问题初探[J].武汉大学学报（人文科学版），2006（06）：801-805.

[10]张敏杰.国外学者关于"溺婴"的研究[J].国外社会科学，1997(03)：63-67.

[11]张建民.论清代溺婴问题[J].经济评论，1995（02）：75-82.

第二章 《申报》关于溺女、育婴问题及引发的部分教案的报道

　　上海《申报》自1872年4月30日创刊至1949年5月27日停刊，历经晚清、北洋政府、民国政府三个时期共77年，共出版27000余期，被公认为中国近代最有影响力的报纸之一。由于其版面量大、时间跨度长、内容丰富、涉及广泛，甚至被视为研究中国近现代史的"百科全书"。我们搜索期间关于或论及溺女、溺婴、杀婴等现象以及育婴、保婴等善举的部分报道，按照"年.月.日"先后顺序分列于此。早期报纸报道不用标点符号，且常常有文言和白话混杂使用的现象，本书除方便阅读为其添加标点符号，对报道的字词转化为简体字外，不做任何更改。对部分有特别意义和价值的条目，以注释形式补充其他来源的背景或后续报道。

1872.8.24
译西字论上海租借医局病人数目

　　通商各海口近立一规，令西医生每六个月将所治之病人几何、系生何症、病因何故而生、以某种病症为最多、不治者若干人，一一详细论明，以便查考。兹上海英美二租界内，共有华人六万七千八百九十名口。自去年九月至今年二月，在医局病故者计一百六十七名口，兹将其病症人数开列于左【编者注：因旧时报纸皆竖排、从右往左行，所以凡"于左""如左"即为"如下"

之意；同理，"如右"、"见右"等即为"如上"之意】：风寒死者七人，生产死者十人，老病死者六十九人，急病死者三十五人，吐血死者五人，伤寒死者十七人，咳嗽死者一人，发痧死者八人，鼓胀死者二人，腹疾死者二人，自尽死者七人，痛风死者二人，天花死者一人，烧死者一人，共计一百六十七人。

据西医云，凡街道不治、秽雜不除，则浊气熏蒸，触之者往往易生疾病。今上海租界内各处开挖沟渠，使积秽流通甚为清洁，且地势亦觉增高，非如前之低湿，故病者较前为少。惟妇人生产致死者甚多，闻百人之中死者或五六焉，或七八焉，诚为可惨。若在西国，则千人中不过十一二人而已。盖西人之收生也，以医士；华人之收生也，以稳婆。西医深明生产之理，稳婆则每多贪利，或未能详悉其微，故往往有不得其法而误死者，可不慎哉。

所尤足异者，则核计华人十五岁以下幼男幼女数目。幼男计有七千九百零七名，幼女仅有五千七百十六名，较之幼男少二千一百九十一人焉。西医谓华人生女多有于产后杀之或鄙弃不顾，因而致毙者。此言甚骇听闻。夫孟子云"恻隐之心，人皆有之。今人见孺子将入于井，且有怵惕不忍之心"，况父母之于子女，固无不爱之、护之、保抱、提携，惟恐其疾病之或侵焉，而忍于呱呱在抱之际，遽戕其生乎哉？然幼男多于幼女几至半倍，虽天地生人重男轻女，亦不至相悬如此之甚也。或曰，华人常有溺女者，殆或然欤！夫溺女之条例有明禁，乡愚无知庸或有此，岂至城市而亦然耶？果有此风，吾愿有心世道者，力为挽正，使幼女各得遂其生机，庶不负天地好生之德，其种福岂不厚哉！

1872.12.5

邑尊严禁溺女告示

出示谕禁事。据同仁局职董沈嵩龄、周昌炽等禀称：前在十八保七八图伊字达地方设立同仁局，专办保婴等事。现查溺女之风较前尤甚，不特溺女，甚至生男亦溺。职等偶有所知，环求谕禁等情到县。据此，除批示外，合行严禁。为此，示仰地保诸色人等知悉：尔等生有男女婴孩，如果贫苦无力养育，立即报知同仁局照章办理，或送城内育婴堂留养。自示之后如有前项溺婴情事，许该地保指名禀究，其各遵照毋违，特示。

1873.10.21

僧道宜令婚配论（作者：陈留树）

　　道释两家，见槟先儒，而得优容于圣世。其故何欤？说者曰："天下不能无茕独，亦不多得富人。与其使富人哀恤之，不若使茕独自谋之。"假佛门为大养济院，使天下鳏寡孤独，群焉衣食其中，是固为鳏寡孤独生法，初非为僧道护法也。夫既不为僧道护法，则宜谕令婚配，俾天下之鳏寡孤独，群无茕独之忧，庶乎其可也。有司乃转而禁之，非真能禁之也，阳从阴违而已矣。试征近事而言，两月中僧尼奸案凡十数事：或大家闺阃借随喜为售奸地，或僧尼同室，假佛门结偕老缘，或赁尼庵而为野合之所，或因道场而成诱污之事，甚而因奸致命者有之，杀身灭口者有之。有司恶其污戒行也，惩而禁之。予独慨然以叹曰："是可禁止乎？抑别有道以处此乎？"试问两月中僧尼奸案，何忽焉而繁？则严查之所致也，严查而案繁。则昔日奸案之不繁，非不繁也，不严查，不闻而已矣。今既惩一儆百矣，何接迹败露，依然不少敛迹乎？而抑思僧道犹是人也，饮食男女，人之大欲存焉。试举天下之红男绿女，而悉禁其嫁娶，则采兰赠芍之风，有不靡然者乎？而何独苛求于鳏寡孤独托名僧道之伦乎！宜其虽令不行也，且今此之败露，半由呱呱在抱者所致。一严究，则呱呱在抱者，皆水中婴、堕下胎矣。约而计之，一僧一尼岁足以死一胎，普天下之大，吾不知殇夭者几何矣。伤胎溺婴，王政所必禁。阳禁之而阴导之，有是理乎？审是以思，是可禁止乎，抑别有道以处此乎？纵谓亦既出家，宜守戒律，而抑思今之僧道，岂犹是勘破尘凡、遁迹其中者乎？何一非鳏寡孤独之伦，为饥寒所迫致者乎，以戒行律鳏寡孤独而禁其婚配，岂通论乎？禁其婚配而转令乱其婚配，岂政体乎？独不思礼以制之，而使内无怨女、外无旷夫乎？及今计之，惟有举天下之僧尼而夫妇之，禁娼妓之淫风败俗，而悉举以为道家妻，庶乎奸案可弭，夭札可拯，闺门可肃，而与圣朝养济茕独之意，先儒人其人之旨，不相妨而适相益。有谓不足为训者，则试问之曰："置奸案于不闻，置堕胎溺婴于不顾，置僧道于无可择配而使之乱及闺阃，置圣朝养济茕独之意而驱之法网，置先儒人其人之旨而逼令其弃背人伦，遂足以为训乎？是宜禁止乎？抑别有道以处此乎？"请质诸有道之大君子。

1874.1.12

创立正心局保婴埋婴各善举

上海善局林立，惟保婴埋孩并无专局。是以濒海地方，尝有婴孩漂浮水面。一由无力备棺，一由无茔谋窀，其荒郊僻壤浮厝败椁，往往被人发掘，甚至犬噬鸟啄，惨不忍睹。兼有贫家生育，无力唤稳，每至遭蹋婴孩，殊堪痛惜。现由董等具禀租界会审陈司马，于二马路西设局，举行保婴埋婴，名曰正心局。夏则送诊给药，冬则放粥施绵，已于日间举行并附章程四条，请给示谕。但设立善局例应由县报明具禀，因未据声明捐款从何筹措，抑系己出，已由陈司马批明白。均应声叙明白，着即赴县详细禀明，移会一体出示备案。观于此，该董之绸缪尽善，煞费深心。惟捐款一节，未据声明，未悉从何筹办，倘独木难持、集腋成裘，仍须按户捐输，以有余而补不足也，则以实心行实政，勿因以为利俾善举克全穷黎，是赖所深望焉。章程附后。

（一）贫户具报孕妇，即派司事查明。属实先给棉衣半斤，俟将近临盆，报局给发稳婆钱五百文，并婴孩毛衫、抱被及产所用糖菜、苦草等物一体发给。

（二）贫户婴孩病死后无力买棺者，来局报明收埋代葬。

（三）贷民流腐上海死亡多年，败椁暴露，无力埋葬，本局派司事查明有无亲戚，或酌量远近分别给资运回安葬。实在无主之棺在沪义冢安葬。

（四）保婴、埋婴之外，夏则送诊给药，冬则赈粥施衣。

1874.5.12（并于5.24重登）

溺女报

溺女之禁，经三令五申。而僻壤穷乡，每言之谆谆而听之藐藐。客言浦东李妇溺女之报，可为殷鉴焉。生男勿喜，生女勿悲，慰情聊胜于无。何贵男贱女，而付之洪波巨浸也？某妇浦东人，年逾不惑，五占弄瓦矣。乡多溺女风，某沿俗投之浊流，既免目前褓褓，又省日后妆奁，计谓良。得而随溺随孕，终未一索得男。至四胎，妇以索缳女首，始投诸河，辣手忍心，意使女胎不敢再投伊腹。此客岁端阳后三日事。不逾月又孕，本年上巳坐草，妇产难亡，妇死而胎堕，依然女子，颈上红勒宛然。妯娌见之，以为溺女之报。夫生子固承宗祀，生女也耀门楣物。命至微尚体天地之心，放生戒杀，况自残骨肉乎！愚山施氏有歌一首，溺女者睹之可作当头棒喝：

劝君莫溺女，溺女伤天性。

男女皆我儿，贫富有分定。

若云养女致家贫，生儿岂必皆怡亲？

浪子千金供一掷，良田美宅等灰尘。

若云生女碍生儿，后先迟速有谁知？

当阶玉树多先折，老蚌双珠不厌迟。

有女莫愁难遣嫁，裙布荆钗是佳话。

婚不论财礼义存，择婿安贫免牵挂。

漫忧养女玷家声，为儿娶妇亦关情。

淫首百恶尔先戒，不种孽根孽不生。

杀女求儿儿不来，暮年孤独始悲哀。

不如有女送终去，犹免白骨委蒿莱。

赎人妻女救人殃，阴骘缠绵岁必昌。

若还多女竟无男，前生借债今生偿。

劝君莫杀女，杀女还杀子。

仁人有后恶人无，桂折兰摧疾如矢。

劝君莫杀女，杀女还杀妻。

生殄婴孩死索命，牵衣地狱徒悲凄。

劝君莫杀女，杀女还自杀。

冤冤相报几时休，转世投胎定夭札。

孺子入井尚堪怜，如何嫡女葬黄泉？

及笄往嫁尚垂泪，何忍怀中辄相弃？

古往今来多杀机，可怜习俗不知非。

人命关天况骨肉，莫待白首泪沾衣。

　　此歌先论情理，后言果报，剀切详明如白香山诗，老妪尚解，爰赘报中，俾愚夫愚妇触目惊心，或不无少保云尔。

1874.5.14

溺女恶报

　　有友自云间来者，告余一事，闻之令人骇异而生感动，固可为溺女者戒也。娄县之西乡有刘姓妇，于庚午岁曾生一女，弥月后双目忽瞽。妇恶之，绝其乳。其夫屡戒之，不听。遂饿以死。逾年又生一女，目甚大，而两手如猪蹄。妇尤恶之，杀而投诸水。是月之初，忽产一肉球，大可一拱，遍球皆有细洞，盘旋不定。众人大怪异，将欲弃之。忽跃起直击，刘妇因惊悸而卒。正鼎沸间，球已不知所之矣。翌日于榻下得之，则缩如鸡子大，其色甚红，几疑为九转灵丹。剖之坚不可破，掷于地，铿然作金石声。遂与妇同就土焉。噫，是殆二女之冤气所结而成者耳，否则何能击妇而使之惊悸以死耶。

1874.9.14

妇胎殊异

溺女恶习，惟汉黄所属之数州县为甚，竟有不可破之势。有麻城县民某甲寓于黄鹤楼侧，向操磨刮竹箸之业者也。妻李氏结褵十有余载，祈神问卜冀育石麟，乃六姓蝉联，悉皆弄瓦。甲妻惑于蛊巫渡海超生之说，一落胞即溺诸水国。洎乎七产，又生一女。甲怜爱之，不忍令其及溺。其妻狃于故习，辄乘汤饼会后托言携女赴阳逻探母，买舟江干。一帆高挂顺流而东，才过青山，便将周岁娇女骨董一声果诸鱼腹。及抵母家，夜梦群女紧绕其身，急思旋转而躯如绳缚不能少动。惊醒后心甚恶之，诘朝匆匆返棹。未数月又怀一娠，将及十月腹内转侧颇异前胎，窃幸以为男也。延至月圆十六度，方始临盆。当红潮骤至时，忽觉滑下一物而不闻啼声。俯睨之，盖巨口赤鳞一无足虫，似蛇非蛇者也。长约五尺许，大可盈握，蜿蜒片刻即缭绕于甲妻之腰，向温软鸡头张口而吮。甲妻大惧，呼甲急觅竹刀向前击之，而产蛇旋以尾锁氏颈，如前梦群女绕身之状。遂自述其异，及甲寸斩蛇身而抚视，其妻气亦绝矣。闻其事者群然往观，几欲塞破屋子。则孽报之惨，孰有惨于甲妻李氏哉！世之好溺女者，盍鉴诸。

1874.10.13

松海防沈司马总办保婴局事

上海保婴之举原已久经办理，并曾奉道宪谕饬员董刊列章程，谆谆劝诫，不啻唇焦舌敝。无如委员只能施以恩惠，而无惩究之权是故乡民有熟识亲友，能达委员绅董者，仅请领保婴之费，而不知有律究溺女之法。劝者是劝，溺者是溺，则虽上宪有好生之德，而违律者仍多。按此风固盛于苏常，而镇属如徒阳等治各乡，即中饱之家亦多行之者。盖彼处恶俗，以养女赔嫁为累也。

每见小康之家，因嫁一二女竟致倾家者甚多，稍有不足，则此妇为夫家终身所不齿。诚所谓习俗移人，实牢不可破。如欲实事求是，必须究其本末。当令乡约中，先劝嫁女之奁赠，循循善诱，俾共敦节俭，而后此风或可挽回。否则，恐未能遽革也。若谓责之保甲，则保甲亦个中人，奚能办理？幸今已有松海防沈司马总理其事，苟能襄理得人，赏罚严明，想不致徒事虚名。并蒙出示晓谕，明白畅达，亦可见司马之用心矣。惟保婴之定章于报局后，既须查明，可不必再令觅保。此中实省却许多周折也。因录其示曰：

"溺女之风，久干律禁。顺治十六年、同治六年叠奉上谕'民间溺女积习未除，通饬各省严行禁止。如仍蹈故习不知悛改，案实照故杀子孙律之等因，钦此。'钦遵在案，例禁綦严，此国法之不可干也。至于父母子女，天性所关。骨肉相残、灭绝人理，莫此为甚。推原其故，皆因家计艰难、抚育无由，主理或以男女已多，力难分顾，忍而为此者，亦所不免；不得已而出此者，未必不十有七八也。今各大宪保赤为怀，于育婴堂之外在城设立保婴总局，各乡又增设保婴之分局，捐廉倡始并劝各业集捐创办。诚恐乡间离城较远，送堂既苦奔驰，而婴孩送抱行远亦多流弊，且恐乳姬之抚人子女不能如其亲母自抚其子之尽心周密、保护无亏，是以现定章程。如有实系贫苦而无力育养男女者，准其到局取保报名，头一个月给钱二千文，嗣后月结四百文，以一年为度。若届春夏再给单布衫裙，秋冬则给棉袄棉裙各一件，以资瞻养。用意之周密，可谓无微不至。在上宪于民间儿女，倘若是之百方保护，而亲生之父母岂可转视此甫出母腹之婴孩即同仇寇、悍然不顾生即治死？试问，己亦从婴儿长大，设当父母置之于死，何有今日？如竟治死，能无仇怨？返而自思，应亦明白可知。虎不食子、牛羊舐犊，岂可人而不如之乎？为此剀切劝禁，尔等务须痛改恶习，共相劝勉。既可领取钱文衣服，不费尔之打算，以公中之钱文养尔自己之儿女，即免尔自己之罪过，何乐而不为？何致明犯王章、暗遭冥谴？冤冤相报，靡所底极。本分府当不时亲历各乡，分任绅董责成地保明查密访，如有仍敢不改积习而私行治死婴孩者，此后三个月分内查出，妇女则照章插旗游示，本夫重责。三月之后再敢不遵，定行详宪按律惩办，以挽浇风。经此恩威并施而复蹈故辙，是真不能以理谕也。三尺具在，惟有执法不宥云。"

并录大清律例五条，计开：（一）父母将女溺死者，照故杀子孙律，杖八十徒一年；（二）奴婢动手溺女者，照谋杀家长期亲律，治以死罪；（三）稳婆下手溺死者，照谋杀人为从，拟绞；（四）邻右族人等知情不首者，照知情谋害他人不即阻挡救护及被害后不即首告律治罪；（五）地保徇隐不首报官并拟以罪。外发保儿章程分散各乡，俾众咸知。

1874.11.13

沈司马下乡

松海防分府沈司马，曾奉本道宪委办保婴总局查禁溺女等事，本馆已将举办情形详列前报。在城之总局，早于九月朔日开办，其经费由绅商量力输将。凡有报产者，其小孩之衣裙靡不预为备好，并给制钱千文，故与先前所兴办者大不相同，诚欲优给其费用而使之不复溺毙也。今沈司马又亲自下乡，专劝各乡镇多设分局，面谕就地绅董实力奉行。轻舆减从，累月旬东走西奔，不辞劳瘁，似此实事求是，谅不致如从前之虚应故事矣。从此寿域同登仁风翔洽，将拭目俟之。

1875.4.29

南沙善政

沈司马禁止溺女一节，其半以婚嫁无力而溺女者最多，然当时祇以养女为赔钱货，而未言装奁之外又有此等人从中渔利。然小户人家每每因此而溺女者，非谓嫁女之难，实以花费之大故也。忍而为此者，所在皆是。不然养女即可为养媳，较生男更觉易为力，而必出于溺女计者，都半为此等人迫之走险也。

1875.11.1

海防分府沈示

为出示晓谕事。照得本分府奉委举办保婴事宜，业经总分各局谕董遵明章程，悉心办理。凡有贫户生产无力哺养者，准就近报局，查明给发钱衣等件，以资赡养。用意周密无微不至。如私行溺毙者，查例重惩，剀切晓示在案。兹据总局董事禀称，下乡察婴时，访得高行马桥镇等处，竟有力能养赡之家将女溺弃，甚将重物压死。忍心害理，莫此为甚。本应请究，缘念乡愚无知，既往不咎。除总局常派司事各乡查察，再有此等恶习立即禀请提究外，仰乞再行晓谕等情。查乡间愚氓溺婴之习久，经谕尚未能除，殊属顽梗残忍。

本应严办，姑念小民无知从宽免究。一面着令各董传谕、地甲捐牌周历详劝外，合再出示晓谕。为此，示仰居民人等知悉，尔等务宜痛改前非、共相劝勉，如敢仍蹈故辙，一经访确定，即按律从严惩办，以挽浇风。地保隐匿不报，并干重处。本分府言出法随，勿谓言之不预也。切切特示。九月念九日示

1875.11.24

溺女丧子

溺女之风，乡村中视为固然，往往劝之不回，禁之不能；以致哇哇者初出母胎，旋遭毒手，而魂从泉台来者，仍从泉台去矣。然未有果报昭昭、传播人口如南汇西北乡之王某者也。王生有一子，三岁犹向母吮乳，然母又孕已无乳矣。近于十月初，其母分娩，适兆弄瓦。啼声乍起，察视之，果女也，溺之，人尚未之知也。越一旬余，子忽思寒热，初起即睡中呓语。邻有某者过而抚之，适闻呓语谛听之，则多水难受数语也。因详问王某夫妇，始得确贯然。其男即于明日殇矣。吁世风不古，果报昭彰，孰谓冥冥无据耳！愿世之狠心者，尚其思有男有女之欢，而勿事轻乘也可。

1876.3.30

论女学（棣华书屋稿）

昨与友人同游格致书院，时方薄暮，院门已闭，不克升堂。第见院旁空地甚广，均筑围墙。据闻，李中堂曾许发银万两，领到后便可起造花纹大铁屋，安置格致诸器，将开塾讲解云云。窃思上海一邑之地，书院林列，其所以造就人才者，无不兼备。而格致一院，搜泰西有用之学以教导后进，诸君不辞劳瘁、集腋而成，实属难能可贵之事，其功德较诸施衣施粥为尤大，制器尚象，其利薄哉。原夫格致书院之设，系中外官绅仕商捐助，与女学无相干涉。然故兰布登两小姐亦助银两，具见西国女子乐成人美之雅意。异日必有格致分院，延请女师以专教女学者，两小姐兆之矣。中国三代以上早已振兴女学，降及后世，此事渐费。考证女学之盛衰，自有专书，兹不具论。泰西诸国亦向有女学，而今则日盛一日。即如英国南北两学书院，规条男女皆准入学，而北学中另设一馆以教女子，且将考试女科选擢女士。美国各书院中女师女徒多至三百余万，可谓盛矣。德国女子生八岁，例必入塾，故德之

女学院教法殊备。万国人民，以中国为最多。妇女中不乏天资敏悟之流，惟无以倡之，终归隐没耳。维皇降衷，若有恒性妇女之灵性，与男子同有高明者、有沈潜者，均可随质施教。并非身为女子遂尔秉性阴柔，别为一类。第教男而不教女，是得半之道也。何则天下男女之数大略相当，半为男而半为女。若不有教无类，则十人只作五人之用，岂不有负大造生人之意乎？

溺女之事，世所时有。推原其故，因女子无学，人皆贱之，为人莫作妇人身，良可慨已。夫天先乎地、男先乎女，为千古不易之经。何以阴阳二字，不曰阳阴？意者殷易首坤，故相沿如是。从可知阴阳之不可偏重、男女之必需并学矣。盖万物先阴后阳，不有女也，男何以生？设家家溺女，人类不几于绝乎？人之爱子有同情也，溺之何为？庄子华封三祝，曰："多福、多寿、多男子"。释之者曰："男谓男子也，子则男女之通称"。是三祝也，而似乎四祝。试征诸孟子，则更有足据者。孟子"帝使其子九男事之，二女女焉。"尧之子共十一，九男二女，皆其子也。使天下妇人皆知所生男女不分畛域而皆为其子，则弄璋固喜、弄瓦何伤？待女子学业有成，或为女学山长，品重席珍；或着书立说传之后世，皆足以显亲扬名。即不然，一技一艺堪为糊口之赀，家贫亲老或藉女子以沾升斗。故女学兴而溺女之惨不禁而自止。否则，虽禁之而仍有阳奉阴违者。且女学兴，而男学亦臻臻日上，儿在襁褓与母尤亲，故儿有痛痒恒呼其母。一切语言都母教之，而非父教之。语言可教，文字独不可教乎？少成若天性，习惯成自然。家垂母教，即国储贤才。不但此也，女子学即所嫁之男子亦学，则夫妻同学、愈切观摩。是夫妇也，而兼朋友之谊矣。女子学而所嫁之男子失学，则枕席之规箴更胜父师之约束。若以夫子为弟子也，由是循循善诱，则为之夫者自顾须眉，有惭巾帼，不禁积惭思奋而恐后争先。古有媒氏之官掌判万民，觇学业之高下为之择配。门第相当、年纪相若、容貌亦符，王道本乎人情，所以内无怨女外无旷夫。如是则才子念佳人、美人思名士之风可以息矣。盖婚姻各有定率，无可妄想也。富贵之家多蓄侍女使之歌舞以为戏乐，悖谬已甚；即广置姬妾亦属有害。一夫不耕或受之饥，一女不织或受之寒。一男或娶数女有类豪强兼并天下，于是乎多鳏夫。盖人未有不好色者，而好色亦当存恕道。夫妇为人伦，之如讲女学者，必计及之，亦平天下之要道焉。天文、地舆、算法诸学，非专心致知不能深明其义。男子既壮，或出仕或经商，日无暇晷，而女子在家料理家务，外仍可讲求诸学。况女子心静而专，转有特过男子之处。苏若兰迴文诗，读之宛转循环，俱堪成诵，如或用此心思制成一器，必有大用。今夫女学之要，原非女工一端可竟其业。凡格致治平之道，亦宜通晓庶学，不限于小成。若徒以工刺绣、司酒食为能，则失之远矣。盖刺绣所以悦目、酒食所以适口，均是人也，奈何仅予以悦目适口之能而不施教化。语云女子无才便是德。斯言误矣！夫所谓才者，岂惟咏风雪月露之词而已哉？以是为才，宜其无德士也！先器识而后文艺，女也何独不然？果能读书明理，则妇道由是立焉，而何致懷惭于妇德？斯皆女学当然之理，并非仿照西法。盖今之西国女学，适与昔之中国闇合，夫亦犹行古之道也。

然而西国女学则更有可异者。有盲女也，印凸字书使摸而认之；有聋哑之女也，以手指伸缩为字母之形，使之熟识便可显达词旨。残疾之人书算俱佳，不特世无弃材，且可补化工之缺陷。其尤异者，莫如育婴之法。学养子而后嫁西国之创举也，我中国未之前闻其法若何，则有如去湿就燥、怀抱提携、洗涤儿体、脱换儿衣、嚼食必细、断乳有期；儿已种痘，通风气以散毒，儿将出牙，擦牙面以止啼。种种调摄务合其宜，与喜戏则有打燕、打球、打榜、走水、放耀、着棋、执石子、剪公仔、执交加、藏金鸡、捉山鸡、盲公捉哑佬等事，皆所以活动其血脉、舒畅其心神，令儿壮健。女师时时讲论，俾得熟闻，庶日后生子不致儿生疾病，免受终身之累，殆亦保赤之意也夫。

1876.6.12

戒溺女诗集句

　　○诞弥厥月，厘尔女士。汝转弃子，女心伤止。

　　○伊谁云从，载胥及溺。以弗无子，自贻伊戚。

　　○宜其家人，匍匐救之。大命以倾，借曰未知。

　　○岂无他人在我室兮，我闻其声不我活兮。

　　○其泣喤喤，宛在水中沚，哀哉！不能言胡不遄死

　　○百尔君子，无我有尤。父兮生我，反以我为仇。

　　○人亦有言，男子之祥。子之不淑，父母何尝。

　　○曰父母且比子于毒，百岁之后哀此惸独。

　　○谁无父母，畜我不卒。复我诸兄，谁从作尔室。

　　○曰予未有室家不死何为，髧彼两髦实维我仪。

　　○岂其取妻，九十其仪。何有何亡，之子于归。

○无信人之言哲妇，倾城教之诲之。其德克明
○虽则劬劳，靡依匪母。岂不尔思，微我有咎。
○我相此邦，曾不知其玷。逢天僤怒，肆戎疾不殄。
○惟此惠君，念我无禄。惟彼忍心，宜岸宜狱。
○念昔先人，不我遐弃。乃生男子，永锡尔类。
○刑于寡妻，好言自口。匪女之为美，式救尔后。
○中冓之言，亦孔之丑。诞置之隘巷，谓他人母。
○相彼投兔，惟以不忍。伤命不易哉，人之云亡。
○相彼鸟矣，尚求其雌。乃生女子，盖亦勿思。
○于乎何辜，今之人自有肺肠，作为此诗，以谨无良。

救溺婴诗集句

○明明天子，四方其训之。式是百辟，降福孔夷。
○三事大夫，秉国之钧。我闻有命，诲尔谆谆。
○敷政优优，女曰观乎。良士瞿瞿，万邦作孚。
○召彼故老，我言维服。牖民孔易，景命有仆。
○饥馑洊臻，人可以食。载生载育，好是懿德。
○既曰告止，悠悠我思。女子之祥，自今以始。
○哿矣富人，九十其仪。终窭且贫，杂佩以赠之。
○士如归妻，哀此惸独。伊寡妇之利，实大且笃。
○三岁为妇，谓他人母。至于暴矣，疢如疾首。
○控于大邦，言示之事。不惩其心，靡所目戾。
○念兹皇祖，振振公族。子孙保之，俾尔戬谷。
○使君寿考，受小共大。共惠此中国，福禄夹祟。
○人之无良，是用大谏。俾无尤兮，而惄后患。
○恺悌君子，率由旧章。以保我后生，受福无疆。
洪都文蹧生集

1876.9.16【该文为某人劝善告白，至本月底共刊登 12 次】

治妖孽法

近有惊鸡、弄狗、鸟鼠、送妖谣惑人心，予求解于东南大善士。斋戒数日，邀予祷求于文武帝君。前一日蒙文武帝君降谕曰："天降之灾，国家代有

传有之。妖由人兴，人无衅焉，妖不自作。近来人心不古，于正教则狎而玩之，于邪则亲而近之，以致异端蠡起，邪说沸腾。呜呼！吾闻用夏蛮夷者，未闻变于夷者焉，兮若此岂非人心所自召乎？盖天下无非一气之相感也。吾之气正，则天地之气亦正；吾之气顺，则天地之气亦顺。今尔等既存救世之心，能行正教之道否？"对曰："愿受教。"谕曰："为今计，须将吾言遍告世人。敬天地、忠君王、孝父母、尊长上、和夫妇、友兄弟、义朋友、救贫苦、不亵字纸、不弃米谷、不溺婴儿、不伤物命，不淫、不奢、不骄、不诈，时讲纲常名教，莫听左道旁门。能如是，则妖孽何自而兴？今故示尔以挽回之术，劝读书明理者，敬诵大学、圣经、阴骘文、觉世经；农工商贾识字者，虔诵感应经、大悲咒；妇孺无知者，虔诵雷祖圣号、诚章正心。每日晨昏向空朗诵，不计多寡，然后祷告禳解，吾当代为转奏天庭，不难一朝尽灭焉。凛之行之，毋违特示！"予归乡里，劝告同人，方有七十二里，实力奉行，妖踪灭迹。为此布告天下，遵行吉，背逆者凶，灵应非常。六月二十四日，悔罪子敬录于春秋阁。

1876.12.14

代葬幼殇骸骨说（见如不及斋主稿）

金陵善堂林立，内有育婴堂者，盖为生育过藩贫而无力抚养者设，是以生男则不致为乞丐，生女则不致遭淹溺，德莫大焉，惠莫深焉！第生者固当抚育之，死者亦必有以厝壁之壤。曾适南郊，过荒原，见瓦堞丛棘中，群犬攒食，趋而视之，则幼孩之零骱剩骨也。触目恻然，不忍久视，爰拾石击群犬散。而以青蚨百数十，令乡人之担柴者假锄撮土掩之。归途悬揣，意必当时草草掩埋未能深葬之故。然人虽小而究不得谓非子女也，俾兽相食，于心其能安乎？因思从前有力之家，每于祖茔附近购一旷地，以葬幼殇之孩；其无力者各善堂建有普童塔数处，以便抛置其中，俟积累将满则从而火之。乱后塔毁，幼殇者悉由人家雇工掩埋，惟所雇非人，故不免有此事。今适有宋培之、于成功众绅竭力募捐洋银数百元，会同同善堂张绅兆赓等禀设代葬婴孩义冢，各处刷帖知照。遇有幼殇之孩送交该堂冢所，随到随葬。章程极称妥贴。由此观之，似较昔之普童塔积骨焚烧气味熏人，尤觉尽善尽美。省城有此创举，诚足以补育婴堂之不及，而存殁均感者已。倘各处能仿而行之，其功德亦岂在金陵诸善士之下哉。

编者注：此文后三四年间，先后有两处提及该善堂，故提前摘录在此，以便比较：

1879.10.21
善堂成效

金陵同善堂创设义冢掩埋婴孩，前已列报。兹闻该堂绅董实心办理，颇着成效。两年以来业已掩埋一千五百口之多，义冢累累，刻将葬满。现拟续置义地以备随后代葬。但此等善举实与育婴并重，惟嫌堂内经费不足，深恐半途中止。今闻该绅等四方筹募，不遗余力，然终嫌不敷。既而得缎业众机户慨筹一文愿之策，盖每户捐钱一文，每月仅需三十文。在捐者毫不费力，而集腋成裘居然成一巨款。自去岁中秋迄今年端阳，三次业已捐得钱四百余千文。堂中深赖此款可以添置义冢、多备木匣等事。然此时犹因生意清淡、机户不多，倘随后生意一有起色，织户愈多则捐款必有大可观者。足见好善之心贤愚同具，为善之道大小不拘。以实心行实事，虽千百文固不嫌多，即一二文亦不嫌少。吾知众机户慨然捐助、历久不懈，则后福又乌可限量哉。

1880.4.1
掘尸剥衣

本报前有掘尸求赏一事。兹闻金陵同善堂代葬婴孩之义冢，近亦有此事者。该冢距凤台门不远，向有土工在山下居住，藉此看守。前夜土工因吸烟未睡，隐隐闻冢上有筑土声。出门喊问，该匪假作狼鸣以吓土工。土工料必有人掘冢，遂进屋取洋枪施放，该匪始奔去。土工于黑暗中闻系两人步履声，登即唤起家人持火往，照见新埋之冢，业已掘出孩尸四具，有服剥尽者，掷冢外。另有两堆业已掘去，幸婴孩尚未倒出。次早堂董赶即禀县请缉，一面照旧掩埋。未几，该土工见一泗洲人在冢旁探望，形迹可疑，遂去盘诘。其人不服，土工将其所携竹篮搜检，里底见有小孩衣服两件，均系该尸身之物。登即将人赃扭送来堂。旋着地保段永带去并将查获该匪情由禀县。嗣蒙江宁县邑尊饬差提案，不料地保段永已将该匪私行释放，当即重笞七百板，勒限交人。刻又比追两次，仍未交案。窃意地保胆敢释放，其为通同一气、目无法纪可知。若不将地保段永严行追比、勒令将人交出重责，则以后该堂善举恐将为若辈所误矣。

1877.7.13

禁条示众

宁波府李太守现在出示令：郡城内外每夜二炮后不准开设烟馆，所有茶坊酒肆亦当一概关闭。倘敢抗违，定行严拿重办；地保容隐一并治罪，决不宽贷。又开禁十款条列后：

开场聚赌贻害良民；

无耻娼优扮演抬阁；

纵容妇女入庙宿山；

师巫邪两敛钱惑众；

残忍妇人溺女恶习；

窝留盗贼包庇分赃；

串客游民扮做淫戏；

游匪地棍结党扰害；

奸胥蠹役搭台串诈；

讼棍歇家把持唆弄。

1877.11.10

加音保婴

上海善举林立，指不胜屈。诚由市面之富足，亦由诸善士之能以实心行实事也。即如邑庙内之所设保婴局，原恐民间溺女起见，故筹俦经费、创立章程，每月每孩给钱四百文，以一年为率，每年发钱两次，届期海防沈司马必亲自到局，查看幼孩有无疾苦，然后逐一给钱。日昨又值发钱之期，故城乡内外各乳母俱抱婴孩到局，约有百口。内局查验照发钱文外，复每人施以糕饼一包，是又格外之体恤也。

1878.2.16

清鄱邑向有溺女之习。沈衍庆置育婴堂，择端士董之，保全婴命无算。夏施药饵、冬散棉衣，掩骼矜恤……【下文不清】

1878.5.18

婴孩惨死

乡愚溺女之风，在稍有人心者闻之无不痛恨。不谓近更有不使死于水而使死于火，为父母者尚得齿于人类乎？本月初八日申刻，客有由宁波江北岸送友登舟，回经兴圣街同顺船局对门空地，闻将有烧化女婴事。观者数百人，惨气逼天，心胆几为之碎。挨身逼视，觉烟雾中始则呱呱啼，继则吱吱叫，不一时皮骨俱焦，竟如一肉饼，即系石而沉之江云。亟向旁人询究原委，乃知即兴圣街朝西铁匠店之女，其母连下三胎，均占弄瓦。前两女已早殇，此女恐仍不寿，莫如烧死，俾其魂魄知惧不敢转胎再来，故特用柴烧化耳。客闻言为嗟叹，痛恨者久之。查兴圣街为甬东八图之地，地保名毛善宝，岂竟耳无闻、目无见，如于陵仲子耶？不然何竟不发一声而劝止此恶习耶？

1878.9.6

光绪四年七月二十七日京报全录

　　江西巡抚臣刘秉璋跪奏，为江西通省劝办育婴具有规模，现仍督饬实力办理以期善举勿替，恭折覆陈，仰祈圣鉴事。窃臣承准军机大臣字寄，光绪四年二月三十日奉上谕翰林院代递"检讨王邦云奏请禁民间溺女一折等因，钦此"等因，当经转行钦遵。去后，兹据布政使李文敏具详请奏前来。查江西溺女之风，由来已久。省会原设育婴堂，岁支公项数百金，限于经费不能广为收育。同治二年，前抚臣沈葆桢刊刻六文会章程，通饬各属举行并捐廉为倡，选派绅董，于省城设局，首先劝办。嗣前抚臣刘坤一抵任，因省局经费不敷，复率同官绅倡捐，晓谕殷富，共成善举。先后集款，发商生息，借以济用。既而收养益多，经费仍绌。且初设育婴局时系暂租民房，地方湫隘。臣前在藩司任内，又经筹措款项，择地建造育婴房屋，增添生息本钱以其经久。一切均归绅士经理，不涉胥吏之手。每年收育女婴多则千余口，少亦数百口。第南昌、新建二县所属各乡，地广人稠，生齿繁盛，不但距城较远，村庄初生之婴不能抱赴省局，且省局亦不能收养如许之多。业经两次选派委员分赴各乡，劝谕上中各户分都分图，各立六文会。金举绅耆为首士、其给钱自育等条规，核与检讨。王邦玺现递章程大略相同，劝慎从事，庶可垂诸久远。至于省外各府厅州县节，经各前抚臣暨臣迭饬劝办并出示严禁溺女，旋据陆续禀覆因地制宜，悉从民便。亦有捐资生息、置产收租设局收养者，亦有随地凑集六文会给钱自行抚育者。所办虽不一律，然总不出此二者。臣江西劝捐育婴，自省会以至于各属，自城市以至于乡村偏处，推行收养既多，则溺者自少。第通省幅员辽阔，尚恐有未遍及之区。牧令贤否不同，更难免始勤终怠。现复谆饬各该地方官，督同公正绅士，实力举行，并将章程照抄转发，恭酌办理。臣与藩司仍不时稽查督责，庶善举不致中废。一面再行出示晓谕，溺女必予严惩，嫁娶务从俭约，正其本源，藉挽薄俗，用以仰副朝廷，诚求保赤之至意。除咨各省管抚臣一律查照外，理合恭折覆陈。伏乞皇太后、皇上圣鉴。谨奏。

1878.12.11

论溺女陋俗

　　生生之气，禀乎天地。纯任自然，不假勉强。自世人轻女重男，于是望生子之念较之生女倍切。盖重男轻女，非不爱女也，亦非不愿生女也，以男子治外事，授室以后续本宗之香火、光本家之门户。而女子之治内事，使之有家，则为他族门户之光，而延人嗣续也。且男子成人以后，富贵皆可显扬，庶人而士大夫，其父母正有奢望。而女子针黹是习、酒食是议，无出身显家之望。虽令终身勿嫁，亦不过为父母稍代勤劳耳。然轻重之见虽殊，而爱憎之心无。熊罴叶梦蛇虺，亦曰祥也。所以有寝床、寝地之别，衣裳、衣裼之差者，阴阳、内外、上下、健顺之分在耳。故古无重女之俗，即亦无不愿生女之人。而自昔至今，人心日趋于薄，且教化之权专在师儒，不归君相。乡愚无知之辈，不能读书明理，流讹沿谬，遂谓重男轻女为可以不育女。于是有女之家，恒以养嫁为累，而贫苦者，竟至生女而溺之，不顾忍心害理、罪通于天，反以为人情爱憎之常，而习而安之矣。有心世道者，末由挽回，编为歌谣衍为因果，而无如其勿听也。尝见乡间溺女者，其意见可笑亦可悯。凡坐蓐之日，候婴儿下，验之而男，举家称贺，为之洗着。若女也，则举而覆于桶中，送之河干，且祝曰："愿女再生富贵家，长大配佳婿，无重来吾家，致弗能活也。"溺毙之后，翁姑大詈于房，夫且挥拳挞产妇矣。又甚者，屡产屡溺，绝不一举以为偶举焉，则凡女魂知吾之肯养也，皆来投生。呜呼！是何言欤？夫轮回之说，有其理，未必有其事，乃笃信之至于如此，愚可悯也。人生自有嗜欲，皆能生子，男女皆气血所凝聚而成，虽有男精女血、先后并至、阴阳相搏、奇偶分形之说，然人当此时何能自主？悍毒之翁姑、愚拙之夫，乃归咎其妇。若妇之故意生女者，岂不大奇？是又愚而可笑者也。

　　宁波乡间与绍兴诸暨一县，此风极盛。历任长官，迄不能禁。故诸暨人往往三十余尚鳏，而寡妇之四十许者犹不能守。且强暴在所不免，娶媚财礼虽三四百金不嫌多。有余之家辄求婚于山会两县，盖溺女之故也。宁波乡间中人之产尚难得一闺女，若果得之，亲族夸耀咸谓之福，其余则寡妇断无能守者。而夫病招夫、写明年限帮养其妻、限满而去者有之，兄死娶嫂、弟亡纳妇，非父母之命者有之，诱人卖妻、抢孀、逼嫁者有之。种种敝俗皆自溺女而开，殊可浩叹！近日本报载此二事，亦俱自宁人。岂宁之官吏勿禁乎？禁勿绝也。

圣人体天地好生之心，命各省府县各设育婴之堂，以便贫家抱委堂中。然如此种无人心者，即居育婴堂之侧，而亦不抱入也。曰抱入堂中是活之矣，必令其死，然后来投生者咸惧而不敢至，则吾妻可免十月之苦，而举家勿空存六甲之望也。又曰堂中长养，为人领去作婢妾，是以吾骨肉而沦于下贱也，夫宁死之。可知愚民之不可教也！吾意此风若止，循故事、悬条教、责令保正、训戒族长，断属无益计；惟有严惩一二，以警其余。若照故杀子孙律，犹其微也，一面开行谕示，务期剀切严明，足以发聋振聩，始可耳。有讲求格致者，言女子非气血不足及即衰败者，必无不能生之理，亦无专生女之理。盖女子自成人以后，其心包络之下有物如球，宛然鸡卵之根蒂而粒粒下垂者，大小有次，即所生之先后也。然分左右两部，男女因之。若气血充足周转于身，则交合之际精气相感，左右相间而下，左得之则孕男，右得之则孕女。气血有偏盈者，或右不动而左则时下，连举数男者有之。右亦如是。其屡生女者，正气血之偏于右耳，不然胡同此生而独生女乎？充此球上之粒，凡能生二九十八子，其数产而即无有者，以气血衰、粒干涸之故也。是以屡生女者必能生男，但调养其气血、使充满运行、左右间下，则得之矣。特此理不易明，愚无知识者又不可以言喻，惟举生杀之机，祸福之理示之，而最要在严定其罪名，庶可挽万一耳。

1879.1.1

恭录谕旨……至【山西】溺女之风，前已有旨申禁。据称该省溺女相沿成习，恐被灾之后此风尤甚，着该抚饬属严行查禁，以挽浇风，钦此。

1879.1.31

给事中王昕片

再臣前阅邸抄，知山西溺女之风业经前抚臣刘秉璋设堂收养矣。臣于同治八九年间视学山西，谂知该省溺女相沿成习，曾经出示禁止。现今灾荒之后且恐此风尤甚，缘该省逐末者多富商大贾之家，率皆男不知耕、女不知织；其不为商贾者，则亦但有农事而无女工，妇女不习操作，嫁娶又实厚奁，所以该省贫民养女视为赔累，往往生而不举，怨气所结厉气乘之故。论者谓山西灾祲之重，一由莺粟【现写作"罂粟"】之有妨民食，一由溺女之有伤天和。今欲求所以生之，必先筹所以养之。臣近见陕甘督臣左宗棠奏请严禁莺粟、即令植棉，所陈利害最为明晰。山西与陕西接壤，地气寒暖无殊，该省现当严禁莺粟之时，正可仿照办理，相应请旨饬下山西抚臣曾国荃饬属查勘，除良田劝农种谷外，山田硗瘠之地可以树桑，其平衍处所亦可种棉。果能家喻户晓，相率操作，男耕女织，无不可资以养生。既无冻馁之忧，自有室家之乐，不但莺粟之害从此永除，并溺女之风亦不禁自绝矣。是否有当，谨附片具陈。伏乞圣鉴，谨奏。

1879.10.31
论禁买婢女

人类也，有富贵贫贱不一其等。富贵则能役人，贫贱则为人役，此古今来不易之通义，亦中外邦不殊之风气也。男为人臣、女为人妾，以晋侯之亲生而犹若此，则贫贱又何论矣。然以贫贱之故而至鬻身为婢，是不只可怜哉。婢女之苦，前人言之历历。每一披览，觉恻怛惨伤之意油然而生。而富贵家之以婢女为鱼肉，而施其鞭挞、恣其凌虐者，殊不解其何心，犹是人也？父母之所生，气血之所成，手足无殊形、肢肤无殊体，而只以贫贱之故而挞楚，而忍气遭诟詈而吞声，又岂足以昭公平而存仁恕哉？此港督之所以忽发新令，使中国人之寄居港中者，皆不得蓄婢。夫港督之意，岂故与蓄婢者为难哉？殆亦一念恻怛之情所感而发，而又有微闻虐待婢女之事，故慨然而有此令耳。虽然似尚未为尽善也，中国之用婢女也，所以供臂指也。其间恃其势力，以为将钱买进，死生皆惟我所欲为，一或不遵约束、不听使呼即以诟厉鞭笞从事，至于婢女求生不得、求死不得，此种主人几无人理。而或稍有人心之家，则其待婢女亦尚有慈惠之道，不可一例视也。大都自幼买得之后，衣之、食之、养之、诲之，冀其长大而供我指使。及至可供指使之日，则已将及禀梅待嫁之期，为之主者或又为之善择配偶而遣嫁焉，则以婢女始者、不以婢女终矣。或有主人当意收作小星者，则亦呼奴唤婢温饱怡然矣。设使福相宜男，生子贵显且得博封诰以荣其身，凡若此者，婢女中岂乏其人之哉？且凌虐奴婢，中国亦有例禁。而仁人君子且多发为歌词，如代婢女欣苦诗、戒虐婢说等类，刻入善书者，指不胜屈。是中国之人，岂不知婢之不可虐待。特以人之性情不一，仁慈者，固不乏人，而暴戾恣睢者，亦往往而有。婢女不幸而遭暴戾恣睢之主人，则日受凌虐；不若一律禁止，俾无知妇女不至遭此酷虐，是亦仁人之用心。顾因此而概，禁蓄婢则不特有违于中国之人情，而因噎废食亦非所以为政也。前代有罪人家属没为宫婢之例，至本朝而除之，诚恐罪人虽有应得之咎，而家世本系清白，一旦没其妻女以为宫婢，则沦于下贱，而心有所不忍，故不为也；然宫外之买奴蓄婢仍不之禁。近来北省祲饥贫民每多鬻男女以易食，而南人之狙狯者或以贩鬻为事以贸大利，此诚所谓忍心害理之尤者。故特立严防密查禁止。而平时则亦无所禁此，固顺人情以为治之善法，非置而不问也。今港督之禁，不知其有无他意？以意揆之，谅必以港地虐待婢女者所在，多有不忍无知女流遭人凌贱而为此拯济之策。则何不严禁凌虐？有非法妄刑者，准婢女诉冤，立为惩办；或准邻佑首报，按律重惩。若是，则仁之至而义之尽。中国之人，亦罔不诚服而无有后言。倘仅以禁绝为事，则贫贱之家、或患男女众多无从养活、欲鬻于富贵之家，则又不敢犯禁，窃恐多男尚可留养，而育女过多者，且致酿成溺女之风。此又大伤上天好生之德，而仁人君子之所大惧也。夫待婢女之厚薄，亦视乎主人之存心。而已存心仁恕，即婢女不克率教，亦决不至肆其残暴。刘宽羹污朝衣犹恐烫坏婢手，此等存心虽不多见，然亦未尝无之。但能严禁其凌虐之獘，推扩其慈祥之心，则贫女虽鬻身为婢、供充贱役，亦不至有失所之悲，而富贵家亦得有所臂使，以便其给役其事，则两全其情，则弗拂又何惮而不为也？古云：令出惟行，弗惟反，非威力胁制之谓，谓民情自能悦从也。言念及此，不禁心向往之。

1879.11.15

请开继子买婢禁令禀

本报前记香港英督新出一令，凡港中华民概不准买取良家子女以为螟蛉婢妾。闻港民人皆以为不便云云。兹闻港绅招雨田等公禀督宪请变通办理，并拟章程十条，特即录登以供众览。

香港华绅商民招雨田等禀，为乞恩变通例、意分别办理、以顺舆情、而恤民隐事。缘本港地近省城，各处贫民多有卖女鬻男以求生活。因华官向无例禁，故历久相安。近因有等贪利匪徒，假托买婢为名，转贩外洋为妓，碔砆乱玉，殊堪痛恨。去岁曾禀请宪台求设保良公会，以期杜绝此风。董等嫉恶如仇，已可概见。至于买子承嗣、买女为婢者，则与此等大相悬殊。买子者因后嗣乏人，欲藉螟蛉之继；买女者缘家务繁冗，暂分操作之劳。幼时教养兼施，长大即行婚嫁，任其自便，无作苦工。各前宪洞悉中国民情，不复固拘例款、从宽免究。查一千八百四十一年，港督宪伊曾由示谕，欲广招徕，谓凡居港之华人，准照其风俗办理等语。所以近悦远来，港地日形兴旺。今闻臬宪讯买良为娼之案，其堂判内有云，买卖婢女均有罪名。本港居民实深惶恐，在殷商富户固虑冒犯宪章，而贫苦小民又恐求生无路；且华人素有溺女之风，若禁绝买卖，则此风必从而愈甚。况糊口无资，更恐流为盗贼。切念大人关心民瘼，恻隐为怀，断不忍无告穷民束手待毙，伏乞鉴谅舆情，不行扰民之政，代为申奏英廷，请将华人买子立嗣、买女为婢因例波及之款，变通办理。其有买良为娼、诱拐贩卖者，剧从重治罪，俾关港贫富均安，则感大恩于靡既矣。另录条陈十款，附呈钧览，伏乞督宪大人察夺施行。

一、中国历久以来，于买卖男女童稚或为继嗣、或为育女、或为使婢，如系彼此情甘、非拐诱掳勒者，皆例所不禁。此等事不独庶民有之，即士大夫之家亦皆有之。此皆中国生齿日繁、贫苦者众，故国家缘情制律，以期无病于民。若概施禁令，则贫困之人别无救活之策，势必坐以待毙，此例所以不禁之本意也。惟于买良为娼、诱拐掳勒、居心不良等事，则例必严惩，甚有科以死罪者。盖同此买卖一事，固当核办其心之善与不善、以分别其有罪无罪耳。

二、本港邻近省垣、内地接壤，自开关至今乖四十年成一愁迁都会。近数年间，华人多有携资挈眷到此为安居乐业计者。此其故皆以英宪讼狱持平、无扰民之政，故居者愿为之氓、商者欲藏于市也。且开港之初，伊督宪曾悬示谕，谓此后华民在港居处，概从其风俗治理。此示一出，至今人皆仰之。故华人在港凡内地风俗无犯于中国王章者，皆从而守之。说者谓港自草创迄于繁盛，皆植基于伊督招徕之力。于买卖男少为嗣、为婢一事，欲一旦按例惩办，不特有乖前督之谕，更恐不免扰民。

三、中国陋习素有溺女之风，而广东为尤甚。贫穷之家因衣食不能自给，又加之以儿女苦累，每因无人承受，甫产即行溺杀。近日此风已比前略减。此虽忍心害理之所为，然实因贫困所迫，付之无可如何耳。今于买童买婢一事概行禁绝，恐异日溺女之风必转甚于前。与其溺杀有伤造化主之仁，孰若任人买卖、得以遂其生机之为愈乎？且凡买受之家，必系衣食丰足，比其父母定胜一筹，决不至有饥寒之虑，此所以人乐于授受也。

四、凡为父母愿将自己子女转卖与人，必系势处万难，计穷力尽，舍此别无善策，始忍为之。在卖者，初心乃求售于人，定是情甘，并无丝毫勉强；在买者之自视，乃济人之急、颇类善端，盖所买之男女，其幼时必衣之、食之、抚之、教之，或有疾病则延医以调理之。及其长也，如系男子则为之置家立室以冀其成立，若女子则为之择佳婿以妥其终身。爱护之心多有过于己出者，似此看待，岂得与终身为奴、不由自主者相提并论哉？

五、中国向来尊崇儒教，即孔孟之道是也。孟子曰"不孝有三，无后为大"。以故凡无子之人，皆以立嗣为切念，因不孝二字罪名甚大也。纵其人或有不愿，而亲友等亦必力为劝成之。所以买人继嗣，如是之多也。既可以买人子为己子，即可以买人女为己女矣。此乃华人风俗之最要者，尚祈俯赐详察。

六、中国于买人常规，与买各种物类迥然不同。凡买各物，买主则有全权弃取任便，买人则否。盖买女为婢，其父母可以时来探问，中途亦能收赎。长大婚嫁，须通知其父母，允愿与否亦听本人自言。倘主人有所残忍苛待，或威逼致命或失去无踪，其父母及至亲之人均可到官追究。是以遗失婢女之家，必出赏帖设法访寻，总要得回而后已，因恐其追问故也。如此看待，则买者非有全权，而本人亦半由自主，比之终身为奴者，何啻霄壤？前者中国严禁猪仔，今则与庇鲁日斯巴尼亚等国立约，准其招工，盖猪仔则诡计诱拐而来，招工则听其自愿。同是一事，而相判云泥。今之诱拐为娼与立嗣买婢者，其情亦与此相类。惟智者必能分其泾渭也。

七、数月前，港中华商曾呈禀台前，求设一保良公会，专为保护妇女及幼童以免陷于奸拐之手，可见董等嫉恶如仇、断不忍见此等匪徒纵横于大英仁爱之地，缘以彼等所为乃拐诱奸伪、藉此图利居奇，与名正理顺买子买婢者大相悬绝，于此可以别其良莠矣。

八、数年前，坚督宪莅任之初，商等因见港中淫风甚炽、大伤风俗，又因拐诱妇女出洋为娼、种种昧良，目不忍观，是以面禀坚督求设法严禁。斯时坚督以为惩办奸淫颇难着手，因于英国自主之例窒碍难行。无已则立一例，作类此者，亦包括在内，自可渐渐戢除，尔等以为何如？众曰善。于是有一千八百七十五年第二条例则。忖思坚督当时之意，乃指诱拐、强留、串奸妇女及买良为娼而言，不意此例之第七第八款，竟组织包涵如此之广，推而至买嗣买婢，皆有应得之罪。在商等之心，甚有所不解也。可否于此略为变通办理以顺舆情。

九、华民政务司衙门乃兼理妓女注册等事，凡港中妓妇，其中系买来者十居八九。此事无人不知，若谓买与卖皆有应得之罪，则应先将此款革除。何以开港至今亦仍其旧而不禁革者？此可见历任官宪稔知华人风俗，不为虐民扰民之政也。

十、例禁不准买人为奴者，实恐贱畜而虐遇之，所以爱惜人类也。今之蓄婢，视其不给佣资一节，虽与佣异，然幼抚恤、长遣嫁，其中得其代劳者不过数年；且遣嫁无意居奇，衣食胜于所出，穷苦人家之女，视此为生天活路。若悉杜而绝之，则穷檐之女生路向绝，是欲爱之而反以害之。大宪仁爱为心，必能洞察于此。

以上十条，商等不过略将华人风俗及历任英宪办理情形据实剖陈，用达上听。务祈曲谅民隐、俯顺舆情、分别办理。至于以前所立之例有关是事者，应否变通，例意从简去繁，或自后于买童买婢一节可否报官注册、立明条款、不得苛待等情，恭候宪裁。如此则无病屈之政，而贫富相安，合港咸沾其益矣。

1881.1.18

溺女可恶

京师溺女之风，向惟贫家有之，屡经设法劝禁，终难革此浇风。近闻富贵之家，亦为此惨毒之事，殊令闻者发指。十一月念三日，都中南城旧家某姓，其妾产一女，某之妻已产过女数人，今已长成，相继出阁。某迫于妻命奁资俱一律千金、八女共需银八千金，家计因之中落，缘是视女如仇。今其妾又生女，遂大怒，遣婢溺死。噫！何其忍也。

1881.7.4

哑子能言

镇江东乡大港镇，计离城西十里。该处民皆务农，而俗多溺女。前经外来善士为设保婴自乳局，而浇风仍未尽绝。既而设立育婴堂，十余年来保全者约有千余生命。养至二三岁，陆续有人领去，或为女或为媳，惟其中有一男孩今已五岁，暗哑不能言，人悉憎之，堂内亦以此为废人。今年二月初，忽有一埠城妇解赵氏从十九岁守节，现已四十八岁，特来堂欲领一男为子。哑子见妇，虽不能言，而依恋之情如旧相识。解节妇亦愿领此哑子养育，遂带之回。讵不三日，子竟向解节妇曰"妈妈"。居然能学语矣！故论者谓此妇与此子，当有前缘。否则安得有如是之巧合耶？

1881.7.10

申禁溺女示

署理汉阳县礼智分司加三级纪录三次陈案、奉钦加三品衔调署汉阳事与国州正堂加十级纪录十次李抄、奉钦命二品顶戴湖北布政使司布政使王，为特再剀切示，论严禁溺女以全生命事。

照得至重莫如人命，无罪惟有婴儿。况既为母，女宜尽恩勤，乃甫下胞胎，忍施惨毒骨肉、自相戕贼，至亲变为豺狼，风俗浇漓莫此为甚。迹其愚见，皆谓生女过多、力难长养，或因求子心切、恐孕育有妨，或因遣嫁费繁、恐妆奁难备。殊不知，省府州县俱有育婴善堂收养穷困子女，即因贫难乳哺，尽可送交育婴堂，或听人抱养为媳，皆得保全性命。至若嫁奁厚薄，称家有无，裙布荆钗未始不可。世固有贫儿终身难娶，未闻有贫女终身难嫁者。矧天道好还，往往溺而复生、生而复女，天欲生之、人欲死之，逆天者亡、杀人者死，仇怨相寻，非特不能速男，更恐身遭奇祸。且查生女溺毙，应科以故杀子孙之罪，杖六十、徒一年；族邻、保甲知情不行救阻，亦连坐治罪。定例何等森严，乃屡经申明示论，而溺女之风终不能戢。总由地方官绅奉行不力，民间嫁女多尚虚浮。间有一二遵办之处，旋亦日久玩生。兹据邑举人夏建寅等请颁示复行严禁前来。除通饬各该州县并学官访延、正绅将黏抄禀议各条、筹画尽善、实力奉行外，合再剀切示论。为此，示仰阖属军民、诸色人等一体知悉，尔等要知或女或男皆属己出，旋生旋溺，恐蹈刑章。自示之后，务须各自猛省、交相劝勉，倘再视为故常，仍有私溺情事，一经访察得实，定将本家及族邻、保甲一并拏究，从严治罪，决不再为宽贷。其各凛遵毋违，特示。计开：（1）饬各州县每岁春初、生机流畅之日，出示严禁溺女，并禁凌虐童养媳、厚奁浮靡以清溺源，令保甲户牌鸣锣、沿村晓论，俾山陬穷谷、愚夫愚妇知所警畏，永着为例。（2）饬各州县会同学官劝说各地方绅士，相地立局，量为变通，限三个月内一律举行。饬将局首姓名及遵办情形缕晰禀复，并不时严加稽查，按季按年将救活若干数目禀报查考。（3）学官于绅士中有实力办理、着有成效者，详请学宪于优行册内增拯救溺婴一条。其富户捐产捐资，州县官会学题额旌奖以示鼓励。（4）学官商集廉正乐善绅士照六文会章程有力者躬为之，无力者共图之，亦非难事。况士首四民，诚使为祖父者立法以戒子孙、为宗长者立法以戒族众，因以晓警于亲友邻里，庶渐推渐远，广善举而挽颓风。（5）乡愚溺女多视为故常，如有暗地溺毙、诡称出胎殁亡者，一经发觉查实，按律治罪，惩一警百，以除积顽。（6）六文会章程给钱自哺，其法甚妥。除遇道傍弃婴必须雇乳外，均令自哺，较之雇妇哺养不但省费且免无数毙端。（7）事关生命善举，以此为最。其地方向有善堂劝论，公正董事均令添行救婴，较之他处举行尤为得便。（8）丰稔之年尚有因病溺女、待人拯救；一遇饥岁，无论子女势必不免。设遇灾赈年分，另设一局收养初生杂髪少许。作为征验，先行出示晓论，以免委弃。日给米一升，一支五日。每月抱至官局查验，赈务中增此一条，庶保全者众。（9）六文会各村救各村之溺，先置簿一本，邀一百股，每人或作一二十股或三五股，每股每月出钱六文，一月可得钱六百文，给与贫而养女之家，以给念个月为度。其衣食稍能存活者不给，头胎生女者不给，或生子数胎而生女者不给。其有应行给钱之家，或因生女过多难于乳养，他姓有抱作童媳者，亦照例给钱与之。族大者，或一村分为数会，族小者或连村合为一会，各村之溺各村救之，可无稽查之劳；生女便行派钱，不生女者不用，可无侵吞之思；且所救之女或存活或夭殇者，易于查明，可无冒领之弊。此为惠而不费、简则易从，迨数年后，众志既定，人乐救生，再行随地变通，或捐田产归众管理，或集资发商生息，呈官立案，以垂久远。

1881.7.26

李明墀片

再查例载，凡士民人等或养恤孤贫、助赈荒歉等事捐银至千两以上或田粟准值银千两以上者，均准请旨建坊、给以乐善好施字样等因。兹据署善化县知县姜钟琇详称据禀，生汤彝训等呈称，已故邑绅汤庆祺系运使衔分省先用道汤聘珍之父，平生隐居读书，慷慨好义。其乡素有溺女之风，咸同年间屡经官为示禁，并谕劝办救婴新法，醵资收养。汤庆祺遵谕，董司其事。因巨费难集，善举未成。该故绅临终遗命其子，以宅右田八十亩，积每岁租谷所入捐育婴经费，续成未负之志。去岁春间，该县唐步瀛任内催办积谷救婴等事，其子聘珍首书捐谷一千石，为阖邑倡，其谷即十余年所积之租也。而地方善举赖以观成，实得该故绅汤庆祺遗命倡捐之力。维时谷价一石值市银一两，与捐银一千两之例相符，公恳申详奏请建坊用昭奖劝等情前来，合无仰恳天恩俯准，照例旌表，由该家属自行捐资建坊，以彰善行，出自鸿慈。除将事实册结咨部查照外，谨附片具陈。伏乞圣鉴训示，谨奏。

1881.12.11
论楚军杀戮太甚

昨据西字报录述浙江台州剿匪情形，知近月来省中官军云集水陆堵剿该匪。黄金满颇有穷蹙之势，已入山洞固守，为负嵎之计，不敢公然图突而出。若得军心勿懈，四面布置，使该匪终困，则迟早总当就擒。惟省中新调之楚军及向驻台州之兵，恣意杀戮，竟有不问是否羽党、概作匪徒办理者。故台人之心，似多不悦官军之所为。惟究竟如何杀戮太重，则西报未尝详述，或告者之过，及传闻之失实欤，未可知也。然以鄙意度之，此言固非无因也。盖浙东风气，温台均属强悍，而台为最甚。缘其地方，负山面海，径路港汊最为纷歧。海中既不时劫掠，而山岭崎岖易藏宵小。各属员数众多，虽有出产而地脉本属枯瘠。平时利之厚者，当推滨海之鱼盐，近则遍种莺粟。高原下隰谷麦所收无几，若种莺粟利且三倍，而又不畏水旱，岁岁丰收；自郡贩来他处销管，不若五谷之不许出境，皆获厚利以归。以故近年不仅恃海中之产也。然民情实不能变，且富者自富，贫者仍贫如故也。以各属素有溺女之风，家生三四男，不能人人有室。苟兄弟之间父母歧视，则无产而又无业，迨其长壮，有不游手无赖渐流于匪者乎？从前台人之为僧者甚多。闻其风俗，凡中人产以下，苟有兄弟娶妻生子，则谓似续已延，己即不妨出家。其出家也，并不与俗家长别，若天性循良者，以献经之钱寄养父母，亦所恒有。此盖迫于不得已，而以一领袈裟为糊口计也，其情亦可悯矣。然而秉资良懦者，以出家为后路；其赋性凶暴者，即以盗劫为生涯。海岛之中、万山之内，招集亡命之徒，动辄千百。惟粤匪以前天下承平，人心犹有所畏，不敢窃发。今则反叛之人，行径皆所亲见，胆力大而性命轻，渐成憨不畏死之习。而况游兵、撤勇、亡匪，几遍染其恶气助其凶残，则更不知王法，不惜身家以劫杀为是技矣。同治之初，左侯相自衢严直下台郡，闻风六邑土团群起攻贼，城池尽一时收复，由是民风愈强，而盗风愈炽，以其能为官军之助，事后不惟不便禁此，而且优加奖厉。于是土团之人，家家皆置军器，借防盗为名，而阴有为盗之党。大吏经营善后，深知台郡民风将来必酿大患，故湘楚诸军次第遣撤，而独留湖属安孝一带与台州之防军，以为浙西浙东之门户。然安孝一带，地接皖南，山径丛杂，居民稀少，恐溃贼潜踪游勇勾结，是以设此一军，资为重镇。若台州则正不惟外来之匪是忧，而实以观土匪之动静也。故自成太守统领台防十数年，泊其补援。同知仍管营务，遇有土匪劫盗等案，从严惩办，往往率队伍入乡村尽数而屠戮之，不以盗案章程办理也。其意以为以杀立威，匪徒自不敢逞。先后守台者如刘君璈、徐君士銮、陈君乃瀚，虽为政之道不同，而于办理土匪则皆与成君意见相合，宁猛勿宽。然而台人之死者，虽则罪当其情，台人之生者固已习成其俗，杀者愈多，盗者亦愈不少。盖盗案缉获而分别首从，或斩或不决，此旧例也，亦既不行。若台之土匪聚于一处，而行劫于外，其中岂无被胁相从与同居其地而并未尝从之者？若尽数歼之，冤于胡底，彼不为盗者岂不曰："盗亦死，不盗亦死。不盗而被株连，何如为盗而尚求苟免？"无惑乎盗之多也！刘兰洲太守之去台也，台人要诸路将甘心焉？不得已航海而遁。然则台人之仇官由来渐矣！今黄金满之不仇乡人而专务仇官职，是故也！……

1881.12.25

青浦西乡莲滨全婴会启

吾乡向有溺婴风。自士大夫分设堂局，明定章程，资助本母抚养，谓之保婴。代送郡堂雇乳，谓之接婴。由是此风稍艾，盖已有年矣。惟是婴体初出母胎，气血柔脆，而乡送船只，势不能蔽风日，且于到堂旬日间，由县而郡辗转抱送，受病已多，每易夭折。欲概执保例办法，奈本母又以贫且多胎，游移不纳，此诚法有所穷而情殊可悯者也。爰敢不揣固陋，拟集斯会，设自领贴哺二则。凡遇弃婴，均令在村留养两月后送堂，庶几呱呱黄口稍免受病之虞，得遂生全之乐。是鄙愿所深幸矣夫。规式列左【见下】。（一）在会同志今先约定十二人，遇应更易、增补，须公议允，协以齐人品。（二）应办村庄先须查造实在贫户、子女多寡细册以便检阅，而杜冒滥。（三）村中如有弃婴，不论何人皆可报会。如隐匿不报、致忍溺毙者，本夫、稳婆尤干不便。（四）

报会时切勿将婴抱至会中，须由会中赴察情实、认明头顶偏正、箕斗螺纹或别有暗记，应行自领贴哺，均凭地保分别办理。（五）自领给以婴衣一套、尿布四块、足制钱二千文，劝本母留养两月后，由会给凭，自送婴堂，并着回取收条，缴会查核。（六）贴哺系凡婴孩无母或有母不愿自领者，照堂例给该婴家钱文外，由会雇乳发哺，余与自领例同。（七）乳母非临时可觅，各于试办村庄预雇有孩乳母一人，每月给钱五百文；交哺后，每月给钱一千文，外再雇定乳母一人如前，以应猝然发哺。如哺满两月无人认领，并后无弃婴接哺，应将此婴再哺一月，期于接彼送此、衔尾交哺。（八）贴哺婴孩当由稳婆穿好婴衣，令该婴家抱至乳母处。如遇风雨自宜加慎。（九）如本母自领两月后，转念生怜、不愿弃养者，至会中声明过割。（十）自领本母，无论已未满两月，并不知照会中，将婴私送远堂或私送他人认领，无可稽核者议罚。（十一）无论自领、贴哺，会中将该婴姓氏、生庚及发哺所在，抄贴街市，以便有人探望认领。（十二）无论自领、贴哺，两月后有人认领者，须央保赴会具结、核给字凭，以慎归结。惟方外异教、娼优、奴婢，概不准领，其贿托冒领者保人是问。（十三）凡领去男婴，有关嗣续，概于年终由会禀县存案。（十四）送堂须拣晴和之日，无论自领、贴哺，均须该妇伴送，不致路中啼饥。（十五）所给婴衣尿布，于送堂后由堂中照数收存、汇交会中，以便源源接用。（十六）无论在会、送堂后，各婴为人认领者，会中将领主姓名、住址、认何称呼，抄贴该婴家村上，以示实在有考，不致妄生疑窦。（十七）凡婴孩有病，应急报知会中，医治其病，殇者由会代领棺匣掩埋，勿任火化。（十八）是会每愿每月百文。一经写定概以期年为率，不得中止，庶会中量入为出、无挪垫之苦，零捐不计。（十九）会中编列捐折、分募，注明自某月起捐，各由经募收取，汇缴会中，掣发收条以征信实。（二十）收支钱项及婴口出入细数由经办备册登记。每至次年元旦，抄贴街市外，另抄附结焚化城隍神前，以誓无欺。（二一）在会同志春秋两叙，公同查察会中所办情形，如有不妥之处，皆当切直指论，毋徇毋隐。（二二）是会专办一村约费钱十五六千文。款多者，由近而推远；人多者，因便而分办。总之，量款、量人因时收放，不执一定，有为善之乐而无为善之累。

此创议之灵便，甚望有人仿办也。

【编者注：该机构运行不到两年，见后 1883.8.17 日"全婴会告停"公告】

1882.3.26

议招妇女

　　西历二月十六日，驻新加坡之英国总督偕诸官绅同集于议政院，会议数事，兹择其要者节录如左。緞文大状师首议云，现今新加坡之人丁，男多于女，不能人皆有室，须筹一妥善之法，招致中华之妇女来此，以配及年无室者，用资生育，藉广人丁。然必设法令奸徒不得假手，杜其诱拐、贩卖之弊，若查获拐犯必尽法惩治。再授重权与华民政务司，以专责成。辅政司议云，此事若郑重料理，尚不难办。文状师所言自是公事，可移文中国大吏明言其故，共立良法举办，未为不可。近年中国妇女多由香港附船而来，其被陷于苦海者实繁有。从前本司至政务司署坐谈，见诸妓被诘者概有难言之隐，又前见有华妇抵埠上岸时，政务司查问该妇来此为良为娼，无不应言为良。及被奸徒诱卖，不堪其虐，该妇始逃至政务司署喊冤。公家给资送回中国。似此者，亦不乏人。是当速为设法访拿诱拐之奸人，以绝其患也。公家大状师云，如中国妇女自愿前来，诚不得阻止。若访知系被诱贩卖为娼，当设善法拯救，并拿获匪徒重惩之，则若辈方不敢以人为奇货也。以上云云，见于新加坡之《防报》。《防报》主人遂从而论之曰：新加坡一隅，虽华人与土人杂居，然仍华自为华、土自为土，彼此不相婚嫁。尽有华人已寄居百余年，早隶英籍而服色终不肯改。另查西历去年正月编查户口，共计有十三万九千二百零八名口，其中妇女仅有三万三千七百八十五人，衡以男女配匹是不得其偶者有七万一千余人。国以民为本，生齿愈繁即富强易致。故緞文状师筹及此事，欲以中华之子女配中华之丁男，其意诚不可厚非。且闻中国有贵男贱女之风，甫生而溺死者，尚有之。何不以此之有余而补彼之不足耶？不知溺女者多半出乡间穷苦之家，无力抚育，遂忍而为此。苟女已长大，不特不肯溺毙，方视为奇货可居。虽中人姿首，与人为妇，聘金亦可得百数十元或数百元。苟或缔姻于百里之外犹以为远、讯问不便，其谁愿先费船价旅资，使一弱女子孤行万里而遥待觅快婿，至老死亦不相闻问乎？盖中国之贵男贱女，特贱初生之女，非贱长成之女。緞文状师虽具此热肠，恐亦仅托空言，终无实济也。或者照会华官设局，如中国之育婴堂凡有愿弃之女，准其送入局中，先则雇人乳哺，继则载回新加坡。妥立章程，代为择配，较胜为童养媳受人荼毒，宜若可为也。《防报》所论之大意如是，固是准情酌理、持论明通，爰略加删节而录之。

1882.7.5

全婴会募捐启

【编者注：发布该募捐启事之“全婴会”，具体信息不详，从最后指定捐款送交地点“珠家阁镇西河家港”看，应为上述“青浦西乡莲滨全婴会”亦即下述“莲滨全婴会”】

夫好生恶死，人有同情。育女生男，理无异致。吾乡自发逆窜扰后，民生困苦，乡僻之处往往将女婴委弃、溺毙。贤有司痛瘝在抱，曾劝谕城镇绅士多设保婴、接婴、育婴等堂，取养婴孩，毋使弃溺。此诚莫大之阴功也。惟堂内多收一女，即乡间少留一女，由县而府而省计之，岁不知收几千百口。以故乡间之处子日少，势必乡间之鳏夫日多。因而寡妇穷婺而鲜有不夺而改嫁者。一朝失节饮恨终身，然此犹其小焉者也。其弊之大者，莫如陇畔耕夫，既无夫妻子女之属，即无米盐薪水之忧，得钱沽酒、胆大妄为，尤为世道人心之大患。盖二五对待，奇耦相因，阴绌阳多，此亢龙之所以有悔也。但以隳地之赤子，遽尔抱送堂中，骨脆肤柔，最易染病。爰有创为保婴之法，给资令本母自哺，然恒情以两男一女为满意，多恐赔累衣食，仍有或委弃或溺毙者。某等因审度时势，参以管见，拟在各村设一全婴会。凡遇弃婴，概令在村留养两月。此两月内，或资助本母自领，或本母不愿自领，另雇乳媪贴哺，此合保婴、接婴育婴二者而会通之。是不啻各村各设一婴堂，较之甫生而送往城镇者，似更妥贴。况婴儿留养在村，同村人亦便于过继。日后男婚女嫁，人各有家，即人各自爱、弭患无形，法莫有善于此者。近见楚藩王方伯通饬保婴变通章程，其大略亦相吻合，益信所见之非迂谬矣。现在青浦西乡莲滨一带乡村，业奉宪谕，节次开办，由某等按村公举诚实可靠之人，谆谆劝导，乡人亦多称善。惟欲阖邑遍行，每岁须费三千余金。刻下经费不敷，殊形支绌。用特略修短引，敬乞诸大善人代为设法筹募捐款。如此举得逐渐推广，某等实深感祷。至会中详细章程，当另刊布【见 8.7 日“莲滨全婴会缘起”，参见上年 12 月 25 日“青浦西乡莲滨全婴会启”】。某等为千万婴孩请命，不胜悚惶、战栗之至。如惠捐款，望寄交珠家阁镇西河家港永丰桥南堍王合顺号，收下当即由会中掣给收条为据。此启。

1882.8.7

莲滨全婴会缘起

【本文所列的主要章程内容多见于 1881 年 12 月 25 日 "青浦西乡莲滨全婴会启"，本书中略，仅将前文中未提及的部分，抄录与此 】

吾乡有溺婴风，自士大夫分设堂局明定章程……主裁会务则有会正。管理银钱，则有会副，月轮一人，由公所赴在办村庄查核婴口、收支，各数汇报会正，开贴则为司月。村择一二人，各发空白联单、钱票、婴牌三种，随时在村填用则为经办。每至次年正月十二日，由正副会同司月、经办，齐集单票印册，符核通年出入、婴口、经费，汇造清单，实贴公所、焚化神前外，另造清册两本，一送县备案，一存会备查。公所设珠家阁镇外，挂粉牌两块，一曰 "同好" 书每月善姓乐助捐数，一曰 "同恶" 书某月日某村溺婴、本妇、稳婆经溺各妻氏、并同室邻右某某。另置竹筒，刻曰 "喜闻筒"，由会正封盖递交司月，锁系墙壁。每月终，限同会正开视一次。一求远近君子，如见有会中办理不妥之处，随时投示筒内，以便集议改易。二令在办村人，如知有溺婴实在，书名纸片投报筒内，由会详慎查确注牌。

经费由会正编列捐折，交司月分募汇缴、擎发收条，会同会副加戳，按户存记外，将钱汇取。会副钱票加盖图识，分交经办，给领其捐例，每愿每月百文，以期年为率，庶会中量款限地，无文绌之患，零捐不计。村中不论是否贫户生产，均令稳婆于五日内报知男女、存否、收生某人，由经办注册备查，随给稳婆钱四十文，谓之报生钱，俾溺婴之家有所忌惮。会中创造太平篮，内分上下两层，上铺絮褥容婴安卧，下置婴衣、尿布、乳瓶一切收生之具；每稳婆处预存一只，嘱凡收生务带此篮，如遇弃婴，当将红绿婴衣穿好暂留本母处，赶即报会，不得径送堂局，致仍感冒。经办于报到弃婴须核照。极贫之家两男一女外，次贫之家三男两女外，赴认头顶偏正、箕斗螺纹、应行自领贴哺，填注联单、婴牌，分别办理……凡认领会婴，须央保具结，由会正登记底册外，编给执照，年终将照核附结送县备案。其时至婚嫁及在二十岁内病故者，均令报知遣赴查确，以慎归结……会中预备丹丸，存经办处，凡会婴有病，急令报知医治……惟弃养父母恩义俱绝，如向领主诈扰索领，以凶恶光棍论，许押送县官究处。如村中仍有溺婴，稳婆、同室、邻右隐匿不报，查系确实者，由会正照前 "同恶" 牌式，叙明各姓氏先发该村牌挂示众十日，转挂公所又十日，抄禀校官传集，各夫男分别情罪戒饬。其不服者，禀县按例治罪。愿赎之以财，许本妇、稳婆、经溺，各罚一婴之费，同室、邻右对罚一婴之费，多共不得过十千文，存充会项，仍着悔过，其结焚化神前。

是会每办一村约费钱十五六千文。劝在乡富户能二三家认办一村或一村之费认捐一半，余由在会酌拨，尤省经费而易推广。会名"全婴济堂局"，保接之所穷补前贤立法之未备事，从近易费省惠多。凡四方同志乐与斯会联络分办者，均许到会支取印册，需款事可随地分办，即捐应随地分募，岂莲滨云何哉。

如蒙惠款，寄珠家阁镇接婴堂代收，即奉会中收条。

1882.8.14

分款助赈禀

屡读皖省报灾，各书伤心惨目。敝会同人拟将拨充全婴会经费之珠家角镇茶捐，分半助赈，业已禀县。虽杯水车薪，无补万一，然各属倘能仿而行之，未加捐者，创办助赈；已加捐者，分半拨赈；则集腋成裘，为数当亦不小，未始非皖省灾民之幸也。谨将禀稿附呈，祈登之报，以作刍尧之献云。

为赈灾急迫、环求分拨捐款以救民命事。窃惟至急莫如人命，大小无分；薄海皆我同胞，遐迩一体。职等奉办莲滨全婴会，因经费不敷，援照苏城清道局、吴江芦墟莘塔、周庄治下金泽等镇保婴局章程，请于珠家角镇各茶肆，每碗加茶捐钱一文，奉经出示，准行在案。职等先后接得苏申恊赈友人来书，类云本年霖潦为患，江河盛涨，浙江、江西、湖北等省均有偏灾。而安徽之怀宁、桐城、潜山、太湖、舒城、合肥、宿松、英山、庐江、无为、巢县各属，同时出蛟，山水暴涨尤甚。民生漂泊，荡析离居，惨难尽述。现在亿万灾民嗷嗷待赈，命迫须臾，苏、申、扬三处设局募赈云云。职等见之，寝食难安，议将奉收珠家阁茶捐。即日起收，以一半充作赈款，解交苏城恊赈公所，以一半仍作全婴需费。职等为赈灾济款意见相符，为此合词公叩恩准，迅赐出示，严饬各茶肆立即遵照起捐，不得藉抗。一面由职等逐日收取，分别支解，取具恊赈局收条。呈电以征信实，迫切上禀。清浦莲滨全婴会同人公禀。

1882.9.21

育婴良法

清江原有育婴堂一所，因经费不充，故定额止有三十名。向由漕宪同善局发给经费，兹杨邑尊奉左侯相札，饬以弃婴溺女殊感悯恻，苏、扬、通现既举办，着各属一律推广，或创捐经费，或仿江西六文会章程。邑尊乃谕绅董即就六文会章程遵办，于四乡镇设立接婴公所。如有婴孩因贫难育者，由公所转送至城，不费民家分文。城内育婴定额，亦须视前大加扩充云。

1882.10.7

官门抄

洪钧片--再各学教官有品学俱优者，例准学臣奏闻请奖。臣岁试毕后，曾将衰病不职各员奏明勒休在案。兹查有莲花厅训导王上直，操履雅洁，训迪勤能。厅境向多溺女之风，该训导劝谕城乡广兴善会，捐俸为倡，全活甚多。乐平县训导胡友梅，风膺荐举，品望久孚。学问优长，尽心教士。以上二员拟仰恳天恩赏加国子监学正衔，以昭激劝。此外尚有溺职之员，另行咨由抚臣办理。臣为砥砺学校起见，谨附片具陈，伏乞圣鉴训示。谨奏。

1882.12.9

保婴刍言（归安高佐辰稿）

盖闻溺女之风行于江浙，盛于湖州。自经官绅善士、仁人君子创设育婴、保婴、留婴、接婴诸善堂，各公局婆心救世，则溺女之风渐息。但逢未年生女而溺者仍多。谚云："男子生肖坐羊，出门不必带糇粮；女子生肖坐羊，败尽爹娘家的田粮。"由此，乡里之家未年生女，万无留育之理。然此说究属不经。即以辰先祖母生肖坐羊而论，祖母生辰同父、叔、伯、四姑母一辰。父由附贡候选训导，伯叔三人皆上舍。姑母适沈姓，多子有孙。辰伯叔兄弟亦四人，游庠者三，一由上舍而加部郎衔。姊妹三，均字书香而有甥。更以祖母外家而论，其兄弟子侄虽皆课晴问雨之俦，人丁产业亦称兴旺。祖母年登古稀以上，其时儿孙环列，家业小康。且闻同郡王方伯夫人，富贵并臻，亦是未年诞生身，其康强子孙、其逢吉更育，胜于先祖者焉。何乡里之家，竟胶执而未化也。兹因来年太岁在未，生肖坐羊，诚恐乡里之间溺女之风复炽，伏望官绅善士、仁人君子昌言救世，遍示群黎，振浇风而为仁俗，拯溺女以繁民生，上答帝天好生之德，下施婴孩再造之恩，则功德真无量矣。【此处言因忌讳未年属羊而溺女；作为比较，请参见八年后即1890.2.15日文曰因忌讳寅年属虎而溺婴】

1883.5.22

泽被黎元

苏城育婴官堂自经程绅接办后，扩充收养，经费日绌，前昨两年堂产被灾，进款益少。程绅忧之，遂于上年冬间议请各保婴局各自筹款留养一年，暂停送堂，各局均有难色。本年岁星在未，俗有"生女属羊，卖尽田粮"之谚，溺女之风，今年必甚。堂局既无款，收养呱呱者何计保全？程绅又忧之，请于侯相左公，蒙拨永丰霸公费银四千两到堂，遂得育婴如初。近日送婴到堂者，仍复络绎而至。侯相怀保小民，可谓无微不至矣。闻堂中情形，因积累太深，尚在极力筹措。安得好善君子闻风兴起，为之源源接济乎？

1883.7.16

申禁溺女示

钦命湖北承宣面政使司布政使蒯，为特再训切示谕、严禁溺女以全生命事。照得至重莫如人命……【余同 1981.7.10】

1883.7.21

官门抄

湖南巡抚臣卜实第跪奏，为绅士乐善好施吁恳天恩准于旌表以昭敷劝事。窃照湖南素有溺女恶习，戕害生命，岁难枚数。臣到任后出示，剀切劝导并饬各属举办救婴成法，集资收养，如能倡捐巨款，准其照章请奖，藉资激劝。兹查有常宁县在籍绅士兵部候补郎中唐敏真、湖北候补知县李泽芳各捐田二百亩，倡办育婴，阖邑即因之兴起，集成巨款，救活婴命甚多。查核所捐田亩契价各值制钱五千余串，折银均在三千两以上。又长沙县已故监生二品封职常协，生平勇于为善，遗命其子前湖北补用同知常麟、候选同知常立成、候选通判常桂馥、光禄寺署正衔常桂馨、其孙主事衔常恩銮等，共捐田二石二斗岁额、租谷六十石，契价银九百余两，又捐银一百两，综计一千余两，作为育婴经费。又善化县绅士遇缺尽先题奏提督张捷书，将自置田亩十石计价银一千三百余两，捐作育婴经费，并另捐田十三石价银一千九百九十两，每岁收谷一百三十石分给本族贫老无依及祠宇祭扫之用，由各该地方官取造册结、呈请旌表前来。伏查定例，绅民因地方善举捐银千两以上者，请旨建坊给与乐善好施字样等语。今常宁县绅士兵部候补郎中唐敏真、湖北候补知县李泽芳、长沙县已故监生二品封职常协、善化县遇缺尽先题奏提督张捷书，或首倡义举，或遗命子孙各捐田奉，作为救婴之用，计银均在千两以上。洵属心存恻隐，好善可风。所捐田亩已据呈出契据，由地方官查验相符，相应汇案。奉恳恩施俯准照例建坊，给与乐善好施字样，以示旌奖而资观感。除将各册结咨部外，理合恭折具陈。伏乞皇太后、皇上圣鉴施行。谨奏。【同《申报》刊登的其他奏折类似，本文刊登的本奏折末后的批示是"军机大臣奉旨着照所请。知道。钦此。"】

1883.8.1

重保甲以禁赌及禁溺婴论（探梅逸史未是稿）

　　江浙之大患有三：曰烟，曰赌，曰溺婴。夫禁烟必求其源，先使印度及巴蜀之间不种罂粟，而烟始可绝。如不能禁其源，惟有禁烟灯、多设戒烟局、多刻戒烟良方，使之自戒，亦足小补云，而固非保甲之所能禁也。而赌则不然。其或开场聚赌，保甲见之；酌局挑头；或夜间吃茶摆赌，保甲观之；抑且婚嫁丧葬、新年拜节、远处烧香、亲朋聚会，无有不赌。虽有大小之差，总之皆赌也，而保甲无不闻之。况长者赌钱、幼者观看，以致年未弱冠而赌已精明。未几，子出赌钱，而为父者亦不能禁其子，奈之何？民不穷且盗也，甚至江浙两省无地不赌、无时不赌。一日之间倾家荡产者几何人？因赌陨命者又几何人？良可悲也。而为上者，欲挽颓风，惟有重保甲，遴选贤良方正之人以为社长，使社长选牌长、牌长选甲长。不必拘于一图必选一社长之说，盖正人固不易得，或一图中有正人数人，或几图中竟无一正人。是以一县中不过选十余人以为社长，使社长各管邻近若干图，而有司每月请见社长一二次，访问民间风俗，凡社长之言，无不听从；且方正之人，当以宾客目之，不得给以谕单，同于差保之例。如有公事，当用书柬，更使甲长每月出结与牌长，牌长出给与社长，社长出给与有司，皆注明本月有无赌钱。如有赌钱，甲长报牌长，牌长报社长，社长报有司，立刻提究。如有隐匿等情，惟牌甲长是问。如是，则上下联为一气，不致被差役、地保蒙蔽矣。盖差役、地保无非小人，或因贿赂，或因私雠，其言本不足信。曷若社长之言为可信哉。且禁赌既严，又须大收民间赌具而焚之，如有造作赌具而出卖者，罪较赌钱者加一等；私藏赌具者，罪亦如之；使小子后生目不见赌具，数十年后，善赌者死，而赌自绝矣。若溺婴之事，江浙两省一日所溺不知几何，一年计之更不知几，遂致乡间之妇女日少，乡间之旷夫日多。岂贫贱之家多生男而少生女哉？贫贱多溺婴也！虽有育婴、接婴诸堂之设，而此风终不能绝。况在乡僻之间，有司不得而知，图董不得而知，地保亦不得而知。即有知之者问之，而父母必讳之曰病故也，或曰死于腹中也。然而事究无凭，何从查访？惟十家中必有知者，当其生产时，帮忙者何人？收生者何人？婴果有病，医治者何人？若凿凿有据，证有溺婴，则甲长报牌长、牌长报社长、社长报有司，立刻提究，照无故杀子例，此惩一警百之道也。每至月底照禁赌之例亦连环出结，而溺婴之风庶几可绝。数十年后，贫贱之家鳏夫易于娶妇，不致宗祧之绝，岂不懿欤？抑且各家之门牌，亦宜刻过。为禁赌、溺婴起见，不得视为具文，凡在小民，孰教不凛遵哉？昔宓子贱之宰单父也【宓子贱曾任单父一地的宰相】，父事者三人，兄事者五人，友事者十一人，且更得贤于子贱者五人而禀度焉。是以弹吗为琴不下堂而单父，治此谓善于任人而非任己也。今之选社长，亦同此意耳。遴选之时，可不慎哉。凡此二禁固有利于民而无害于民，各大宪而有取乎。斯言须通饬各属，实力行之。在上者固为不赀之惠，在下者已受无穷之赐矣。

1883.8.5

重保甲以禁赌及溺婴论书后（淞阳老渔稿）

昨读贵报附张登探梅逸史"重保甲以禁赌及溺婴论"一篇，不禁喟然。叹保甲之法之善行之于教匪肇事省分，固有以清乱源，即行之于太平无事地方，亦有以佐治理。岂仅赌风可戢，溺婴之风可捄已哉。试以某县之禁止龙船一事言之。夫龙船之戏，至无谓也。县官因苏常谣言不靖，而圉境示禁，以防患未形，至善政也。乃煌煌告示几遍四乡各镇，而于某镇独缺，如噫异矣。于是某镇之龙船逢初一至端午五日，热闹异常。至初六日，始见有告示张挂通衢，噫又异矣。然官非高拱无闻也，圉境皆禁而独不禁于隅，一则必有玩违禁令之人，自宜惩一以警百。所尤异者，追提到案乃一事外无辜之某甲。某甲者，何镇中失业少年也。当龙船下水时，甲曾声言欲夺篙桨，谓现泰宪禁此等违禁之事，人人得而阻之。会中人乃谋于保正，保正曰："尚未奉至明文何物，子胆敢阻挠。"甲闻之亦气沮。及官查究而会中人即以某甲报差提至。再某甲自恃理直，且喝阻在前，何患认陷，遂挺身而出。讵身一到堂，不容分办，即责六百板、枷号一个月。至今郎当犹在县署头门也。噫！某甲苦矣，而地保及会中人仍逍遥自在也。人微言轻，自不量力。于某甲者，诚不足惜，而独惜官之森击禁令，既不行于事前，及追提抗违，又受蒙于事后。信逸史所谓差役、保正无非小人，其言本不足信者。诚得地方正人，委为社长，每月相见一二次，访问民情，则岂有此等事哉？故曰保甲之法，行则官亦易为治，不仅赌及溺婴二端有以风清弊绝也。

1883.8.17

全婴会告停

某等于上年春间倡议全婴会规条，民捐民办，先在青浦之莲滨一带乡村试办，蒙远近善士陆续捐资济用，不胜感颂。惟苦此会无经费，至七月后并未收到捐款分文，而各村婴孩费用时时告负，因延至本年二月禀县停止，四月内造具清折、报销在案。统计一年所接之婴类，皆仍归本母自育及邻人领作子婿、女媳，并无一婴出村送堂致或感冒殇折等事，办理似尚有成效。惟惜某等拙于筹费，不克图终。诚恐远处善士未及周知，尚有于五六月间寄到。守拙子捐洋六元、不留名三元、王晓山二元，当交原局送还。设以后再有捐款寄来，容有遗失，合亟通知，伏维亮鉴。莲滨全婴同人顿首。

1883.10.15

江抚潘等奏遵旨严禁溺女并会陈筹款举办救婴情形折

【光绪九年九月初四日京报全录"宫门抄"】

江西巡抚臣潘霨、江西学政臣陈宝琛跪奏，为"遵旨严禁溺女并先将筹款举办救婴情形恭折会陈仰祈圣鉴"事。窃臣等于光绪九年六月二十七日，承准军机大臣字寄六月十二日奉上谕"翰林院侍讲王邦玺奏江西溺女之习经前任学政督饬教官劝办救婴会渐着成效等因钦此"，具见皇上诚求保赤之至意，莫名钦感。伏查溺女之习，忍心害理，于风化伦纪，所关非浅。江省民俗真朴，而溺女之风视他省为甚。前蒙谕旨饬令地方官劝谕绅者，各就所居分图举办。经前学臣洪钧檄饬各学教官劝办六文会章程，数年以来，各州县因地制宜，举办救婴会者，固已不乏，然畏难苟安、阳奉阴违者，亦属甚多。嗣经臣宝琛严饬各教官接续举办，广为劝募，并于按试时谆谆劝导，又……檄令各州县会同举办，其乡风慕义、实力奉行、着有成效者，加以奖励。故各属尚能推行。概各州县城厢内外，向有育婴堂收养弃孩。兵燹之后元气未复，加以连年水灾，民困不苏，江西库储、厘税等项协拨频仍，入不敷出。故虽各州县廨署仓库均关紧出，尚未能概行兴建。官民支绌，无款可筹，臣等每以为虑。是以育婴堂等善举未能兴复旧规，亦皆因度支竭蹶所致。今逮皇上勤求民隐，德洽好生，特颁谕旨劝禁殷切，臣等职司风纪，益当竭力殚诚，以挽颓风而惩薄俗。当经臣霨、臣宝琛严饬各州县及各学教官实力兴办，并会同出示晓谕、颁发条款，严禁溺女；广劝该地方土民等接办六文救婴会章程，悉心推广以全生命。兼饬各府州县查明育婴堂兴废情形，一面饬藩司酌筹款项，俾得一律举行，庶呱呱弱息永免戕贼之祸，得遂蕃衍之机，以仰副皇上如天之仁，则久道化成，万民幸甚。待俟办有端倪，再行陈奏。所有遵旨严禁溺女并先将筹款举办救婴情形，谨合词恭折覆陈。伏乞皇太后、皇上圣鉴。再，此折系臣霨主稿，合并陈明。谨奏。

1883.11.29

中法战局论

越南之役，中朝之待法国者，可谓仁至义尽。微特法人不得藉，即四大洲万国闻之，亦无能议中朝之曲者。盖中国向来雅重商务，深知四洲之上商旅往来，必以海口为歇足之地。若与一国启衅兵戎相见，则商情有所不安。而二十年来加意整顿、孳孳不倦，所收之成效败坏于崇朝，岂不可惜。故当法人始谋越南之时，仅以公文往来，辨其为我藩属而已。及去年攻取海防，旋得河内，度法必不视越为我属国，行将奄有其全土，纂取其地利，当轴者犹不忍遽与绝好，一再辨白。洎乎计夺顺化、劫立新约，黑旗举义、屡败其兵，中国似可出师矣。乃钦使晤商于外总署，持重于内，就法人之所愿而思一中立之法，创议以红河为界，各守通商地面，中间瓯脱两不能有。自顾此等而下之之法，但使法人降心相从，即可无事。其时英人亦有从中排解之意，中朝闻之，不胜欣喜，极愿其作调人，俾两国言归于好。夫即如前者曾侯所拟五条，法人见而首肯，揆之藩属之义，在中国已属格外吃亏。盖越南地形狭长，自滇粤关外而南抵富良江之阳，占其国十之三；自西贡折而东北抵富良江之阴，占其国十之七。今曰以此为界，则江以南皆归法人管辖，事事依顺化新约而行，是已割藩国大半之地而界之，岂犹坚执前说者？所以然者，实不忍败坏商务、涂炭人民，且重诸国之好、共保通商之利，以为有事不如无事，故忍而出此议耳。孰知法人始终固执，欲罢不能，兼以黑旗之强欲雪屡挫之耻，锐意经营，祗索敝赋，大有置国势于不顾、诿公论于不知者。至是，而中国始赫然震怒，命将出师，盖蓄极而发之势也。夫蓄极而发其锐，诚不可当矣。不特是非曲直我有胜于法人也，即以二事论之，而知中国实有必胜之道焉。黑旗为发逆之余，前者中原肃清，独留此股悍匪以越南为逋逃薮。尔时中兴诸将余勇可贾，若出关征之，岂难奏凯？乃刘永福智计忽生，就越南所未垦治者据而有之，不相侵扰。越廷以为地本猺獞杂处榛莽未辟，得其垦治又许岁赋，计亦良得。因而任其盘踞，不复过问。而中朝字小为怀，窃恐剿刘者转以扰越，亦遂听之。绝不料其生聚、教训、巢穴乎方五百里之中，顿成兵精粮足之势，以为今日法人之劲敌也。

综二千年中之事观之可知，越之有黑旗，使法人屡败者，殆有天意存焉。天之所为，人不得而争之。法虽倾国而来，庸有济乎？前者法人故为疑词，以挑中国之衅；今用兵之意，明白宣示。虽以滇粤之兵，显与黑旗合法，人将奈我何？一黑旗犹不能敌，况如刘永福之智勇兼优者数十辈乎？此可以必胜者，一事也。自道光季年粤东虎门之役，我军不利，继林文忠而来者，大反所为，而人心大半乐于效死。和议既成，欲还不得，抑郁愤懑，未尝或忘天津教案、上海四明会馆案、以及各省民教不和之案。今年粤东罗根一狱，皆有跃跃欲试之心，而于法人则尤为最怨。华官壹意和事，虽有熟习洋务之才，凡属交涉事件，胥得其平，而民心终疑于偏袒。各省情形不同，而粤人则尤时有思逞之意。盖民间不知保泰持盈之道与怀柔远人之礼，以为中国专事退让、反招轻侮，积嫌成忿。一有事端，不禁强怒于言、弱怒于色。况有明以来，惟粤东交结外洋最早，洞窥底蕴，皆知以我之长夺人之短、敌忾同仇之义，自远过于他省之人。当黑旗拒法之时，法人讳莫如深，掩败为胜。日报所传都非实录。而粤人之商于越南者，邮筒往来得其胜负之大概。往往闻黑旗用计，法兵败绩则相顾色喜；苟黑旗不利，即窃窃然忧之。历夏至今，谈越事者莫不如是。今大兵出关，明示战备，吾知海疆犷悍之区，效死前驱者正不知凡几矣。此可以必胜者又一事也。有此二端，足见中国此时固为不可失之机会，尚何畏乎法人哉？虽然可以战，而不战必迟迟焉以待，必不得已而后言战，此岂无故者？窃意于保全商务之外，犹有深意焉。

1884.5.26

两院宪札司通饬各属州县照会绅董勒石保婴简易章程

天下最惨者莫如杀生，何况人命？近世溺婴之习，各直省乡里小民所在，多有呱呱堕地即付沉沦，蔑理伤伦，莫斯为甚。虽有育婴堂，既不能强之必送，而救援之法穷矣。穷则宜变，变则可通。此酌助将溺婴孩之事所以为救人最上法门，窃愿为普天下千百万婴孩哀号乞命于仁人君子也。谨录保婴会简易章程如左。（一）保婴会之设：因各处溺毙成风，特议贴助之法，以补育婴堂之所不及。所望各城乡善士互相劝导，以晓愚蒙。近地如有极贫之家生育，婴孩实系不能留养者，预先嘱其切勿淹溺，许同亲邻作保到局，报明先给产费钱五百文、孩袄一件、毛衫一件、抱裙一条，夏月改夹，并领钱执照。以后每月持照至局，给钱六百文，以半年或一年为期。满期后缴照销号，或自养、或送婴堂，听其自便，与局无涉。（二）产女之后，倘其母随即病故，每月准给钱六百文，以一年半为期，俾资寄食抚养。遗腹孤孩，产母抚孤守节，力难自给。准给养费三年，恤孤而兼全节，自应格外加厚。（三）办理经费或趸捐、或零捐、或捐田亩，各随所便。最易者莫如捐一文愿，有力者数十愿至百愿不为多，无力者虽一二愿不为少，集少成多即可划界试行。查此举，善会有因一文愿而勉力抚留者甚伙，久已着有成效。事就近而易为，费不多而易举，愿有心人随地仿行、皆可举办，大可为地方造福也。右摘取保婴章程大略，惟在办理者因时、因地参酌而变通之。尤有望于同心之士矣。

保婴局苏省各府州县，道光年间自余孝惠继彭南畇殿撰，仿苏文忠黄鄂救婴一法，集众捐赀、立局举办，保全婴命不少。自后溺女之风亦日渐稀少，此其效之可凭可信者。盖兵燹以来十有余载，而人民困苦，生齿雕零，各省户口尚还远逊于前。况迄年饥馑荐臻，民力愈艰，则溺婴愈众。非徒溺女者如故，甚至溺男者亦往往有之。育婴之堂未能尽复，保婴之局可不兴乎？故育婴于年丰之时，不过为孩提脱其死。而保婴于岁歉之后且欲为国家蕃其生，其关系为尤重，其举行为尤急。本局于同治癸酉遵办，之后札请各属州县绅耆各就寺院公所，随地集资，设局拯救。给钱产母令其自养，救其一时沉溺之惨。盖婴养至数月，嬉笑皆动人怜，斯时为父母者，纵使之溺而亦不忍弃溺矣。劝办迄今计有二百余局，皆由地方官绅传谕司事，募愿举办，随时通详有案，并有司乡善士不经吏胥之手，自行集会照章循办者，亦属不少。良由保婴之会，易于举行。僻壤穷乡，但得善士为之倡率，无论大小、随处皆可试办。非若育婴之必得募建堂屋，始可开办也。善举之妙，无过于期。所望仁厚君子，互相传劝，俾各处闻风兴起，共挽颓俗，而全生命，此则私心所祷祀而求者矣。人命关天，言之心恻，敢赘数言，用告同志。嘉定苏松常镇太保婴总局谨志。

1884.9.24

溺女宜禁

溺女之事，大抵出于贫户。如浙江嘉兴府嘉善县东乡一带，此风最甚。其中亦有不尽贫者，一庐可以蔽风雨，数亩可以植桑麻，祇以狃于习俗遂不以溺女为怪事，见之令人心恻。谚云"生男勿喜欢，生女勿悲酸"，奈何毛里甫离而遽以呱呱者投彼浊流，于心安乎？所望贤有司出示严禁并传各图地保，挨户晓谕，如实在无力抚养者，准送各处善堂，犯者略予惩警。如此则愚民有所感悟，亦保赤之一道也。并闻嘉善县东乡私宰耕牛毫无忌惮，此亦不可不禁也。【编者注：同一条短文，把溺女与私宰杀耕牛相提并论，也算让今天的人大致体会到当时人们对溺女这事儿严重程度的理解】

1885.4.7

保护婴孩禀

具禀职员姚景奎，住十七保十图。禀为教化救婴请谕开办事。切职家居本籍三百余年，习医为业，不干闲务。去冬会禀道宪、讲学"保婴、种痘等事，为国家爱民起见，当蒙批准"在案，各邑颁行。周浦为南邑巨镇，人烟稠密、较倍于城。兹值春阳发动、天痘甚行，传染贫民大半，吉者少凶者多。职于生痘一艺尚可胜任，不忍坐视，亟宜施种。惟浦东居民尚不能坚信牛痘者，十居其六。爱拟论说，张贴局前。至恶习溺婴之事，虽善堂举办多年，但界限之外，不克拯救。今有隐名善士体察筹款、创设之艰，互相慨助酿成十股，暂时先行敷衍。讲约为国家之大典，即保婴之源头。人知天理循环，不致轻忽婴命，或能安分守法，更免囹圄之烦。兹有向寓申江办赈善士谈国梁，近闻南邑连年毁卡等事，自愿捐贴薪水，按月两次来局宣讲，现择三月初三日开办。至讲乡约，按每月初三、十八，两日二点钟开讲。种牛痘，按每月初三、初十、十八、廿六四日二点钟开种。亦自贴薪水，不取酬仪。即请出示，并请给谕。此举虽系善公，职未敢独任，屡蒙诸善士谆嘱，暂为承理。俟开办之后，务祈选择公正妥董，随时添谕，以冀和衷共济、踊跃输捐，而充善事永远不息，地方戴德沾仁上禀。计粘呈条程一纸。

（一）讲乡约前陈廉。举行时，均着各镇义塾、教师宣讲。其中未免有拘束者，仅恭读圣谕十六条，不克触类引伸、剖析明白；乡愚竟闻而不知，教师尤讲如未讲。职在沪地亲闻谈润之先生讲学，声音清朗，言词切近，出神入化，无以复加。听者甚众，无不明如烛照。此讲学之实，在愚民得益不虚。职已专诚谒请，渠以南邑连年毁卡等事，自愿捐贴薪水按每月初三、十八两日来局宣讲，惟供膳点，并给舟舆等费。如本邑别镇举行，亦可敦请地方官长会同拜阙，以昭恭敬。（二）保婴之举，专为极贫不能留养而设本堂。旧局向章十里为限，本局添设略增地界。以十里之内，仍归旧局给发，十里之外由本局给发。缘捐数尚少，界限未可悬指。（三）婴孩报局。不拘里邻亲族作保，当在初生之际或未产之时，必须实在极贫。苟能勉力留养，不在此例。（四）极贫之户，婴孩万难留养，先行报局，当即饬人查确，必将婴孩男女、生月日时及手足螺箕、顶发螺纹双单、偏正填明票据，临期凭票给发，以杜假冒等弊。（五）本局抚恤贫孩以半年为度，每月给发足钱四百文。如未产先报，另给毛衫一件、棉袄一件、抱裙一条。半岁满期之后，其家实系贫苦尚不能留养者，本局代送婴堂留养，以全善举。（六）婴孩贴养之后，设有疾病甚或不测殇亡，理应报局缴票，倘敢取巧仍领月资，一经察出，咎归保人议罚。（七）凡遇极贫遗腹孤孩，有关嗣续而无依靠者，本局格外酌增以一年为满，则抚孤而兼敬节，于风教更堪小补。其或产母患病断乳或不幸死亡，无从抚育者，报知本局饬即查明，设法留养，亦须与近邻亲族酌办妥当。（八）此例一开，必有力能抚养而诈说贫穷、希图给钱者，倘就近无耻之徒有串通冒领朋分等弊，一经察知，禀官究办不贷。（九）施种牛痘，按月初三、初十、十八、念六四日两点钟开种。无论远近，婴孩届期到局挨号施种。第一期种后，第二期必须来局复看，细察浆色之好歹、毒气之尽否。倘或出而不佳、气泄未透，尚须复种，切勿以俗论破浆损元气之说，不来复看，自惧遗患后悔不及。

1885.4.18

新任宁波府陈太守自出示访拿地棍后，又有禁款十条：

窝留盗贼包庇分赃，

奸胥蠹役搭台串诈，

串客游民搬做淫戏，

讼棍歇家把持唆弄，

逗遛游勇结党扰害，

开场聚赌贻害良民，

无耻娼优扮演抬阁，

师巫邪术敛钱惑众，

残忍妇人溺女恶习，

纵容妇女入庙宿山。

以上十款，皆严禁不贷。如有违犯，定即拿究。

1885.6.13

上海筹赈公所施少钦封翁来书

谨启者。本月二十五日下午，善昌亲到本埠六马路仁济善堂督放施粥，帮办配合。丸散之时，承浙宁树德堂主人来谒，善昌恭迎接待，叩教良久。蒙询本堂所小各项善举，冬间施棉衣、给年米、施粥，三项出款最大。本年春寒，运朝阴雨，施粥一举，清明节不忍停止，善昌目睹失业贫民衣食两亏，全赖每日施粥两餐过度。三四两月，本堂独创接放。善昌登报，谨代在申穷黎九叩首代求，再请发棠不以善昌为无厌之求，荷蒙各省在沪善士乐助，粥捐源源而来，以应开销粥米等用。足见普天之下，善士正不乏人；如能办理实心实力，竟能感动万善同登。本堂常年施医，五月起八月止四个月，贫病照方给药，另合送痧暑寒热各丸，每年药资亦要筹捐洋二千元，方能济事。再有常年施棺，此项善举，出款最大。查仁济堂向无恒产、又无常捐，全靠随募随做。照此情形，根基不立，非久长之计，仍恐有始无终。善昌竭力想法代筹常捐，敝丝业公所每丝一包提拨规银一分，归入施棺之用。今春以来，病亡者不少，求施棺者不但无日无之，兼有每日施出数具。上海五方杂处，北市洋场上能立得住一堂，实事求是推广善举，究属各帮方便，以致善昌费尽心思、尽力代筹。奉劝在沪各大帮，除丝业已定常捐之外，务请茶业、钱业、洋货业、米业、油荳业、纸业、药业、颜料业、铜锡业、烟业、酒业、糖业、两洋南北杂货各业、绸缎纱布四大业、花衣业、余者大小各行业，如能协力同心、各认派劝，月捐归入一总仁济堂，善昌总当不辞劳瘁，实力奉行，推广善举：保婴、育婴、义学、恤婴、义冢埋葬、借钱会、养病所、栖流所、洗心所、留养所，种种善举。如能捐有常款，无善不可代行。窃思此事局面甚大，全仗各大宪示谕帮劝，再要神力呵护，如能玉成，各大帮获益无穷。上海万商云集大码头，哪一帮无穷乡亲？能立一大善堂，总可安排，不致流落异乡。善昌不揣冒昧，同参末议，是否有当，还祈在沪各大帮威酌赐教。善昌誓当实力实心，报效以图，立成一实事求是善堂。庶可永垂不朽，皆出自各大帮、各首事之创始，莫大阴功也。上海一总汇大码头，若虚应故事，徒费捐项，岂不可惜。承树德堂主人听善昌一番直谈，颇为洽意，竟慨然乐助施棺一百具，每具代做工料洋四元，今交到公大庄五月初六日期本票英洋四百元。此乃树德堂大善士仁心仁术，广行阴德，将来子孙科甲联登，获报无涯矣。善昌即当办料赶做，还祈树德堂主人帮善昌劝成各行贵业常捐，大善堂立成，神目如电，上奏天曹，公侯万代，遇难成祥，不胜代祷之至。上海六马路仁济善堂教弟施善昌顿首拜上，四月廿六日。

1885.7.31

心诚保赤

松郡育婴堂收育婴孩，诚为莫大善举。近日天主教堂亦仿而行之，且有人抱孩送入者，由西士给钱四百文。由是穷民生有婴孩，咸愿抱送教堂育婴堂中。转觉寥寥罕觏，刻有绅士某君请于府宪饬育婴堂照教堂新例，如有婴孩送入者，亦给青蚨四百头。倘此后经费不敷，地方情愿捐贴。似此心诚保赤，其功德岂有涯哉。

1885.8.29

倡全婴会说（青浦卫家寿谨撰）

光绪八年春，余拟全婴法。行于乡，客有问余曰："全婴之义何取也？"余曰："合保婴、接婴、育婴之法而全之，故名"。客笑曰："城镇已有行之者，何取乎尔而全之？"余曰："否！否！向之行于城镇者，非收婴聚哺乎？城镇多收一女，即乡村少留一女。由县而府、而省计之，岁何啻万千口？方婴之呱呱堕地时，母心厌毒，仅裹以残裙败絮，虽冻饿弗之见，觅便舟送赴镇堂，又不获蔽风日，故严寒、盛暑，有甫及到堂而病故不救者。镇与城多接婴，又于旬日间转辗送郡，更换乳母，则噤口、脐风、赤丹、痧痘之症，殇其半矣。以故乡间之处子日少，鳏夫日多。中年而孀者，鲜不以改醮失节闻。今夫人不系以妻子，即无骨肉、内顾之忧，于放僻邪侈乎何有？或收不能尽，为异教童养者，害尤叵测，皆世道人心之大患也。抑有操保婴术者，谓专助本母育留是也。奈何世俗所快然，自足者只养二男，女多则以有妨工作虑，或以奁嫁虑，或过盼生男以迟孕虑，此所以有不因贫而委弃，耻委弃而忍心溺毙者乎。夫法以穷而思济，事因变而乃通，区区之忧，窃慕此耳。"客闻之恻然曰："愿闻其所谓全者。"余曰："仍保婴、接婴、育婴之意，全其法以行于村而已。"客曰："何谓行于村？"余曰："村择一人董其事，与以婴衣钱款。定有乳母，责成稳婆，凡遇弃婴，概令在村留养。初生之日以钱资其母自哺，即保婴法也。其不愿哺者，发乳母贴哺，即接婴法也。两月后并自哺改作贴哺，待人过继，即育婴法也。如是行保、接、育于各村，不啻村各设一婴堂，自为保、接、育之。以视甫产而送城镇者，未可同日语矣。"客曰："尽是而育之，又于城镇婴堂外增一费乎？"余曰："不然！犹是婴也，以哺于城镇者哺于乡，此增彼减。"【具体做法略—编者注】客曰："善堂司董皆称不取薪水，子与之耗公款乎？"余曰："不取诚善，取之而犹可捐纳，与其侵盗之倍于不取也"。客曰："以是法试于一邨或十数邨可乎？"余曰："可！事在邨董举之，何城镇局之多为。"客曰："子之愿何如？"余曰："自哺以保，贴哺以育。不使一婴之出邨而殇折，是所大欲矣。"客曰："善事虽创，而实因法愈周而实易推其效。既无初生感冒之虞，复绝异教收养之路，声音笑貌易动本母爱怜之心，即邨人亦便于过继。为乡邨多留一女，即少一旷夫，完一节妇。他日娶妻稍易，人各有家，即人各自爱。事惟一举，弭患无穷。子之倡议诚非无谓者。"余乃退而整规条、着图说，以冀有贤明当道，有父母其心者举之，使遍庶几，克偿斯愿乎！虽然欲从事于婴，有不知全婴之义者，正不止一客也，余故存其言以为说。

1885.11.2

谭钧培片（光绪十一年九月十五日京报全录）

再据署苏藩司李嘉乐、署臬司朱之臻会详，据吴县详称，横泾镇职员张介福禀该处无知愚民有溺婴之风，右塘地方已有接婴局，转送省城育婴堂收养，以保婴孩。惟经费支绌，善举难以扩充。又因该镇之南徐庄等处路途不整，每逢雨雪，行人蹉跎堪虞，而乡曲农民无款可筹。该职员独力捐助洋银一千六百元，呈县分办。此二项善举由县以一千三百元交绅存典生息，岁收息银永为横泾镇保婴经费，不许妄动本银，他项善举亦不得挪借。以三百元发董兴修石路。核其所捐洋银合银一千余两例，得请旨建坊旌表。该府县以事关善举，不忍听其湮没，详由署藩臬两司会详，请奏前来。臣查定例，士民人等养恤孤贫或捐修桥梁道路，银至千两以上者，请旨建坊，给予"乐善好施"字样等语。今职员张介福保赤为怀，泥途廑虑，慨施巨款。孩提共被其生成独力，路衢行旅亦沾夫溥惠。核其银数系在千两以上，洵属功存桑梓、乐善可嘉，相应请旨，将吴县职员张介福建坊旌表以维风化。除咨礼部查照外，理合会同两江总督臣曾国荃附片具陈。伏乞圣鉴，勅部核覆施行，谨奏。军机大臣："奉旨着照所请该部知道，钦此。"

1885.11.24

甬上杂闻

新任宁波府胡练溪太守近有禁款十条榜贴通衢：【与前录 1885.4.18 陈太守禁款相同，此略—编者注】

1885.12.20

劝举救婴六文会（已溺子稿）

各城乡溺女风炽，虽经官长示禁，终属阳奉阴违。其中忍心致溺固属不少，而因家况维艰、不得已而溺者，亦居其大半。其法原无可贷，其情实有可慨。辗转图维，莫如六文会之意美法民也。兹将救溺女六文会章程列左。六文会各村收各村之溺，先置簿一本，邀一百股，每人或作三十股或三五股，每股每月出钱六文，一月可得钱六百。给与贫而养女之家，以给三十个月为度。其衣食稍匪存沾者不给，头胎生女者不给，或生子数胎而始生女者亦不给。甚有应行给钱之家或因生女过多难于乳养、百姓有抱作童媳者，亦照例给钱与之。族大者或一村分为数会，族小者或几村合为一会，各村之溺各村救之，可无稽察之劳。生女便行派钱，不生女不用，可无侵吞之患。且所救之女，或存活或夭殇者，易于查明，可无冒领之弊。举为惠而不费，简则易从，迨数年后众志既定，人乐救生，再行随地变通。或捐田归众管理，或集赀发商生息，呈官主案，以垂久远。查闽省州县城乡或有捐资生息、置田收租、设局收养者，或有随地凑集六文会给钱自行抚育者。又案查同治二年前江西抚沈文肃公刊刻六文会章程，通饬各属举行。至光绪四年翰林院检讨王邦玺奏奉谕旨通饬各省举办在案，是则各州县之绅耆尤当遵行而弗替也。

1886.3.21

示禁溺女

　　海关道邵观察出有四言告示云：溺女恶习，自丧其天。贫户生产，毋隐前愆。设会设局，皆因保全。报局自养，均可领钱。遭此歉岁，筹办宜先。如再淹溺，究办必严。

1886.3.30

设局育婴

　　溺女之俗，到处皆然。惟福州宪禁綦严，此风为之稍息。然穷乡僻壤，终不免恶俗相沿。闻闽县所属狼尾乡居民某甲，屡占瓦兆未梦熊罴，急望一索得男，以延嗣续。日前妻又分娩，视之则仍寝之地而衣之褓者，乃持刀斫为四截，抛掷荒郊，吁亦惨矣。省垣陈孝廉闻之，谓似此素封之户尚视人命为草菅，无怪蔀屋茅檐朝不保夕者，生此赔钱货，往往溺毙无遗也。遂募捐就乡设局育婴，以全孩命。孝廉此举，真莫大阴功哉。

1886.7.7

章门近事

　　近闻万邑有虐毙养媳之案。媳已十七八岁，平日其姑毒虐万状，有令人不忍闻者。媳毕命后，母家报案。经某明府验得尸身致命数伤，复讯得一切酷虐情形，已将恶姑责押。母家当请重办，明府谕以律所不载，斥之使退。说者谓江西人半多贫苦，生女遣嫁则有赔钱之累，若作童养媳又往往为人凌虐，所以溺女之风独盛于他省。乃地方官于溺女之事，则剀切晓谕；而于虐媳之案，不过以责押了事。此岂因时制宜之道耶？

1886.7.19

敬送全婴规条启

　　天下有心人共鉴。家寿自惭不德，从诸君子后。窃闻善举有年矣，于保全婴命一事尤私心耿耿，若未能一日或忘。盖以事大莫如救命，无罪惟有婴儿。间尝谓各省贤士大夫分设堂局，收养遗弃，用情周至，而卒不免致慨。于伤毙者约有两大端：一死于暑寒，抱送感冒既深；一死于婴数过多，乳难遍给。惟保婴之法无是两害，而又不能强欲弃者使之俱留。呜呼！势之所至，法有所穷，可为亿兆婴孩放声一哭。家寿乃不揣固陋，搜摘各处婴章，准以风俗人情、利害轻重，倡拟全婴一说。非敢故事更张，但求曲全婴命。法仍于保婴之中，兼备接育，使无一婴出村感冒者。是乃并行不悖，相济为美乎。说略一篇已于上年七月二十日刊登《申报》【见前文 1885.8.29】，今复募刊订本，内列简易详备规条二则，并首冠全婴说。后附护婴、察婴、验乳各法及各种图式，存上海三马路陈与昌丝栈内分送。倘蒙贤明当道、利济仁人有心索览、采摘试办者，乞速开示府第寄奉一本。其或刻中条例未妥、行且有害者，尚希不吝教诲，赐书纠正，毋甚吾罪。前贤有诗云"一言急切垂悲泪，万万婴孩在腹呼"。家寿三复之，未尝不兢兢于下笔之未当焉。寓上海三马路陈与昌丝栈，守廉卫家寿谨启。

1886.7.31

补正全婴规条并添列功过格复各善士来书启

诸善长大人钧鉴：家寿前登报章敬送全婴规条一节【见前文 1885.8.29 及 1886.7.19】，蒙本埠及各省善士惠函索览，均经陆续寄奉。嗣接浙江虚心老人、江西蒿目时艰客、江宁硁硁子先后赐书垂诲谆谆，大略均谓细读刻中条例至备至善，洵堪豁人心目。补各处婴堂不逮，其大要全在婴之聚于城，不若散于乡。聚于城，则地限一隅乳难遍给；散于乡则村觅一乳，即时可得；此中难易，理势然也。惟各令一人经管本村婴事而不与以利，虽岁无几婴，恐多托词诿卸者，当更以处之。又谓自哺两月后改发乳母贴哺，恐为时太促，难遽动本母爱怜之心云云。家寿读之，拜为卓识，微仁人训示，何以使万万婴孩同登仁寿。循章三复，感佩弗谖，敬将自哺补正改作五月，并添拟村董功过格。一则以补刻中之缺，再列报章藉供众览，仍求高明指正，惠我箴言。事关婴命生死，区区苦衷祇来补救万一，何敢师心自是哉？规条仍在栈中敬送。○村董功过格：报一溺婴十功；报外村溺婴十五功；本村无溺婴每年五功；自哺一婴二功；后归自育者加一功；贴哺一婴一功；婴从外村来者同村无溺婴每年五功○本村溺一婴不报，十五过；溺第二婴不报，斥退；自己溺婴除追前赏斥退外，加倍照罚。自哺婴死不论。贴哺婴死三过；未报病死者加二过；如系外村来婴死者二过；村婴送堂二过；送外村贴哺者一过。右格由局随时登记，每年报销时统核功过。若于除以功抵过外，每功劳银一钱；满百功除劳银外，由县给银牌一张，二百功给匾一方。如过多功少，俟下年积算。倘系绅士劳其仆从，如例。

1886.12.6

奉扬仁风　光绪十二年卞大中丞示

为再行剀切示禁溺女，为助育婴事。照得天地以好生为心，法律以人为重。是以溺女应照故杀子孙例问拟徒罪，不特国法所难宽抑，亦天道所不佑也。乃湘省各属向有溺女恶习，竟使呱呱者甫遂生机，旋罹死祸。忍心害理，莫甚于斯。本部院前曾申明定例，出示严禁，并饬地方官绅于城乡设局保婴，集赀收养。嗣据长启等县禀报，均已遵饬举行。其有捐银在千两以上者，如广西提督门苏、并长沙县绅士朱昌琳、常协、善化县绅士张捷书、常宁县绅士唐敏真、李泽芳等，均经先后奏请旌表，建坊给予"乐善好施"字样在案。兹查各属尚有未据禀报一律举办之处，诚恐绅民或未为知，合再出示晓谕。为此，示仰军民士庶人等一体知悉。尔等凡有生女之家，均宜好为抚养，切勿沿习恶俗、轻生厌弃、肆行溺毙，致戾天和。倘敢故违，并即责成乡邻报官，照例惩办。其或实因家贫难于养育，应由地方好善人家捐集善赀、设局收养。捐谷、捐钱，悉随其便；抱养、自养，各从其宜。至若地处偏僻、难集多赀，即可仿照前颁六文愿章程，纠邀同志随处举行，亦甚简易。倘有殷实绅民慨捐巨款、保全多命，由地方官核明具详，即当照案奏请旌奖，以彰善行。总在地方官绅妥为劝导，务使人皆奋发共乐、解推办理，庶有成效。仍不得□□□□【四字难辨】致滋流弊，毋违特示。宪恩保赤，心诚求之，全湘万姓，永沐仁施。犹恐乡僻，或未周知，爰刊遍布，用心鸿慈。见者闻者，富各捐赀。贫各出力，为善孳孳。仁必有勇，勿让于师。更祈邻省，到处扶持。人皆贾父，家尽辟儿。挽回劫运，莫大于斯。星沙育婴局宝善堂董事等千叩。

【本报同日还刊有署名"古之狂也肆"的长文"女娲石劝照长善章程救婴文"，也是呼吁提倡善行、挽救溺婴。】

1886.12.9

女弗能救与【本条在原文中较长，但部分文字与其他论点相似，另有较大篇幅教难辨认，均以……代替】

以其子而杀之，亲之过大者也甚矣。无恻隐之心，是豺狼也。今天下溺矣，抑亦立而视其死。有言曰："颠而不扶，恶在其为民父母也"。少者怀之，天下之民，举安庶矣哉。生，我所欲也。九男二女，轻重同、大小同，兼所爱，则兼所养也。丈夫生，夫子莞尔而笑；女子生，弃之而放之菹，夫子之不援，何也？昔者，窃闻之君子之于禽兽也，君赐生必畜之，以其所爱及其所不爱。何以人而不如鸟乎？……有德者先齐其家，无以保妻子谓过矣。今也不然。既欲其生又欲其死，父母之心，人皆有之，我独亡。此之谓失其本心，夫妇之愚可以与知焉……

呜呼！水哉，水哉，未有甚于此时者也！如水益深，泛滥于天下，居无所定，老弱困于沟壑死，亦我所恶。及是时思天下有溺者，赋得乡团救婴局得婴字五言八韵：第一乡风恶，无如好溺婴。有团皆应救，非局那能成。鸡犬比邻接，牛羊隘巷惊。啼饥怜季女，周急仗方兄。四扇恩门敞，千家爨火生。范庄劳首创，康诰矢心诚。菽粟求如水，桃花种近城。宣仁天下母，徯切子来情。

1887.2.16
光绪十三年正月初六、初七日京报全录

臣毕道远、臣薛福辰跪奏，为已故署侍郎通政使前府尹臣政绩卓著，请旨宣付史馆立传，恭折会陈、仰祈圣鉴事。窃据前太仆寺少卿钟佩贤等联名公呈已故署吏部左侍郎、通政使司通政使、前顺天府府尹臣周家楣政绩，恳请具奏前来。臣等查该故署侍郎，籍隶江苏宜兴县，由咸丰巳未翰林庶吉士改官礼曹荐升卿贰【古代官职说法，卿贰即相当于副卿】，其心存利济、见义勇为，曾蒙恩旨嘉奖，生平志节久在圣明洞鉴之中，原无待臣下赘陈。臣等所不能已于言者，该故侍郎于光绪五年补授顺天府府尹，讲求察吏安民之要，倡修顺天府府志、整顿金台书院，旋以母忧去官。光绪八年复拜府尹之命，如修府学、置乐器、加练捕盗营兵以捕剧盗、倡设候质所、宫车局以恤牵连而便行旅。至于育婴、义学、种桑、施粥、给孤、义冢、功德林、普济堂等处，善举不惮烦琐，百废俱兴。又举办近畿教养事宜。在任五年，厘然毕举，然此犹有地方之责者所当为也。其最不可及者，畿东水利自怡贤亲王兴修以后，屡议重修未果。该故署侍郎辄慨然以筹款自任，与臣李鸿章商定，援以工代抚之义，及时兴办，厥工告竣。臣李鸿章奏，称其公忠体国、继美贤王，似非溢美。而该故署侍郎犹欿然自视，谓仅能于平水之年聊资捍御。及本年复遭水患，果如所言，其任事之勇与料事之明有如此。光绪九年，顺属因雨水成灾，遍及二十三州县。仰蒙恩施发帑截漕并蒙皇太后节省是年中秋进奉银两发赈，该故署侍郎上体圣慈，下求民隐，以诚恳之意感动天下官绅，合

力集捐以资赈济，得以无策不施，有施必速，灾后数十百万穷黎藉免流离失所，厥功甚伟。工赈吃紧之时，尚在总理各国事务衙门行走，并兼署户部侍郎。正值公事烦重，而筹办工赈，无论巨细，必躬亲料理。山东黄水为灾，倡议筹款协赈。年来江西、浙江、江苏、广东、广西，屡见偏灾，绅民助赈率赖其提倡以集事。本年三月，山左黄流复溢，该故署侍郎已在病中，犹汲汲筹赈为己任，弥留之际以劝赈付托僚友，曾无一语及私。然则该故侍郎之志在保全民命，培养国家元气，以仰副皇太后、皇上视民如伤之意者。故天下所共见共闻而不忍淹没者也。臣毕远道等与之同官供事有年，知之甚悉；臣薛福辰昔任通永道时遇有紧要事件，胥赖裁成，见闻最确。用敢据情胪陈，合无仰恳天恩俯准，将该故署侍郎政绩宣付国史馆立传，俾垂不朽而励将来。出自逾格鸿慈，谨会同大学士直隶督臣李鸿章，合词恭折具陈，伏乞皇上圣鉴训示，谨奏。

1887.8.13

榕乡秋意

溺毙婴孩大干例禁：自省中设立育婴堂后，各乡次第仿行此风，遂为之稍息。本年堂务由陈绅接办，复聘请何翙卿司马襄助。为理在在，认真尤资得力。有长乐生员邱锡勋等，以该邑溺女之风尚炽，似宜禁育并行，沥胆禀诸督辕，请以现办总局绅士许君培蕃、胡君桂珍、陈君景韶诸孝廉，恳心酌委奉文会县，妥商速办。长邑绅士必有起而应之者，从此岁育千百之婴，数千百年来不止以万亿兆计，有益于长邑，诚非浅鲜。想杨石泉制军爱民如子，定必格外褒嘉，准予所请也。

1887.9.8

程步庭太守安阳德政纪

浙江安阳一邑，僻处陬澨，地瘠而俗悍，号称难治。程步庭太守前来宰是邑也，治之绰然有余裕。既去，民犹思之不置。呜呼！是果操何道以得此于民哉？太守先权景宁县，篆勤政而爱民，循声四达。是邑与安境毗连，士民备闻其德政盘风，喁喁皆曰："邻邑得贤父母矣。"癸未秋，太守适有莅治安邑之命，士民咸额手交庆，商贾相与歌于市，农夫相与忭于野，盖其先声之感人有如此也。下车伊始，即已博咨耆老，遍察舆情，登之庭而告之曰："一邑中兴利除弊，此有司之责也。其详陈勿隐，凡我所能为者，敢不竭一毫心力。为我民筹永远计，顾必元悉弊之所由除，然后能知利之所由兴。"爰缘举其目揭之座右，曰造士、曰育婴、曰置义冢、曰设义渡、曰创医局。邑中之有书院，所以造就人材也。院中膏火之赀，士借以养，苟或不敷，名实不相副，士即不能专于其业。太守为筹别款以助其所不足，而后教养皆有实用。太守之所以嘉惠士林者，岂浅鲜哉？邑中本有婴堂，具文而已，每岁田租悉为顽农所把持，侵蚀其所入以饱私囊，而置公费于不顾。堂中董事懦而勿问，已成积习。太守闻之曰："是风乌可长也。"严惩顽农而重倡义捐，赀以是集事。以是举邑中弃婴咸庆更生，太守之德也。慈君仁母之称，当无愧已。安邑向来敝俗相仍，停棺而不葬者多。太守知其然，榜示通衢，晓以入土为安之义，兼以水火不测之虞。诚恻之语，感动行路。又自捐置义冢，设局延董事经理，贫乏不能葬者代其瘗埋。不数月，舆梓而往者络绎不绝于道。仁人之言，其利溥哉。更复施舍棺木以恤穷而无告之编氓，惠逮贫黎，泽及枯骨，太守爱民之心，即此一端已可征矣。

邑之云江向设义渡，渡夫渔利重载，不顾倾覆。太守于是别设规条，严申禁令，俾渡者得免风涛之险，而永无沈溺之害。邑中向无医局，贫病无所求治，多致昏疠夭札之患。太守恻然伤之，怒然忧之，乃自捐清俸，舍药施医，以拯疾苦频连者，俾有所归。其他善政，不胜枚举。如表道树、建凉亭，以憩行旅，修桥梁、平道路，以便行人。凡有益于地方之事，知无不为、为无不尽其力。三年以来，所揭于庭者，咸次第行之，几于无利不兴、无弊不除，邑中士民咸动色而相告曰："吾侪何幸而得此贤父母哉。"口碑载道，万众如一词，太守恩德之及人，可不谓深且广哉。乃太守犹歉然于心，以为未足，曰："使我得久于其任，再尽一分心力，则所措施当不仅止于是也"。而不谓忽有调省之檄下矣，士民闻之，惶然以骇，色然以惊，抑然求其故而弗得。皆相顾而叹曰："何夺我贤父母之速也。"去任之日，无计攀留，而依恋之情有如婴儿之失慈母。邑中士民或撰诗文联额，或制牌伞以送。太守行者，相属于涂，祖帐之盛，为向时所未有。歌颂之声，洋洋乎载于衢路。太守于此时反不以去官为意，而深以得此于邑中士民为喜也。呜呼！近时邑令罢官离任，士民所馈送者率皆奉行故事耳。不然先期授意其私人为之，献谀而贡媚也。亦知祝之一不敌诅之百，誉词颂语欲以掩观者之耳目，而适为邑民所从旁而窃笑也。今太守之得此于民出于心悦诚服，再三辞之而不获与，求而得之者盖有闻矣。余之交太守也浅，而侧闻交口称太守者，皆当世之贤士大夫也，必不作无端之虚誉。有可知也，太守与人交诚悫恳至，不为挽近昵比之习，其能得之于贤士大夫，固有由也。余有相识者从安阳来，酒间偶述太守德政，娓娓不倦。余据其前后所闻，援笔书之，备纪实事，毋敢饰词，即作太守安阳德政纪观可也，或作邑民去思碑亦无不可。光绪丁亥中秋后三日，天南遯叟王韬记于沪北淞隐庐。

1888.2.5
保婴得婴论

天下风俗之坏，心性之忍，伦常之失，莫甚于溺婴。私婴既不能育，女婴又不欲留，于是孩才堕地，即已问诸水滨。丧天良、昧天理，莫此为甚。闻此风莫盛于闽，相率效尤，恬不为怪。一乡一邑之中，有举女婴者，辄以为可羞可贱之事。虽有贤有司竭力禁之，亦莫能革其弊也。近日胡君琼华设立育婴堂于鹭洲，捐赀收养，全活无算。又延好善之士说法，登台广为劝谕，苦口婆心，亦有为之感动者。于是此风稍革，胡君之力也。夫以闽省积习相沿，性成强悍，尚无难化之于一旦，则他处可推矣。上海一隅为通商本埠，自中西互市以来，几聚数十国十八省之人而群居于一上海之中，其所谓租界者，藏垢纳污，尤难言之。男女相悦成风，寡廉鲜耻之事，靡所弗为。未嫁之女、无夫之妇，托言糊口他方，觅食远处。一至此间，留连忘反，暧昧之行殊不可问。狐绥鸨合，视若固然。其为男子者，舍家鸡而爱野鹜，往往而有，以致私婴载道、漫不收拾。或于野田荒冢之间，或于近水浅滩之际，弃掷狼藉，触目伤心。好事者特雇人拾其遗骸，每具给以青蚨二百冀代为掩埋，亦盛德事也。然此特救死而非救生也。距上海三十里许，曰七宝镇，设有育婴堂，收养弃孩。凡有私婴皆可送入，代雇乳媪为之抚养。此诚保婴之盛心，功德无量。特其距上海也太遥，无论妇人不能远涉，即使男子负之而趋，设当天寒暑短，雪虐风饕，深宵冒露，盛夏触署，及至堂中未有不僵且毙者。是非以生之也，适以杀之也。一昨吴门绅士吴君子和诸人来游沪上，偶谈及弃婴事，恻然悯之，慨然引以为己任。爰欲纠合同志醵资设局，筹措经费，垂之久远。因商之贾君雨皋，欲暂借诚济堂以收弃婴，一俟经费稍充，然后自立门户，亦急者先治之一法也。淞北散人闻之曰："是诚善举哉。自来弃婴之多，未有若上海者矣。众生聚居，五方杂处，所见所闻，皆异于他所。男女皆不识名节为何物，但图温饱、不恤人言，几若此间别有一世界。故见弃婴道旁，亦复掉首弗顾，漠然无所动于其中，遑论悯恻于其心哉。今有人知识大辩、慧人毅然起而为之，有益于婴孩，岂浅鲜哉。夫人之怀善心也，根于性生，发于其心，施于其事上也。更有发于其心而现于其面者，事虽未成而其相去实止一间耳。天之报施已捷于桴鼓。"吴君始萌此念时，其令子适患剧症甚险，医师俱称棘手。不数日，已由危而安。盖吴君极力为之倡，于是继之者捐集始，月成数而事乃可成矣。是则全人之子，即以保己之子，天道何尝或爽哉？窃以为天之待人至公，其报人也亦至速。有子者既可保子，无子者即可得子。故吾谓今日之保婴者，即他日之得婴者也，胜于娶妾，亦灵于祈嗣。天竺进香无此验也，南海求子无此应也。世之似续向虚、继承无后，抱伯道之悲切、商瞿之望求、堂构之相承，欲箕裘之克绍者，何不于保婴育婴一端加之意哉？诚能如是，则其得婴可翘足而待也。且世人之急于求子者，何哉？为养老计也！堂前视膳，膝下承欢；进眉寿之觞，舞莱衣之彩，如是而有子，方足以自娱。保婴而得婴，必佳婴也。否则，恶者有子，适足以败家丧产耳。天上石麒麟降生其家，正所以报施善人也。求婴而得婴，非保婴不为功，惟得婴；由保婴而来斯婴，乃能光裕门间、承先而启后，是则保婴得婴如斯应"铜山西崩、洛钟东应"感召之几间不容发。举凡世之无子者，曷不先从事于此哉？余尝见世之求子者矣，或茹斋拜忏、念佛诵经，或广求种子之方、乞灵于草木，或罗致妾媵、以充下陈，谬谓得黄帝密授元女之术，以自纵欲。不知潜滋暗长之功、煦妪涵濡之德，悉由体上天好生之心而来。苟能畅其生机、广其生路，则未有不生子者。水至清则无鱼，人至察则无徒。世之无子者，皆由天资刻薄其心，不能活泼泼地以洋溢其天机故也。壹意保婴，遂其生育长养，斯真为求子者顶斗一针。保婴得婴，明理者当不河汉斯言，其亟为之子日望之。

1888.4.15

三山春色

　　福州育婴局经陈予良封翁、何翊卿司马与诸绅董整顿后，从前积弊一扫而空。局绅诸孝廉尤实力实心、孜孜为善。长邑甘蔗乡一带溺女之风比他邑更甚，自经设局开办，保全孩命几难偻指以终。某甲南台人，产一女孩，托稳婆送局留养，稳婆固人面兽心者，以女交贩买婴孩之某乙，售入某娼家。事隔月余，经甲查悉，到局指禀，局绅据情函告刘特舟大令，立即拿乙讯出真情，判令笞责荷枷，并制木牌书明贩卖情节，鸣锣巡游城市，以昭炯戒。

1888.10.17

宫门抄：卞宝第片

　　再，湖南向有溺女恶习，近年举办育婴，集资收养，各属绅民有倡捐巨款者，均经臣奏请，分别旌奖在案。兹据署盐法长宝道谢廷荣，转据管理育婴堂委员补用同知谢桢详称，长沙县布政司理问衔监生常荣，遵其故父五品封职都察院都事贡生常道功、故母五品命妇常皮氏遗命，将置买田亩十六石七斗八升、价值银三千六百九十余两，捐归育婴各善局，以助经费；又捐该族中抚养童媳田亩二十石零二斗五升、价值银三千八百一两。共银七千余两，造册具报。并据长沙府县核明，详请奏奖前来。臣查该职员常荣遵其父母遗命，捐田育婴合银七千余两，洵属乐善可风，应恳天恩俯准，给予该职员故父五品封职都察院都事贡生常道功、故母五品命妇常皮氏"乐善好施"字样，自行建坊；并将常荣之子常家绩交部，照例议叙顶戴，以昭激劝。理合附片具陈。伏乞圣鉴训示，谨奏。奉朱批：着照所请该部。知道。钦此。

1888.10.21

宫门抄：卞宝第片

　　再，湖南向有溺女恶习，近年举办育婴，集资收养。各属绅民有倡捐巨款者，均经臣奏请，分别旌奖在案。兹查有长沙县候选通政司经历常璋，将伊父遗之沅江县明朗块田地草场共三千五百二十五亩八分、价值钱一万六千八百余串；监生常恩锡将伊父遗之中兴走马两垸田地草场共三千五百一十三亩三分、价值钱一万六千七百余串；均捐归省城育婴堂，收租纳课以助经费。经臣札饬该堂委员候补同知谢桢前往验收田亩，值均与契载相符。除将印契存案外，臣查该候选通政司经历常璋、监生常恩锡，捐田育婴，契价合银均逾万两，洵属乐善可风。合无仰恳天恩饬部议叙，给与职衔顶戴，以昭激劝。理合附片具陈。伏乞圣鉴训示谨奏。奉朱批：户部覆议具奏，钦此。

1889.1.20

查办溺女

闽省育婴局自开设以来，办事认真，活孩以千百计。近来又在船政尚干各大乡、西关外甘蔗乡，开设分局。上而蒙溪下宅、下而关源蟛蜞等四十余乡，凡贫户无力者，由局酌给养赡费。开办迄今阅三年矣。惟闽中溺女成为积习，如有违犯，经局查出，予以重罚，以昭炯戒。甘蔗乡程本榘、程本增擅敢溺女，经人报局，局董因其不遵公罚，据情禀县。经县出差会讯，前往拘人。程等自恃族大人多，藐视官票。串出乡棍程天美，殴伤差役、讯弁。经局董沥禀督辕卞颂臣制军，檄饬城守协梁协戎、廷华，会同侯官县李大令敬前往拿办。初十日梁协戎、李大令亲带兵丁差役百数十名，是晚到乡。协戎谕该兵丁等不准擅入人家，即令驻扎五显庙。时程本榘闻风逃遁，后经其子交出。经李大令讯问，据供情愿认罚。官饬其自向局董求情。至次日程认罚洋一百十元，并愿将程天美交出。李大令以其改过不予深究，即于十二日回省。此后溺女之风，或因之稍息耶。

1889.1.21

禁溺女说

阅昨报登闽省育婴堂开设以来办事认真，活孩以千百计。近来又在船政局及尚干等各大乡、西关外甘蔗乡开设分局，上而蒙溪下宅下而关源蟛蜞等四十余乡，凡贫户无力养女者，由局给发养赡资。开办迄今阅三年矣，惟闽中溺女成为积习，如有违犯，经局查出予以重惩。甘蔗乡人程本矩【原文如此，与昨日"榘"有异】、程本增擅敢将女溺毙，经人报局，局董因其不遵局例，据情禀县，由县出差会讯、拘案待惩云云。不禁怃然以叹曰：有是哉，民间之作践女孩竟若此，其甚哉。中国风俗素来贵男而贱女，顾女亦犹是以生以育也。自怀胎以迄生产，若何痛苦、若何艰难，无一与生男有异。乃生男，则抚之、育之、保抱而噢咻之掌上明珠，多方护惜；女则不惟视为无足重轻之物，不为之加意珍调，且更从而溺之，必置之死地而后已。噫！豺虎尚不食其子，俨然忝为人类，岂竟豺虎之不如耶？或曰男则可以任力作、继宗祧，幸而誉着象贤则显亲扬名、门闾因之光大；即不幸而庸庸碌碌、一无所长，亦得弓冶相承、为保家之计；其有流为匪类、贻宗祖羞者，仅十中之二三耳。至于女，则幼之时，饮食教训在在须劳堂上之心，一旦年已及笄、桃夭诗赋，而于归协吉亲结其褵，亦惟孝事翁姑、亲操井臼。女心外向，谁更念父母之辛劳抚养、略展孝思？且当遣嫁之时，必以盛置妆奁为体面，富厚者尚不妨碍，茅檐蔀屋其何以堪？客有言，某处民风多有鬻田园、货房屋以为女购妆奁者。多女之家如欲愿了向平，必至倾家荡产，而其女尚贪心无厌，临行必坚索金赀。是以贫困小民，多有于初生时溺死者。

余曰：“此种恶俗，诚不可以为训。为斯民父母者，宜谆谆劝谕，令民间嫁女必须量力，毋许自夸丰盛，弃产业以为赠嫁之资；又令里老乡耆沿门遍劝，苟得潜移风气，则不必禁民溺女，而自少溺女之家。若其不能，则不如劝贫苦之家万万不能抚养者，许人作童养媳，俾得长大成人。”

客曰：“恶是何言欤？子第知溺女之惨，亦知童养媳之惨，较溺毙而十倍之，且千百倍之耶。乡民衣食稍充，视其子如无价之宝，事事曲为从顺，犹恐或怫其心。女虽不及子之珍奇，然亦护之惜之、不忍丝毫凌虐。独至童养媳，而鞭棰惨酷。不特视之如奴隶，抑且待之如犬豕一般，衣则鹑悬，食则半菽，捱饿捱打，日夜不休。尝闻友人言，天下之无人理者有三：老优之待□□【该二字不可辨识】、鸨母之待幼妓、牢役之待犯人。近则各业手艺中，其师母之于学徒，亦往往非理凌虐。而粤人之诱贩出洋者，其苦楚情形竟至暗无天日。曾不料童养媳之苦，况有较之以上数项而尤甚乎？是以贫苦父母私下计较，谓与其养至长大受姑嫜之作践苦楚零星，不如乘甫离母腹时痛楚不知即时淹毙，省得长而被人欺负如堕十八层地狱，永不见天日之光也！殊不知中馈非女无以主持，宗祧非女何以接续？缝补织线非女何以操辛劳？试问十月怀胎、三年哺乳，以俾我渐能成立者，果女耶？非女耶！而忍令已所生之女即时溺毙水中耶？窃以为，闽省之开办育婴，意诚美矣，法诚良矣。然犹不无遗议者。何也？闽省据称分设尚干等大乡四十余处，收养贫户女孩。愚意各处大乡、小民谋食非难，或不致将女孩溺毙。最惨者，深山僻壤，虽欲力作而无可谋生，己身且一饱难谋，生女安能抚养？即欲送至育婴之局，而路途穷远、不便良多，其必溺毙水中者，亦出于势之不得已耳。是宜另筹良法，就地出资、派人收养，俾深山僻壤不致以送局不便，仍复溺毙水中。且目今荒歉频年，灾区几寥，而无极矣。饥民逃生之不暇，一旦坐草，不特女孩视同疣赘，即男孩亦谁能喂养长成者？敬请筹赈诸善士，于救饥之暇，更设法收养弃孩，则莫大阴功，其食报岂有涯涘哉？或曰子言，人家之溺毙女孩多缘不愿为童养媳，又恐嫁时售屋弃产以备妆奁。然则沪上嫁女之家，往往勒索车聘数百金、千余金、多至数千金，而箱笼中所置衣服大半假自他家；一至回门即须归赵。若是，则每嫁一女即可赢余若干。且将如香山老人诗云：不重生男重生女矣，何溺之有？"

余曰："沪上素称海滨邹鲁，然即此一事，实为弊俗之尤。父母斯民者，且将与溺女而同申禁令者，而子尚何援以辩难哉？"遂作禁女说，以告世之厌闻弄瓦者。

1889.1.25
育婴善局遗议

育婴局者何？为溺女而设也！溺女之风盛于乡间，彼颛蒙无知以为女生向外，不若乘其生也而毙之，以免抚养之累、婚婉之资。地方善士恻然悯之，为之设局，以收留而抚育之。言愿以为寄女养媳者，皆得报名承领。法至良也，意至美也。然而乡间之溺女也，习为故常，恬不为怪。虽有善局之良法美意，抱送血孩由窦而入，但报时日、不留姓名，及其成人，不知谁何。抚养之累、婚嫁之资，于其父母无涉焉。而彼又有坚僻之见、离奇之说，以为藐兹种类不知将来作何结果，必有沦为婢妾、流为娼妓、为父母出丑者，不若斩尽葛藤，毫无窒碍之为得也。于是善局倡议设法，其有溺女者，经人报告，禀县查办，绳以严法、予以重罚，以示儆戒。其有不敢溺女、不肯送局者，经其亲及邻里抱孩诣局，酌给局规二三百文，以示鼓舞。于此而犹有溺女者乎？不谓闽中育婴局开办三年，分设各乡，布置周密。而甘蔗乡程本橥于习俗，藐视宪章，溺毙女孩，不自知罪。洎报局禀县，又恃其族大人多，抗官殴差，几酿入狱。后经投案讯供，求情认罚，予其自新，遂寝其事。是真颛蒙无知者矣。

恻隐之心，人皆有之，况为之父母者乎？徒以困苦贫穷、食指既多，则家累益重，万不得已，忍而出此耳。既有育婴善局为之收留抚育，虽与其父母恩断义绝，不相顾问，而冥冥之中延此一线血脉于人间也，有骨肉至亲不期而遇者，自古奇事确凿非诬。倘他年萍踪偶聚，缕述曩情，其父母得毋有顾之而色喜者乎？念及此而溺女之风当禁而稍戢矣。窃患地方一切善举，其繁冗琐屑者，莫过于育婴局。招雇乳母、派付诸孤，呱呱啼声，无关痛痒酌给乳资，托人寄养，弃置床下，饥饱不时。虽有察婴司事逐处稽查、随时体验，而搪塞伎俩层出不穷：或临时熏沐以遮盖，或托词掩饰以求容，或无端号哭一若爱如拱璧者，或故作劬劳一若情同乌鸟者，而况内外之狗情、上下之舞弊。至于旁观公论，则又执其偏见、逞其私心。董其事者，诚难乎其人矣。夫育婴善举既如此，其繁冗琐屑矣，则一切规例章程必有不能持久、不能执一者。是宜实事求是，至公无私，酌核整顿，以其有益，万不可加增苛例、添设新章。各省育婴局规例章程，虽未尝周知详悉，而苟有所见，不敢缄默，试为诸善士陈之。

育婴局之收养诸孩，必不能待其成人，毕其婚嫁也，故限年计月可以离乳。招人承领，又恐其沦为婢妾、流为娼妓也，故担保具结，或为寄女、或为养媳，其立法周详、用意深至，尚何有遗议乎？然而时势之推移、人事之迁变，盖亦有不尽然者。昔尝论沪北妓女有犯事公堂、身亲质讯者，案未结则发官媒，令其看管。案既结则发善堂，令其择配。惟愿娶者当为正妻、不得为婢为妾。因是发堂者众而择配者稀。不知以妓女为婢妾，则具家赀殷富、服用奢华，与妓女起居日用甚属相宜。若必为正妻，则其人之贫穷微贱，可知彼妓女之繁华汰侈、习恺自然，必将讪其良人，不安于室，至于夫妻脱辐、妇姑勃溪，则反不若为婢为妾之为得其所也。此发堂择配之当酌议者。育婴局亦犹是矣。今之赴局领孩者，皆为孤贫无藉之家。彼世家巨室有愿以堂孩为寄女养媳者乎？无有也！不知孤贫无藉之家，虽担保具结为女为媳，其平时操作奔走、拷虐难堪，有尤甚于为婢为妾者。至于待嫁及笄、姿容出众，或以事隔多年、无从查究，或以他方转徙、莫识从来，则将冒为己出、认为所生，以重价转售于世家巨室为婢为妾，其孰从而闻之？甚而凌辱威逼、令为娼妓，又孰从而考之？窃谓世家巨室，其能买婢置妾者，则听其承领可也。夫世家巨室之婢妾不较胜于孤贫无藉之女媳乎？况乎资产既富、体面攸关，苟所领者情性乖张、容止佻达，必不至操作奔走、拷虐难堪。至于成人，亦不过酌给奁资、择良婚配，必不至凌辱威逼令为娼妓。吾见今之为婢妾、为娼妓者，大都育婴局昔所给领者也。与为娼妓，宁为婢妾，不若宽婢妾一条，以求其实。

1889.2.12

闽中杂记

福建省会总局绅士陈翼臣、孝廉景韶，敦行不倦，深为陈子良阁学之封翁所器重。昔年与许少蓉、孝廉培蕃先在甘蔗乡设立拯婴局，渐推渐广。凡上下四十余乡贫户之无力养女者，由局酌给膳资。后以局务殷繁，复邀何翊卿蕹尹履亨、郑鹤卿舍人筹、刘耕云进士瀛佐理其事。行之多年，活孩以千百计。去年甘蔗乡人程本渠【原文如此，与前文用字"榘""矩"有异】违禁溺女，经局绅查出禀官，屡次笺提。孝廉又在马江、长邑、永邑分设拯婴局，深恐各乡效尤溺女，遂具禀诉之督辕卞颂臣。制军下车伊始，勤求民隐，知花会、赌博等事之为民害者，未及数月，一律革除。兹复悉闽中有溺女之风，遂得局中公禀，即札饬城守协梁协戎、侯官县李大令会办。协戎即拿获因提殴差之程天美到案。天美者，临时买顶，并非案中真犯也。屡经刑讯，抗不遵罚。制军又札饬候补府郎太守庆恩前往亲提讯问。程不能隐瞒，供称委有溺女事情，叩求饶恕。孝廉亲自诣局，将局中育婴章程及出入帐簿汇呈察核。太守见是月各乡之以移送局者多至数十口，足证孝廉办事实心、民皆悦服，遂啧啧称其善。随于次日将情回禀督辕。

1889.4.5

闽都宪示

头品顶戴兵部尚书、闽浙总督部堂兼管福建巡抚事卞，示为剀切劝谕事。照得闽省为理学之邦，民俗敦庞，儒先辈出。加以本朝二百余年兴养立教，闾泽覃敷，尔等渐渍皇风，益知向善，宜何如敦崇古处，湔涤旧污。本部堂前抚斯邦于各属陋习，列条岩禁。事隔廿年，老成或经凋谢，后生未必周知。因特重申禁令，并分载律例各文，俾尔等触目警心，知习俗之全非，惟王章之是懔。勉为善良，毋为稂莠。本部堂于尔民有厚望焉。计开示禁及律例各条于后。

【该处为多条禁令汇总，包括"禁健讼以息刁风"、"禁溺女以重生命""禁火葬以惩凶悖"、"禁淫祀以正人心"、"禁赌博以务正业"、"禁营棍以肃戎行"、"禁窝主以清盗源"、"禁械斗以息争端"等。此处仅录禁溺女如下，其余禁令略】

禁溺女以重生命也

闽省土瘠民贫，生女往往溺死。推原其故，一由家道之贫苦，抚养无赀；一由风俗之奢华，赔奁过费。不知孩提衣食需费几何，婚嫁有无，惟家是称。况生女而孝，得力且胜于男。抑天道好生，残忍必降之罚。查各属设立育婴堂收养弃孩，雇人乳哺，诚为闽省之一大善举。第恐办理不善，流弊滋多，更虞经费有常，搜罗未广。尔等公正绅士，所当实力化导，痛挽颓风，倘能量力捐输，添设分局，本部堂当随时给予奖叙。其实在办有成效，捐赀数多者，立即奏请赏给官阶职衔，以示鼓励。夫禽兽尚知舐犊，蝼蚁亦且贪生，婴孩何辜而辄置之于死地？是即律文中之故杀子孙矣。查律载，故杀子孙者杖六十、徒一年。

1889.6.21

严禁溺女

头品顶戴兵部尚书、闽浙总督部堂兼管福建巡抚事卞，为出示严禁事。照得生女溺毙应照故杀子孙律，杖六十、徒一年。族邻保甲知情不行救阻，亦照连坐治罪。煌煌国法，何等森严，岂容稍有违犯？查闽省溺女之风较炽于他省，乡愚相沿陋习，竟不知非，而令甫离胎殼之婴呼号宛转于盆罂之中，忍性害理，莫此为甚。本部堂上年莅任后，曾经汇案剀切晓谕，恐乡僻未能周知，特再重申告诫，除饬地方官绅严行查察、目犯必惩外，合行出示严禁。为此，示仰城乡军民人等知悉。尔等须知，溺毙生女，大干例禁，非特骨肉伤殊、自获阴谴而已。自示之后，务各互相劝诫，有则改之，无则加勉，倘敢仍蹈前辙，再有违犯，一经觉察或被告发，定行照律重办。族邻保甲知情不行救阻者，连坐治罪，决不宽贷，其各凛遵毋违，特云。

1890.2.15

嘉言谠论

大挑【为清朝乾隆年间开始的一种科考制度一编者注】教谕【宋代开始设置的一种教师职位，部分负责教育生员一编者注】陈广文景韶，闽中笃学士也。孜孜为善，于拯婴之事尤加意焉。督办省会育婴总局，陈子良封翁深为器重，延董其事。广文始在西关外甘蔗乡设局，后推广西乡一带，如大湖、侯官、市关、源里、穆源各墩，均以次设局。南乡如尚干等处为著名猛乡，沉溺婴孩，弛禁已久。经广文次第举办，远至马江长柴邑，皆有分局。数年以来活孩不可以数计。闽俗女忌属虎，如遇寅年，溺女尤多。广文着有论说，洋洋数百言，黏禀督辕、恳请给示晓谕。卞颂臣制军批其禀尾略云：览禀具见，乐善不倦，抄呈女忌属虎说亦甚透澈，请颁告示，候照缮发。今将广文所着辨女忌属虎说照录于下，以广流传。

闽俗寅年生女，忌其属虎也，辄溺杀之，积习相沿，何其愚也。请详悉为之辨。案十二支本十二时辰之名，即天之十二次舍也，以配岁星所在也，以配月斗柄所指也。尔雅太岁在寅，曰摄提格，摄提东方之星，主生物，故名。释名寅，演也；演，生物也。夏止建寅为人，统曰"人生于寅"，是故寅也者，于时为春、于行为木、于方为东，其义为人，其德为仁，其用为生，地支中之最美者也。以十二支配十二禽，古无是义。说起于王充论衡，意亦取五行相配，其云寅木也，其禽虎也，盖木生于山，虎亦生于山，故属之。丑，土也，牛从坤为土畜。亥，水也，猪从坎为水畜，犹斯义耳。且即以虎论。虎之猛可服，故周礼有服不氏驺虞曰："虎也，不食生物，不履生草，故虎亦称义兽，彼马之别种。"曰驳食虎豹，夫且猛于虎。蛇之毒、犬之猘，皆能祸人者，不之忌，忌虎何为？夫鼠贪而犬愚、猴淫而豕躁，今生于子戌申亥者，性不必相肖也，独疑于寅生而虎者哉？即询之星家，推命亦未闻以虎为嫌也。今寅年之女，乃以虎而溺之，噫！骇甚矣。苟持人与虎较，必曰虎暴人仁矣。虽然虎之暴而未尝噬子，吾则谓其虎而人；人之仁而忍于杀儿，吾则谓其人而虎。则是子之虎其祸人也，不必然亲之虎其杀儿，甚可痛也。不观吾闽之搢绅大夫家，恒属虎而多福者乎？其生于寅年寅时者，则有封翁孝廉沈丹林先生讳廷枫德配林夫人、宫傅文忠公之妹宫傅文肃公之母也。其生于寅年者，则有安徽亳州知州进士曾蔚岩先生讳元两德配蔡夫人、江苏知县孝廉蔡日华先生之女、陕西候补道进士晓沧讳兆鳌之母、今太史幼沧名宗彦之祖母也，又封翁何锐斋先生德配林恭人、广文孝廉薇臣公之女、今运□【此字缺】衔甘肃知县进士何翊卿名履亨之母也，又截取知县孝廉郑升侯封翁德配刘恭人、孝廉东圃之女、甘肃知县孝廉幼升公之母、今刑部主政进士籙内阁中书进士筹之祖母也，又江西知县进士黄瑞庭先生德配林安人。数世家者，皆夫妇齐眉、子孙显达，节举二三，余可概矣。世之不属虎而不幸者又可胜数哉？诚能力剖此惑，无论何年生女，皆一一留育，固仁人君子之用心；其不愿留育者，当即抱送到局。南乡则中歧、营前，尚干西乡则甘蔗、侯官、市竹、崎奎、石林柄皆有局所，长乐则县局既立，各都分局亦以次添设。孩至本局，必加衣寄哺，妥觅良家，给凭为媳，或遣丁抱送省会育婴堂，收育在在，矢诚保护，务期万全。各乡乐善诸君子，幸将此文阐明傅告，俾愚夫愚妇共破愚团，庶使枭獍洗心，虎狼回虑，行见阴阳顺轨，怨旷胥平。熙熙赤子游国家浩荡之天，喁喁芸生拜列宪抚绥之赐，讵不上召天和而永膺多福哉【此处言因忌讳寅年属虎而溺女，作为比较，请参见八年前即1882.12.9日文曰因忌讳未年属羊而溺婴】

1890.7.28

溺女致乱说

事物之势必有所系，乃不得轻动。所系既亡，内无所顾恋，而外无所牵缀，斯奔逸四出，一往而不复返矣。且人之所恶者，死也。天下之乱，盗贼蠭起，驰逐奔窜，犯霜露、披荆棘，冒锋刃而不顾，其意将以求生也，亦未必不怜于死。至于冒死不顾，以为不冒死无以得生也。若有所系，虽明知无以得生，其势且将麋聚以死；虽欲冒死以求生，亦有所不能。故天下之乱，人以为女戒之祸居其半。吾则以为产女不育、使天下男多而女寡、无女足以系男，此亦致乱之一端，而不可以止也。顾其说不多见于世，是不可以不辨。今使执途人而语之曰："溺女者，为殷富乎？贫瘠乎？"则不待言，为贫瘠矣。又使语之曰："溺女者，为善良乎？悍恶乎？"又不待言，为悍恶矣。复语之曰："溺女不止，则天下不嫁之人多乎？不娶之人多乎？"其为不娶之人多，尤无待辨矣。使天下无事则已，一遇灾祲水旱，试问为殷富善良而其人有家人妇子之乐者，为盗贼乎？抑为贫瘠悍恶而其人又不娶而鳏者为盗贼乎？则又不待其辞之毕而知，其盗贼之所在矣。或谓如子之言，但不溺女，则天下遂无盗贼、不乱乎？不知奸贼之兴，往往恃众以成事。倘天下少单丁之民，人人有家人妇子之乐，即轻去其乡而妇叹儿号，较之孑然一身其去往之难易自见。即使水旱流亡不免于死，而有妇子之累，其势亦不堪为剧盗，为有所系而不可释也。夫盗弄国柄、窥窃神器、酿为乱阶，此政事之失也。若夫山林群聚、招集亡命，闻风奔赴瓦合成群者，吾知其必少止矣。同治间，发寇披猖，各省募勇，所在成军，卒成大事。夫国家百年养兵，一旦有事，不能得一兵之用，反收功于仓卒招募之勇。且以每月数金之饷驱血肉之躯，当炮火之猛尚应募，恐后功在绿营之先。无他，绿营有身家妻子之恋，而应募之勇多单丁游民，幸得一胜，则子女、玉帛应念而来，所以奋不顾身，而国家反得其用。反是以思，则国家旦夕有事，所夸剿贼之勇，盖应募则为勇、遇变则为贼，亦明甚矣。或遇水旱偏灾，则为明季之流寇，亦其势然也。以单丁之民变而为贼，又以单丁之民击贼而平之，岂天心不仁哉？知所以裁成辅相、天地之道者，有未尽也，故圣人忧之。易首坤干，诗首《关雎》所谓人伦之始，万福之源，使天下男多女寡，则人半无伦，祸孰大焉。则产女不育，关系于天下岂浅鲜哉？嗟乎！人纵无良，未有忍杀其子者，且故杀子孙，律有明条，乃卒莫能禁止者，饥寒迫之也。至相习成风，即有不饥不寒，亦狃于乡邻恶习、迫于父兄成例，且有不溺而不能之势，而其源要自饥寒开之也。安得封疆大吏督率僚属，董劝兼施，使天下男女之数略均，人无娶妇之难，家有童养之媳，即遇变故各有所系而不能动。不过十数年间，其效必有可睹者。故乐为之说，以推阐世人之所未及。福州侯官钟氏叔子初稿。

1890.8.2

闽事杂记

育婴堂设立以来，颇着成服效，奈贫民无知仍有溺女者。四乡马和和违禁溺女，经局查知，其禀督辕卞颂臣制军批饬，禀尾略云狼尾乡李生占迟禁溺女，昨据绅士吴德昌禀已饬营县会同水陆各营严拿治罪；马和和等应候分催城守协并侯官县即日严拿解府讯办。

1890.10.6

虹口广益堂清单

天下之苦，莫苦于老病；天下之惨，莫惨于溺婴。敝堂目击时艰，用持设法收养。无如既无恒产、又乏常捐，辗转筹思并无良策。以故缮成安怀捐世由报分送，荷蒙遐迩诸善士陆续交来，今将第一次细数开明呈核，所有台衔谨列如左：江阴全盛局来盐栈总局公记助洋十五元……乐善堂双成德号合九八银三两八钱九分，三义居银二钱【由捐款数额由多至少】○七月二十起八月初七止，共收洋一百廿七元六角五分，钱六十一千另六十九八元四两另九分，铜洋八元。

1890.10.12

八闽纪事

长乐县辖乡民张贞铨溺女一案，经吴大令堂讯断罚，并将禀报之武监生等发押，嗣由育婴局绅士具禀，督辕卞制军批仰臬司亲提人证讯办。一面张太守僖前往查办，孰直孰曲自可水落石出也。

1890.10.13

江右杂闻

同治初年，沈文肃抚江，见通省溺女恶俗甚于他省，创设育婴堂于会城之惠民门，以倡导之。刘岘庄制军复振兴之，维时严定章程，出入有经、抚绥有法，遵而行之，百世可弗替也。近年司事者，日久弊生，或一妪而乳婴三四，或十婴难活五六。人言藉藉，道路指目，多以抱婴送堂为畏途。伏愿董其成者严加整顿，惠我婴孩。上以留沈刘二公之遗烈，下以树十三郡之风声，不必烦劳心血，祗求破除情面，毋庸耗费私财，自然功德巍焕矣。

1890.11.16

闽中新语

马和和违禁溺女，经人告诸育婴局，据情禀报臬辕。臬司饬委提同首告人对质，马供认属实，遂判令从重笞责、枷示游乡。

1891.3.9

贤令保婴

客有自新喻县来者，据云钟泽生明府体志，上年调署，喻邑政声卓著，不独兴利剔弊，有口皆碑。该邑向有溺女恶习，经明府访闻，立即捐廉。在于城厢设局收养，全活女孩不少。刻有保婴编流传遐迩。兹将明府劝办育婴六文会、并严禁溺女告示照录于左，不独该邑士庶感发天良，不忍溺女，即传之山陬海澨，亦当闻风兴起。

仁人之言，其利溥信。然粤自两仪既定，道备乾坤，六子相生，索占男女，天性莫慈于父母，弄瓦何异弄璋？人伦实始于夫妻有家，尤宜有室。乃喻邑向有溺女恶习，曾设立育婴会，按月集赀收养。因经理乏人，至光绪十二年，此举遂已中辍。本县虽设局罗坊，捐廉收养，而城厢阙如，难保贫寒之家不因抚养无资，仍前私相溺毙。言念及此，恻怛殊深。今拟规复旧章，仍在城厢按六文会醵赀兴办。由本县捐廉为倡，并发给印簿，仰诸绅董督同坊保分投写捐。一俟劝办有成，另行择绅司理。此项善举，简便易行。认捐一会，按月出钱六文，即写百会，每月亦祗六百文。所费甚微，所全甚大。凡我好善士民，或数会以至数百会，各随愿力书写，按月缴捐。俾得克期设局收养，将见有生之藐孤同登寿域，而无形之感召定集休征。尚其各发仁慈，勉勒盛举，实本县所厚望焉。知新喻县事射洪钟体志谨启。

1891.7.6

三山暑雨

拯婴乡局绅士郑主政钱等办理拯婴事务,极为认真。现因溺案各起迁延未办,不足以示儆戒。遂赴督辕具禀,蒙卞制军批示略云,查温洋乡林春容溺女一案节,经分饬营县、赶拘解府讯办。乃竟互相推延,实属玩愒。除由院迳檄福协副将会县严提外,仰福州府立速饬县会营严拘,限十日内解府讯究详办,再延分别记过。该绅等办理善举,筹充经费,久而不倦,殊堪嘉尚。饬知照。

1891.6.25

闹教叠见

崇明附近之海门地方,近闻亦有匪徒滋闹。缘该处教堂设有养育婴孩之处,忽被匪徒突入,将婴孩数名携去,房屋亦被拆毁,惟未纵火云。

1891.6.27

详记海门闹教情形

海门闹教之案,前报已纪其略。兹又得其细情,合再述之。有地名茅家镇者,系海门要隘之处。设有教堂,规模极大,旁有学堂,为教育孩童之所。本月初九日,该处人哗传哥老会匪已到。流氓一闻此信,蠢然思动,预备乘机抢物。至十四日,纵火焚烧教士住宅,经室中人立时扑灭,地方文武各官皆到场弹压。惟该处素无兵士,各官并不带兵前来,只手空拳,惊惶彻夜后,由卡上拨兵五名,看守教堂。离堂六七里,有女孩学堂。流氓用计唤集妇女数名,后随流氓约二百名,蜂拥而至堂中。有女孩八名被妇女携去,流氓将堂中物件肆意抢劫。此十四日夜间事也。十五日,地方官将女孩八名送回,并派人在学堂看守。刻下茅家镇业已平静,惟不知海门、崇明等处情形如何。闻法总领事已照会地方官,请其设法保护此两处云。

1891.7.14

福州述善社同人致施少钦封翁书

少钦封翁善长大人阁下:敬启者:上月廿四日,曾肃寸笺,备言福州水患大概情形,谅登仁览矣。岂知天不厌祸,一波未平一波复兴。晴不崇朝,大雨旋作。五月廿七夜,溪涨又发,平地水深数尺,不长不退。至初二日,地始见土。贫民居多低湿沉洼、将欲产蛙，其困苦情形，笔难罄述。而富贵之家，深居广厦，口厌膏粱，耳不闻号哭之声，目不见哀鸿之迹，且谓非滔天浩浩何足为灾，不能动其恻隐之心一为援手，可胜叹哉。最可怜者，入春以来，雨水沾足，早禾盛长，农民方庆有秋。前番虽云将熟而亡，尚有三分可卜；此番深沉数日，颗粒难存。敝社目击心伤，奈何徒唤。素仰善长大人以天下之心为心，故敢直陈颠末。倘可以善后民生者，伏祈指教。非有所他求也。便轮肃此，用请善安。福州南台述善社同人顿首拜。

1891.8.3

三山荔雨

马江拯婴局自裴星使创办后，经在局绅士认真办理，捐募巨款，藉充经费，附近百数十乡悉受规约。初办时收养女孩不过十余口，迨星使卸任，卞颂臣制军接手，率循旧章，兢兢以保赤为念。遇有溺女之案，必饬地方有司从严究办，民风为之不变，溺女之案渐少。局中收养女孩日多一日，就庚寅年计之，已有百四十名之多。雇乳妇多名，为之抱养。一俟年岁长成，有愿赴局领女为媳者，准其开明住址、觅保具领，绝无丝毫使费。舆论为之翕然。

1891.10.23

宫门抄，谕旨三道录前，发抄朱批四道。其中有"发抄张之洞奏武穴教案办结情形。奉朱批该衙门。知道。钦此。"【详见下一条】

1891.11.2

光緒十七年九月二十二日京报全录

宫门抄　谕旨三道录前　发抄朱批四道　楚督张奏湖北武穴地方焚毁教堂殴毙洋人一案办理完结情形折

湖广总督臣张之洞跪奏，为湖北武穴地方焚毁教堂、殴毙洋人一案办理完结情形恭折具陈、仰祈圣鉴事。窃查本年四月间，芜湖等处滋闹教堂之后，沿江一带谣言四起，人心惶扰，处处堪虞。叠经臣严饬地方文武密切防范，凡有育婴教堂之处，尤为加意保护。武穴地方距广济县城七十余里，仅有武黄同知及龙坪马口二巡检驻扎。向有英国福音堂，而无育婴教堂，民教相安已久。讵意四月二十九日傍晚，有广济县人天主教民欧阳理然，肩挑幼孩四人，行至武穴街外，据云将送往九江教堂。适为痞匪郭六寿等所见，误信讹传，顷刻之间人众麕集、喧嚷肆闹，意误以武穴教堂为即收养幼孩之处，掷石奋击入窗，以致屋内洋油灯击破，失火烧洋楼一层余，亦多有残毁。匪徒乘机攫取零星物件。该处洋关分卡委员候补通判华聘、三龙坪司巡检邹振清急往弹压，均被匪众掷石殴伤。其福音堂内教士包姓、白姓两洋人，已先期一赴兴国，一往汉口，仅留眷属妇孺在堂。适有武穴洋关分卡之扦手英国人柯姓，及外来散书之英国教士金姓，当人众喧嚷之际驰往救火，登时被匪殴毙。教士妇女三人、洋孩四人由后门逃出，先投马口司巡检陈培周，因众势汹汹，未敢收留。妇孺即经同知衙门及龙坪巡检差役弓兵陆续护送至武黄同知署。该同知顾允昌留住署内，查知该洋妇三人在途次亦被匪徒殴伤，次日各回汉口。臣闻报之后，立饬地方官严拿首要各犯，一面抽调省外水陆各勇营分投弹压保护，并饬江汉关道派员乘轮船至武穴，将毙命之英人二名照料护送回汉口，另派文武大员前往弹压抚慰。其时广济县知县彭广心已经饬至武穴缉获多人，除无辜讯明省释外，实获匪犯十名。复经臣特委候补知府裕庚驰往广济，会同黄州府知府李方豫，督同该县切实审办；并饬关道照会英领事，饬取武穴教堂男妇各供，并验明洋妇各伤，以资参证研讯。旋据该领事录供照覆，并声称洋妇受伤甚重，其洋妇包氏一名，经洋医验明恐致不能生育等情前来。

　　旋经讯明此案实因挑孩怀疑、痞匪鼓煽滋闹，事起仓猝，并无放火图劫情事。滋闹之时，适值该堂两教士前数日早经他往，自非有意蓄谋与该堂寻衅，且该教堂内存有铁柜，向系存储贵重物件，并未抢去，其非意在劫财无疑。据郭六寿供认，因见教民挑有小孩，听信讹言，起意生事，以致戴厥鱼与各匪附和滋闹，打毁教堂住屋器物，并有殴伤委员巡检之事。实系该犯起意煽众、并下手用刀连砍致毙救火之洋关扦手柯姓，戴厥鱼供认下手用刀连砍致毙救火之洋教士金姓等情不讳。查律载"共殴人至死，下手致命，伤重者绞"等语，该两犯事不干己，鼓众滋闹，殃及无辜，均属任意逞凶，形同土匪，比之寻常共殴情节较重。近年五月初七日，上谕"着各督抚迅饬该管文武查拿首要，首要各犯讯明正法以儆将来等因，钦此"，自应钦遵办理。郭六寿、戴厥鱼二名，既据该委员、府县覆讯明确实系此案首要正犯，未便稍稽显戮，当即批饬将该两犯就地正法，传首犯事地方示众，以昭炯戒。其帮殴及殴伤洋妇、攫取零物之从犯八名，当饬委员知府裕庚会督该府县覆讯确供，将英领事先后所指要证民人陶春灿及弓兵田德等三名、范修兴等四名、柯扦手厨役王七贤一名，一共九名，一律传到质讯明确。按照律例，拟议罪名核办。

　　去后旋据禀称：据胡东儿供认，执有小铁尺殴伤柯扦手头上；据胡视生供认，拾起石块打伤柯扦手头上；吕二弟供摸着石块掷伤金教士；许逢春、田幅儿二犯各供认，于人众中碰撞洋妇，不知是否受伤；许逢春并检拾零物、旋即抛弃；陈连升供认检拾零物亦即抛弃；于老五、范四妹供认，闻乱想欲检取物件，人多未能拥上；各供不讳，反复研鞫，坚执不移，质之各要证，亦无异词，供情毫无遁饰，应即拟结。查例载：凡同谋共殴人除下手致命伤重者依律处绞外，其共殴之人审系执持枪刀等项凶器伤人者，发近边充军。又律载：抢夺伤人为首斩监候、为从减；为首一等并刺字；若因失火而乘时抢夺人财物者，罪亦如之。又律载：斗殴令至笃疾以致不能生育者，杖一百、流三千里；又例：因失火而乘机抢夺，除有杀伤又计赃，重者仍照定例问拟外，其但经得财罪应拟以杖徒者，俱照本例加一等治罪，将为首之犯杖一百、流三千里，为从者杖一百、徒三年、刺字。又例载：抢夺不得财，问不应，重。又律载：不应为而为事理，重者，杖八十等语。此案，胡东儿因闻洋人住房火起，携带铁尺往看，见众人围打洋人，该犯亦用铁尺打伤洋人头上，查铁尺系例载凶器，应照共殴之人，审系执持凶器伤人者，发近边充军；胡视生、吕二弟各因洋房失火往看，见众人赶打洋人，该犯等各拾摸石块打伤洋人，均应照"抢夺伤人为从减为首罪一等"律，各拟杖一百、流三千里，并于右小臂膊刺"抢夺"二字；许逢春因洋房失火往看，见人拥挤，适遇洋妇，该犯亦跟随碰撞，虽据供称不知是否受伤，惟洋妇受伤已据该印委等查明属实，即就"伤至笃疾不能生育"而论，按律罪应杖一百、流三千里；该犯捡拾物件，按照"因失火而抢夺财物，亦应杖一百、流三千里，二罪相等从一科"，断该犯许逢春应拟杖一百、流三千里，并于右小臂膊上刺"抢夺"二字；田福儿在人群中碰撞洋妇，虽据供不知是否受伤并未捡取对象，但碰撞洋妇与许逢春相同，亦应按照"殴人至笃疾不能生育，杖一百、流三千里"律，拟杖一百、流三千里；陈连升因闻洋房失火往看，见众人围打洋人，据供并未帮殴，惟检取零星物件，该犯陈连升应照"失火乘机抢夺人财物但经得财罪拟杖徒者，俱照本例加一等治罪，将为从者杖一百、徒三年"例，拟杖一百、徒三年，于面上刺"抢夺"字样；于老五、范四妹各因洋房失火，众人与洋人闹事，想往检取财物，未经得财，自应照"抢夺不得财、问不应、重，杖八十"例，各拟杖八十。未获之犯已悬赏缉拿，俟拿获有人，随时审实，照例惩办等情，禀由署湖北按察使恽祖翼复核具详前来，当经札饬照详分别办理。署马口司巡检陈培周，因众势汹汹未敢收留妇孺以致被殴受伤，殊属不合，前已行司撤任，并摘去顶戴，以示惩儆。武黄同知顾允昌，本系管理防护江堤，向无缉捕之责，惟捕务非其所长，现须会县严缉余犯。已将顾允昌调省，饬司另委妥员署理武黄同知，饬令访缉余犯。已将审办各犯，照例从严科断，各节由江汉关道照会英领事。旋据覆称，均属情罪允当，无所异议。此获犯惩办之大概情形也。

至柯杆手、金教士两洋人无辜殒命，情殊可悯，自应抚恤，以昭朝廷矜恤无辜之至意。拟给予该两洋人家属各洋人二万元。武穴教堂素与该镇民间无隙，此次固无干讹言、怀疑哄闹致被焚毁，并非该堂启衅，自应由官给款代为修复，并补给堂中失物，以示体恤。应从优酌给洋银二万五千元，所有此案各款，全数共洋银六万五千元，合银四万五千余两，经江汉关税务司与汉口英领事商明应允，亦无异言。该领事现已禀其公使，专候覆文，到日即可收款完案。此抚恤修复等款之大概情形也。

查沿江各省数月来叠次滋闹教堂，大都因收养幼孩而起，故匪徒得以信口造谣；愚民无知，易为所惑；一旦事起，仓猝弹压不及，遂酿巨案。臣于武穴滋事之后，即饬江汉关道照会各国领事，转饬各教士暂勿收养幼孩，以免疑惑。俟各案办结，人心稍静，再行收养。各领事均以为然，并饬关道会商领事妥议，稽查章程，每月定期常有员绅前往查看，以释群疑。各处教堂皆能遵行，使人无可疑之端，庶不至再有滋闹之事。臣已严饬地方文武，随时访查，如再匿名揭帖捏造无根之言，希图煽乱，务即悬赏严拿，钦遵五月初七日谕旨，从重治罪，以杜乱萌。其未结之案，英国仅有德安府徐辉与教堂滋闹、广济县教民蓝姓与族人争论入谱两起，现均已办理完结。饬关道照会领事在案，除将武穴全案咨呈总理衙门查核并将审拟各犯供招咨送刑部外，所有武穴教案办结缘由，理合会同湖北巡抚臣谭继洵恭折具奏，伏乞皇上圣鉴，谨奏。奉朱批该衙门。知道。钦此。

1891.11.5

论卞制军饬办育婴事

溺女之风，福建最甚，本报所载不可枚举。闽中非无乐善行仁之士，岂竟忍坐视而不之救？祗以积习既深，劝之未必能听，且育婴之堂虽亦有之，而要不过有名而无实，一切章程皆未能尽善尽美。虽有如无前报登卜颂臣制军饬办育婴等事，而知闽地之抚婴无术，盖已久矣。闽人专喜购螟蛉之子，假如一人有四五处店铺，而仅得一二，丈夫子则必多方觅购，作为义子，不嫌其多。养之、教之、竭尽心力。教之而成人，则与以一店，使之主持出入、管理帐目，其照管之贴切，究胜于所雇用之伙友，而所获之利，所谓马蹄刀吊桶里切菜--滴水不漏，其计可谓得矣。然其待螟蛉之子，则如此其厚。而独于亲生之女，反视之如仇，或令正果系瓦窑，年年弄瓦，不免心有所厌，然究亦不忍置之死地。谚云虎毒不食儿。闽人之毒，未必甚于虎狼，而何以竟出此毒手？甚有头胎生女，亦以为不祥而溺之者。在妇女，识见浅陋、甘为非义，而为家长者亦绝不一阻止之，此何说哉？卜制军怒焉悯之，以为此事大伤天地之和。于是札饬属下，晓谕通知，劝其凡有善堂之处，讲求育婴抚婴等事。其向来所无者，劝令地方官绅设法创立。庶几，无辜女婴不至惨遭浩劫，其用心可谓仁矣。然窃揣颂帅之意，以为凡此溺女之风，皆贫苦小民无力乳养，以至置之死地；苟有育婴堂以养之，此风必当一变；而不知溺女者而果系贫苦无力乳养之家，犹可说也；竟有富家以及小康之家而亦有此。有因多女生厌而溺之者，有头胎生女以为不祥而溺之者。此等人别有肺肠，即有育婴之处，断不肯送往乳养，盖彼谓送在育婴堂，将来长成择配或至流为下贱，反至有玷门楣，不如及其初生也而溺杀之为得计。噫！此其心之狠毒为何如哉！

故颂帅而必欲行此仁政，俾婴孩获全其生，必须严定溺婴之罪。律载无故杀子孙者，本有应得之罪。按律定拟毋稍宽纵，一面通饬各州县传谕城厢内外坊保，令其随地密查，遇有此等溺女情事，首报者有赏，匿报者有罚，则若辈自必贪赏避罚、暗中窥伺，无可掩饰。凡有溺女者，必不敢明目张胆。或者又恐坊保即藉此以为生财之道，一经得贿，代为蒙蔽官府，又岂能尽知？是亦一弊。然得人之财而毙一孩命，坊保之辈虽曰下役，或亦不至天良澌灭至此。彼欲溺女者，先须致赂于坊保，而后可以自毙其女，则此心亦必有所不甘，如此则溺女之风，即不能尽绝，必当稍杀于从前。若得查获一二人，照律惩办，以示惩儆，则更当知所忌惮而不敢再动杀机。所以回天和而广仁政者，其功德当更不浅也。

虽然，此风岂仅福建为然哉？月前有甬东友人谈及浙江台州溺女之风，惨不可言。凡生而得女，则置之脚盆内，浸以冷水，逾刻而毙；亦有孩之筋骨好者，扬手掷足，一时竟不得死，或至次日始毙。其伤心惨目，为何如者？又有活埋者，则不论其生死，裹以蒲包瘞之土中。有埋孩之处，越日有人过之，尚闻其呱呱而泣者，言之殊堪发指。而台州之溺女，则与福建情形又有不同。台州地方瘠苦，人心强悍，故有此等情事。凡家中稍有，可以自赡者，一二女孩尚不至生厌。非若福建之富家亦有溺女之事也。惟台州地方贫苦，善堂甚少，而育婴之堂尤不多见。吾友鹿洞后人，前者曾欲创议集众劝捐，随地设堂，以加惠于彼处婴孩。明定章程，其送至婴堂，愿书姓名者，将来可以仍由其父母具领；惟不知姓名者，则由堂中择配。而择配之时，亦必两相允洽、无所强抑，且必令为正妻而不使沦为下贱。由绅捐办而由官给示，为之保护。如有地方痞棍藉端讹扰者，禀官究治。果能及时举行，此举则实台郡赤子之福，乃迄今犹未举行。陈鹿笙太守，桂林望族，素称为恺悌君子，现绾郡篆度，必能推暨其慈爱之心以广生生之德。敬告鹿洞后人，盍速起而行之。余因录卜颂帅饬办婴堂一事，而连类及于台州。台州亦颂帅兼圻之所及，及此时而行之，则亦上宪之所闻而深喜者也。窃愿为闽浙各婴之获生者，祝制军福寿无疆。

1891.11.26

保婴篇

余前者论福建溺女之风，因及台州弊俗，其溺女也较福建尤甚。福建则有卜颂臣制军札饬各属创设育婴堂以保全女婴。台州虽有余友鹿洞后人发大慈愿，拟为创建育婴堂，而此愿尚未知何日能偿，故深望其事之克济。然台州之弊俗，则又不仅溺女一端而已也。少寡之妇往往不能保全，凡有青年丧其夫者，宗族戚友必多方劝其再醮。盖俗例有第一嫁财礼当归母家，第二嫁财礼当归婆家，且再醮之财礼名曰归婆家，戚族中皆得染指焉。故劝之甚力，劝之不听则骗之、吓之，甚而至于挫辱之、强逼之，无所不至。倘其百计不从，伎俩已尽，则不使之为节妇，而必使之为烈妇。如果该少寡立志既坚，决意以柏舟自矢，则阖家皆相庆，谓吾家有节妇，戚族之光也。于是遍告诸亲友大张贺筵，届期衣冠毕集，则择宽广之地为台，槙薪其下。诸女眷盛妆咸集，请该寡妇出，为之理妆，加盛服，扶以登台，台之中设竹椅，捹妇坐其上，诸女眷皆下台，瞻仰若不胜其钦敬者。俄而鼓吹大作，宗族戚友无论男女争罗拜之。拜毕，举火焚其薪，火烈具扬，该寡妇遂宛转叫号以葬于火中。既卒事，男女戚族开筵畅饮，共相笑乐，以为庆贺。其忍心害理有如此者。至于地痞、坊保逼媚抢醮之事，层见迭出，更不足异。

所最可怪者，设该寡妇在台上受拜之后，见火将逼身，号哭乞命，口称愿嫁，则诸亲友皆一哄而散，以为大辱，鄙不与齿。由其家人救息其火，拖以下台，即令改醮；或竟有家人亦坐视不救，任其燔灼而死者。曾在台上乞命之寡妇，虽仍行焚毙而不能请旌。以故，妇果不愿再嫁，惟有一死而已。当共登台之时，多有慷慨激烈者。

此种弊俗，不知起于何时，而至今相沿不变，抑又何也？夫国家定律并无寡妇改嫁作何办罪之条，可知圣王顺人情以出治道，原不为过情之举。妇而丧夫，果其不能自守，则不妨改嫁，例所不禁。而其能矢志不嫁，怀松竹之心、凛冰霜之操者，则朝廷又有旌表之典，俾见之者羡而慕之。知守节者之蒙旌，则必知再嫁者之可愧，以是励风俗、敦人心，夫固圣王之妙用也。今台州之俗，则反其道而行之。夫死必嫁，不嫁必死，人见死之可畏，则必情愿再醮，以缓其死，是不啻以死相威吓而逼人之改节也。吾友鹿洞后人亦复怒焉忧之，商之诸同志，欲挽此弊俗。拟于育婴堂之外，更为保婴之会、清节之堂，广筹巨款，妥定章程，并请地方官宪为之保护。先禁火焚殉节之名，更严抢媚逼醮之罪。有少妇丧其夫者，如自不能守，情愿改嫁者，听之；如不愿嫁，则可送入清节堂，堂名清节，则凡入此堂者，皆在可旌之列。如以家有节妇为可荣，则正当于该妇入堂时荣起，而堂中规矩严肃、内外截然。所有养赡之资，悉出之堂中，其有殷富之家情愿捐资者，则亦听之。延请老成绅士以为堂董，凡堂中一切上下人等皆用老成人，不得以少壮者侧乎其间。而婴妇悉处于堂门之内，以老妪掌堂门之钥，出入有禁，而堂中居处清洁，纺织、刺绣各具咸备，令各婴妇随其性之所近，或纺纱、或织布、或绣作什物，可由堂中代为售卖得钱，则可以供零用。且既在堂中别无零用之处，逐日积储，其有子女者，可为将来婚嫁之助。如有不能作工者，亦不勉强之。如有遗孤，亦听携养，惟至十岁以上即不得再留堂中，或令就傅，或令习业。女则以十六岁为度，出外遣嫁。即未嫁，亦不得再留堂中。如此则婴妇之心别无萦系，而可以安处堂中。至合例之时，汇禀请旌。庶几寡妇之命可以保，即寡妇之节亦可以全此事。固与育婴并重而无所轩轾，余深愿其育婴之举早早开办，乃可推广以及于保婴。寄语鹿洞后人，思其艰以图其易，此其时矣。

1892.4.23

论湖北兴办育婴事【本文除育婴外，还论及养老、教案等问题】

　　康诰有保赤之文，夫子有怀少之志。古昔圣贤，未尝不以慈幼为急务。顾古之所以慈幼者，非必家喻而户晓也。仁政施而民风厚，王化行而世俗纯，不必上之代为养而无不养。降至后世，生计渐窘，风俗日偷。窭人子生育过多，衣食无出，遂有弃孩不养，任其冻饿以毙者一二。好善士不忍坐视，创立善堂，兼收弃孩而育之，其初亦不无小补。迨后日久弊生，往往有名无实。夫中国之善堂众矣，恤婴有所、养老有堂。苟非穷乡僻壤，莫不有一二义举。及其久也，弊窦丛生。恤婴之处，每有定额，额满不能再收。已未免有向隅之叹。而所收者，又往往皆以情面请托而得。其果系婴妇茹苦含辛而衣食不给者，多以无情分之故，不能位置；而稍有资蓄者，反得滥竽其间。则恤婴之举成虚设矣。养老之处，有可任奔走者，则拥之若仆隶；其果老病疲癃不能动止者，则粥饭棉衣不以时给，而或至于啼饥号寒者有之。则所谓养老者，亦属虚名矣。夫善堂虽未必皆然，而务虚名而无实效者，实亦不少。即育婴一举，向亦有是。所雇乳妪或领孩至家而饲以糕粉，乳则仍哺其亲生之子女。其甚者，且一乳两雇，即有人不时查察，而终不能破除情面。故堂中之孩无不鸠形鹄面，从无肥胖白净者。人生强弱，半由于幼时之培养；婴儿而已鸠形鹄面，安望其后日之长成？既难望后日之长成，则今日之收而养之者，皆虚糜也。夫人心不古，不但薄于孝，亦且薄于慈。溺婴者有之，焚婴者有之。嗟乎！人之所以异于禽兽者，特此心耳。孩提无知，何所取怨？止以疾病之故，遂致虐于亲生之子女，是其心固已死矣。易牙杀其子以食，桓公管仲谓其非人情、不可近。彼易牙欲因此以希宠固荣，其杀子有所为为之焉。今之焚溺者，有何希冀？是其恶非仅不近人情矣。谚云虎毒不食儿，而焚溺幼孩者，其残忍乃更甚于虎。昔李闯围京师，夜中焚人尸以为亮；子又以小儿缚之高竿，令兵士射之以为的。遥望竿上小儿犹哑哑然作啼声、手足乱动，知其事者，无论见与不见，莫不骂流寇之残忍无人理。先时洪逆破金陵，其残暴亦复如此，识者早决其必败。由是观之，残忍之心，非人心也；惨酷之行，非人行也。鸟之中有枭，兽之中有獍，无不恶之。以此例彼，虽不得以枭獍相比要，亦相去不远。律载，无故杀子孙，虽不至抵，厥罪亦重。诚以残忍之风不可长、惨酷之心不可启也。而弃孩之事，终不能绝。

台俗有溺女之风，凡生而得女者，则置之脚盆内，浸以冷水，逾刻而毙。亦有孩之筋骨好者，扬手掷足，一时竟不死，或至次日始毙。其伤心惨目为何如者？又有活埋，则不论其生死，瘗之土中。埋孩之处，有人过之，尚闻其呱呱而泣者。言之殊堪发指。然台俗尚不至如闽俗之甚。台俗之溺女者，不过贫苦小民耳。闽俗则小康之家，亦有因多女生嫌而溺之者，有头胎生女、以为不祥而溺之者。此其居心尤为残忍。夫育婴之法，由来久矣。凡弃婴之处，岂竟无一善堂？特以慕虚名者多、务实效者寡，故弃婴仍不免于死耳。人有儿女不能自养而欲使人代养，风俗之薄，已可概见。苟复无代养者，则人之生也，尚不如鸟兽犹得自遂其生矣。彼西方教士见弃婴之可悲，越俎代庖，收养抚育，意至美也。然华人之婴，华人不自养而使西人代养，事诚有可疑者。去年民教失和、讹言之起，半由于此说者。每谓愚民之多惑，不知愚民惑此固足启衅端，愚民信此亦有伤国体。故今日育婴之举，地方官长实有不能辞其责者。本有者固宜整顿，本无者亦当兴办。近今办赈多年，财匮力尽，欲集捐款亦正不易，然亦视乎为之者何如耳。两湖总督张香帅有鉴于去岁教案，因令各州县自设育婴堂，庶谣言无自而兴，衅端无自而构。特选廉员分赴各州县，帮同地方官认真办理。虽未见其详细规条，而大纲已具。不久当见诸施行，敦薄俗而挽颓风，端在于此。称富庶者不独两楚，整顿此事尚非甚难，天下不少弃婴之处，曷不仿而行之乎？

1892.5.27

买孩启衅

上江人祁郎钊者，厌弃红尘、皈依三宝牛山，濯濯居然，具大神通，法名博安，在沪城西门内慈悲庵为住持。六根虽净，五戒未除，常至租界中大摇大摆混迹烟寮，以阿芙蓉权当青精供养，逍遥自在，全仗佛力无边。去秋托人买得一孩，年甫十一龄，系被匪人在宁波教堂诱拐而来。博安买孩后，即令待诏奏刀，焘然露出顶上圆光，为传授衣钵计。近被宁波教堂访悉情形，缮函来沪请洋泾浜教堂神甫将幼孩设法领回，念出家人以慈悲为本，当可婉商。即倩人告以来意，情愿给偿身价，领孩回去。博安初颇首肯，谓必须收回洋廿二元，即可将孩领去。神甫以其抚养数月，不无微劳，特于照偿身价之外另给酬洋四元。不料博安反复无常，至次日忽将幼孩藏匿，扬言须洋五十元，始肯交还幼孩。神甫闻之，以出家人不应出尔反尔、藉端勒诈，即函请法领事，转商葛蕃甫，同转饬捕房、包探，持名片至巡防总局，请帮办总巡朱森庭明府派差，将博安提案，勒令将幼孩交出，一并解送大自鸣钟捕房管押，候有堂期送案请究【后续详见 5 月 29 日本报】。

1892.5.28

海军条目二

兵轮宜全用华人也。中国当初通泰西之时，深羡西国兵船往来利便，亟欲仿而行之，于是乎有船政局之设。然其中秘奥，未能尽知。凡一切工匠之属，悉用西人，既而兵轮告成，而管驾、船主、大副等华人无能任其事者。于是乎又不得不用西人。夫彼西人既受中国之聘，则必尽心教习、悉力指授，断无靳而不予之理。即令其为船主、为大副等职役，亦无不休戚相关、竭思殚虑，所谓用人弗疑、疑人弗用，毋虑乎其有他也。第中国所以雇用西人以驾驶兵轮、铁舰，原不过当时权宜之计，将使华人尽心习学；学之既成，则凡有兵轮战舶，一概俱用华人，而西人勿使与焉。此非有疑于西人也。夫船主也者，一船之主，船之进退存亡皆系于其主者也。大副也者，为船主之副，船主或有故，则大副可以代管。盖所以副船主者，不止一人，大约分以三等。曰大副，则其称首者也；其下又有管理机器之人，亦有三等；再下则有司火者。兹数人者，皆与船同其性命者也。一船之中，约计水军或数百人，或百数十人，而其性命则胥托乎管船之数人。设或海疆有事，各兵轮管驾之西人，即使尽心竭力辅佐中朝，而旁人见之，则不觉有所疑忌。试观各处教堂收养幼孩、医治病人、广设义塾，此其存心行事之善何如？而百姓且听匪人之谣诼而屡有。后言设或正与外国开衅之时，而见中国兵船上有西人，则必且万众哗然、群焉鼓噪，甚有不问情由、强行劫杀者矣。且即使无虑乎此，而万国公法本有各守局外之例，凡西人之就聘于他国者，倘有衅端，则即当立时解职，纵非本国之人，而亦可以据万国公法知照该国之政府，将其人召回。假如中国此时兵轮多用英、法、美、德四国之人，与四国有衅，则所用之人自必辞去。即曰仅与一国开衅，而彼国之人亦须守局外之例，且开衅并不在此四国之中，而此四国之人为中国所用，至此而亦须避位。则是一旦海滨衅起，若辈皆作壁上观，不复能为中国设一谋、助一臂力。平时厚糈重禄以养之者，临时反不得其用；且非但不得其用而已，此其可患为何如者？故前者刘康侯观察全用华人工匠制造钢炮以及一切机器，余亟称之以为能务其本而握其要。近来中国各兵轮，大约除统带各官以及水兵之外，凡事之关乎船上者，皆全恃乎西人；其有大半用华夫者已少，概见若船上竟无一西人则尤少也。夫中国兵船之创，屈指不下二十年，又设水师学堂、后学堂、武备学堂，种种名目不一，大都教以船务，学为水军。岂其中竟无数十聪俊之士，可以选充船主大副之职者？西人之工价极大、薪水极重，华人固非所望。然苟以雇用西人之款移之华人，则华人何尝不踊跃自奋？即全船无西人，吾知其亦必不至于偾事也。惟选之，则宜精用之，则宜慎驭之，则宜严习之，则宜预耳。屏去西人，全用华人，而后海军之体统得而用以奏功，不难矣。

停泊不宜久远也。外洋兵船忽焉而东、忽焉而西，行止不定。舟中诸人无一日不戒备以待。一声号令，立刻即发，不得稍缓须臾。此不但军令之严也，盖船之为物，常行则灵，久停则窳。古人云"流水不腐，户枢不蠹"，维其勤也。轮船而停泊日久，不特船上诸人不免有髀肉复生之叹，即行驶之时亦必运棹不灵，且恐铁则生锈、木则渐腐。故轮船勿令久停，兵轮尤要焉。然勿使久停，则必定以章程，或定期何日出洋、何日会操，或借以游历外洋，可以穷究夫地势形胜，沙线礁石之类，一一皆默识于心。即不必为观兵耀武之说，而外洋时见中国军容，亦必稍稍有所顾忌以视。久停大埠，官弁则登岸寻花问柳，兵丁则终日在船上作抟捕戏者，相去不啻霄壤矣。勤则不淫，此之谓也。

1892.5.29

法界公堂琐案【仅择与婴幼或儿童相关者摘录于此】

案一。【前接本报 5 月 27 日消息】释博庵【前文 5.27 日中写作"博安"】祈朗钊买得宁波天主堂被拐之十一岁小孩，私髡其顶。堂中人知之，函请葛同转一并拘押捕房，一切细情已详前报。昨晨经捕房解送公堂，教民周炳投案，历诉此孩被拐情形。同转叱令博庵退去，问此孩曰："尔家中尚有何人？因何入天主教堂？如何被诱来此？由谁卖与寺中？削发后所作何事？"孩供称："小的姓刘名福生，父亲去世已历十年，由母亲挈来沪上，至去秋母亲亦因病身亡。有一义兄，自幼经父亲收养者，将小的挈至杭州，转至宁波，送入天主教育婴堂内。此次又经义兄私挈来沪，借住英租界六马路某理发店内，转瞬即送至慈悲庵。师父取名明堂，令晨起读书、日暮诵经。"问："尔之义兄是何名字？将尔售与僧人，立过笔据否？"供称："小的并不知情"。同转命将博庵带案，博庵随将度牒及买孩时由孩兄刘明月、中人吴毛头缮立之契一并呈鉴同转。问："尔在公堂上为何植立不跪"，供称僧人曾受佛戒、未便下跪。同转怒谓："尔既犯法，岂能不跪乎？"博庵始跪下。同转谓："尔买此孩，既有中人及孩兄经手，为何今日不交到供？"称："僧人受押捕房已经数日，不能出外寻交"。同转着押候交人保出，寻交刘吴，再行核夺。孩准周领回教堂安插。

案二。贾彭林串通蚁媒吴益山买孩一案，已纪报章。昨晨捕房中将贾、吴及贾妻田氏、孩子永寿一并解案。原告纪陈氏偕子阿宝诉请究追。葛同转问田氏曰"尔膝下有儿女几人？尔夫将永寿售与纪陈氏得洋银二十三元，尔知道否？"供称"小妇人嫁贾后共生四男两女，目下祇剩一男两女，余皆殇亡。丈夫懒惰性成，不顾家计，所有家事均经翁姑操持。近日丈夫又与蚁棍为俦，欲将小妇人售入娼院，幸得亲族阻止，未堕火坑。去年称将长女送往江北母姨家，不料已遭卖去。今年又将儿子领出，阅多日始领回，后又言欲领往苏州。小妇人不依，是以未被卖去"。同转谓"尔子已售与纪陈氏为孙，付出身价洋银二十三元，立有笔据矣"。田氏称"小妇人祇此一子，将奈之何？"贾称"小的欠纪陈氏洋银十余元，因立借票，将孩寄名与伊，并未立过卖据。目今纪陈氏呈出之契，与小的所缮之借票大不相同"。问尔"前将女孩售在何处"，供称"由吴领往作保人之董春山处，现在不知去向"。同转谓田氏曰"尔祇此一子，未能继给他姓。惟尔夫收人身价，终须缴还"。谕毕将孩交田氏收领，准交人保出。贾押候追到董核夺。

案三。韩小妹子被蚁妪许奶奶诱骗来沪，倩女棍杨周氏求价而沽案发。葛同转研讯情形，屡记前报。迄今杨周氏依然挺押，许奶奶则影响全无。因于昨日将韩小妹子带案覆讯，所供与前相同，当饬某包探送往城中果育堂暂为寄养，待其父到来再行核夺。

案四。旧货摊主王福新异垂死病人弃诸城下，经某号巡捕查获，送请葛同转讯押已记报端，昨晨捕房中又将王解请发落。同转谓"尔不应将病人抛弃，姑念已管押数天，判令押候再掌颊八十下"。

1892.10.7

如保赤子

钦加知府衔补用、直隶州署番禺县正堂加十级、纪录十次李，为剀切晓谕事。案奉广东巡抚部院刚，札开照得恤孤保赤王政所先，设堂育婴有司之责。乾隆、嘉庆年间，陈文恭公、百文敏公饬属倡捐婴堂，颁发章程，收养遗婴，并严禁溺女，以革恶习成规，具在按藉可知。同治五年，钦奉谕旨以广东仍有溺女之风饬令出示严禁，由各州县广设育婴处所，妥为收养。煌煌天语，为海隅除恶俗，实为天地广生成。则是设立育婴堂，自应一律举行，方足以滋生息而保民命。乃检查各属禀报案卷，或开办婴堂而限于经费额数不多，或竟以经费难筹而置之不议，忍令遗弃之婴生机顿促，溺女之习挽救无从，良可慨也。札县立即查明现办婴堂事宜，究应如何筹款、究应如何扩充、究应如何办有实效，并试种洋痘一节，赶紧会商公正绅董，妥筹善法，各就情形，克日据实禀覆等因。奉此查县属大东门外，原有育婴堂一所，系奉盐运司委员经管，附城各村庄贫户凡有育女无力自抚者，向准送堂收养。惟四乡地方辽阔，户口殷繁，尚恐贫苦之家或碍于颜面、或惮于跋涉，仍不免有弃溺婴孩情弊。上年曾经本县示谕各绅耆，劝办保婴善举。叠据各巡司以属内尚无溺女陋习禀覆。然以一县之大、生齿之繁，究不能保其必无。兹经本县遵奉抚宪札谕，筹一简便易行之策，拟六文保婴善会章程六条。自收养、寄乳、种痘，以至招领，大致粗具。除先禀覆并分谕各乡、各墟绅富、衿耆实力劝办外，合亟开列章程，剀切出示晓谕。为此，示谕县属诸色人等知悉。尔等须知，弃溺婴孩、戕贼生命，上犯天和。全在地方好善绅富衿耆，随时劝诫，力除恶习。本县现拟、后开六文保婴善会章程，每会一百分，每分仅月捐钱六文，各善信认捐多寡、久暂，各听其便。事不扰而功倍，费无多而易行。自示之后，好善绅富、衿耆务各互相劝勉，实力集捐，多多益善。遇有遗弃婴孩，照章收养，按年汇报，从此洗绝浇风，保全婴命，其造福岂浅鲜哉。切切特示计开，——劝办保婴。拟设善会，县属四乡，地方辽阔、户口浩繁，品类不一，溺婴弃婴之事，虽无闻见，诚恐不能尽免。自应预为筹办，以全生命。

（一）前拟劝谕各乡绅商多设保婴善会，每会共为一百分，每分月捐钱六文。好善者或一人认捐十分八分，或二人合捐一分，不拘男妇、不拘多寡久暂，各听其便，总以凑足百分为一会。能一乡一村集捐二、三会至八、九、十会者更妙。按月所收会钱，由各乡自举殷实绅耆二三人作为总理，登数收存，以备支用。不拘地方何事，均不得挪用分文。保婴善会集有成数，卫婴之法，即应由各乡总理之人，遍托附近村落好善者，随处留心访察。倘有穷檐贫户，育女不能自存，准其报知总理。或按月酌给钱米，仍令本人自抚，或将婴孩转给有乳之妇，领去寄养，随时因事制宜。倘或所收婴孩过多、经费不支，准其将婴孩转送省城育婴堂收养。惟婴孩以乳为命，送城时亦须倩一乳媪同行，是为至要。（二）月给育婴经费，宜有分别。如系贫户自己领抚，每孩拟月给米粉等钱六百文；倘系另托有乳者寄养，情事不无稍异，拟月给钱九百文以示区别。即自查报之日起，由各乡总理绅耆即先发经费一个月，并备给执照一张。以后按月凭照支钱，此项钱文即在捐存保婴善会项下实用实支，按季榜示通衢，俾明心迹。（三）婴孩寄乳应有限制。各乡收育婴孩，如系仍交原母自乳者，月款给至十个月为止。以后仍由原母自养。尔时婴孩啼笑宛然，自不致再下辣手。倘系倩人代乳，应发至十四个月，再行招人抱养，为女为媳、各从其便。惟粤省往往有假托领女作媳，实则收养、转卖为娼为婢，因之取利。是以招领之时，必须结实保人，以杜流弊。（四）所收婴孩，宜及时种痘，查婴孩出痘，经理不善，死生系之。粤东近来种牛痘之法大行，所在皆有，较之吹鼻苗事半而功倍，各乡收育之婴，正可趁其吮乳期内倩医先种牛痘，以保婴命。（五）寄乳婴孩稽察宜勤。各乡设立保婴善会、所收婴孩寄乳在外，领养能否得法，应由各乡总理绅耆按月查看一遍。如其乳汁不足、婴孩瘦弱，即宜换人带乳。倘小孩有病，准领乳之人随时报知总理绅耆为之医治，死生虽属有命，此心不可不尽。（六）每年某乡收养若干，即由总理绅耆于次年正月开单送交巡检，转报或就近开交乡局代报，均听其便。

以上章程六则均系浅近易为之事，各乡绅耆，果能实力劝办，拟俟试办一年，后择其保全婴命较多者，由本县送给匾额，以示奖励，其各勉旃，是所厚望，并示。

1892.10.14

育婴章程

两湖制宪张香帅，前曾出示并札委绅董劝办育婴事宜，早经登报。兹由访事人抄得章程寄示，尤深敬佩。爰先将助养章程十条录左：（一）育婴由官督绅劝办，俟捐项集有成数，妥议章程，遴朴实明干、家道殷实之绅耆谕令承办，不肖者慎勿使，与人望所归呼应自捷。以乡人治乡事，造福桑梓，功德无量，贤者必不膜视。尤在良有司平日虚心延访、接以礼貌，都人士亦勿谓非公不至也。（二）各属旧行堂养者，除照章办理外，量其经费尚充，可兼行助养。民间习知其便送堂者少，堂额自可渐裁，不能则当徐图之，至新设堂之处，助养以归画一，试行半年后将情形禀候核夺。（三）各属地方辽阔，分里、分图必有一定地段酌量。若千里设局一处，城局专顾城厢及附近数里，乡局四乡分设，不必置屋附人。向来办公之地兼办，或庙宇亦可，以节冗费。乡局既多，或每乡择适中之地，每年定期会核一次，互相稽查。设总管一人，专司稽查，不理银钱；分管二三人，轮司收支与总管，和衷商办，必得公直不苟、勇于为善之人而任之。家道殷实者，可不开支薪水；寒素似当酌定，俾得专力办理。每年正月将上年收支细数，会核无误，汇入总册，交总管收执，仍造具四柱清册，禀县备案。县于二月内通详附核。董事三年一换，以均劳逸。每届交代预商境内正绅公举接管之人，即令眼同会核、过交新董、出具墨领、会禀三年办理情形，请谕接管，不得私举、私授。上届董事仍酌留一人，与新董会同办理，以资熟手。下次交代亦如之。（四）各属能捐集巨款，目下即可置产甚妙。不能亦须每年略有赢余，徐图置产，庶可经久开办之。初定额给钱不妨略隘，始基既立，异日不难推广。惟此项钱文，须实用实销，别事不准支挪，以重义举。每年收支仍当钞贴街衢，俾众咸知。（五）此举期便贫民，给费务须核实，当于编查保甲时，令团保查明。全无家产及资本不满十串者，为极贫；资本不满三十串者为次贫。于门牌内填注，仍另立册存局。每团有一定地段，造册后有彼此迁徙者，由保正随时查报，报育之婴亦可责成查察，每年酌给薪赏若干。每若十里内公举社长一人，专司查报保认之事。预由堂刊发小戳记一颗、该处应助养贫户口册一本、空白报单多张。入册户生有子女者，赴社长处报请验实，誊给报单，持单赴局换给照票。照票用二联式，左为票根存局、右给本婴之家，以便领钱。每月定期发给钱文。前三日，仍先持票携婴赴社长家查验无弊，于票后应领月分盖戳。限满收回照票。如有夭殇，赴堂缴票停发，仍给本月应领之费以慰之。堂董即亲往验明，乡间可由社长往验。社长徇情，斥退另举。（六）报婴之初，酌给喜赏二千以劝之。以后给助养钱六百或四百文，以一岁或岁半为度，至愿抱作媳者报局注明，均照章给发。其未入册之户而愿抱养报育之婴者，亦准给与抱养者加赠钱一千文。（七）凡贫妇未经入册而夫亡，遗腹生子者，果能矢志抚孤，准报明照章给费，以示奖励而全名节。【此处有"采薪水薛令章程"等字，推测指以下三条为采用薛令所定的章程】（八）境内有溺女者，责成社长、保正随时查察，报明董事，公同议处；凌磨养媳者，亦如之。邻右指发者，查实给赏八百文。堂董不得惮烦及狗隐含糊了事。（九）境内有遗弃子女者，拾得之家颇愿认为义子、义女、养媳，准报局、查照堂养领媳，给牌查验之法办理，给与钱文。如不愿留养、将婴送局，照章立给喜赏。董事为之雇人寄养，亦查照外堂寄养法办理。但须徐择人抱养，方免窒碍。其抱养者亦给与木牌，仍酌赏钱一千文。此系为遗弃者计，寓堂养于助养之中。凡弃婴者，恩情既绝，日后不得向抱养之家索还，尤防其旋弃而旋愿抱养，希图领费。（十）助养之法，最为简便。每月定期给费，董事赴堂照应，一日之内便可毕事。不必开局，以节縻费。每月火食、杂项，核实支销，得人而任，惠莫大焉。

以上章程十条，扼要在第三、四、五条，极简易亦极精详。在事者不可大意，但劝办之初，各该州县须先颁告示，痛陈利弊，开示诚心，集捐自易。捐定妥议章程，仍刊刷告示，使远近周知。办理得法，民既习而便之，虽有堂养之处，亦必不愿送，而堂养可渐减矣。此今日要义也，至各属各乡有一时集捐不易者，可用筒捐及六文捐相辅而行，徐筹捐款以期经久。

1892.10.17

接录育婴章程

一贫民生有子女，而婴母旋亡，或未及离乳忽遭母变，不能自雇乳媪又无宗亲可托者，禋祀攸关，情实可悯。准其赴堂报明，代为收养，以若干月为限。当填给收票，交本家收执。届限邀同里邻户族具领。逾期不领，致被他人领去者，不得借口索回。

. 采薪水薛令章程：贫民愿领堂婴作义子女、养媳者，系他乡寄居、踪迹诡秘之人，断不准行此，即抱养章程最为紧要。堂董不得卤莽干咎。余由堂董查明本人年貌、里居、家口若干、作何生理，实系身家清白之人，取具并无贿托、转卖及勒作、娼优、奴婢、僧尼等弊端，结及族邻保结，方准验婴给领。将本婴姓氏、年貌、箕斗、有无疤痣，一并注册存查，并给烙印木腰牌一，方便堂内稽查。俟婚嫁时，缴牌或酌犒喜赏，则本家当更小心。男由董事、女由董事眷属率在堂老妇往查，以杜弊端。如其非理凌虐，亦于查究。

采孝邑亢令章程：堂内收婴时查衣内有无姓氏、生庚，否则以抱养之妇氏为氏、以收日为生日。同姓之家不准抱养，盖今之宗传，虽别始之渊源，或同礼不取同姓，所以厚别也。

采房县欧阳令章程：凡领作义女，必须查系家道小康、宅心仁厚之夫妇，取具切结，照领婴作媳条办理。若贫民，则自己生女尚思致死，领女取累，决非人情，断不准行。凡有忍心溺女者、领抱堂婴而私卖取利者、外堂乳妇领养私卖以己生子女朦验诡称愿抱养者，无论何人均可指报，董事查有实据，从重给赏。若干乳妇凌磨婴孩，报者亦酌赏，乳妇即请惩儆更换。

堂书堂役于婴孩乳妇进堂出堂，难保无勾通、捏名、影射及勒索使费等弊，查出必究。抱养婴孩者，内外堂均准选抱，仍先尽问本身父母，堂内不取分文，其随身衣裙亦准给与。外间亦有取费者，恐贫民畏而不前，则堂费更多。外堂乳满年半之婴，即缴所领票、提婴，交养妇收抚，概不准所乳之妇擅自留下，至有转卖之弊。乳妇告假出外，须先向首事禀明、领笺，限定时刻，不得久延。所乳之婴，须交他乳妇代为照料，入则交笺以便稽查。至乳妇亲属来堂探问，只准隔栅言语，不得擅自入内。堂内有夭殇者，给棺木掩理，每口给掩埋钱一百廿文，其随身衣服不必留用，以免传染。内堂乳妇每名给棉被一床、新棉五斤、草席一床、蚊帐一顶、夏布二丈、凉席一床、板床一张、板凳一条、摇窝一个、烘篮一个、煤炉一个、撮箕一个、筲箕一把、盆桶各一个、灯盏一具。棉被五年一换，凉席三年一换，所发什物不准出。婴孩每名给棉袄一件、单布衫一件、帽子一顶、绵袜一双、夹抱裙一条、换洗小衣二条、夹袄三件、绵背心一件、大垫片二块、小垫片二块、冬给棉被一床、夏给浦席一床，随时给发。养妇一妇抚三婴，蚊帐、草荐、凉席、板床、棉被应酌加宽广，摇窝之外添站桶一个；至婴孩衣物及烘干之炭柴，亦应照章、按名加给。内堂乳养妇，每月赏犒钱一百二十文、灯油一斤、灯草三束、火纸三十六张。内堂乳养妇每年冬春五个月每日每名各给烘片小炭圆一百个、松柴一块。半年终每名给度岁若干。婴孩每月理发一次，各给钱六文。内堂乳妇、养妇及堂役人等，工食俱作正项开支，各属情形不同，难预定限制。每月收养婴儿若干、抱养若干、病殇若干、现存若干，按月悬牌一面于门首，年终结报。

以上章程二十九条，扼要在二、三、十三、十四、十五、十六各条，其中弊窦极为难防，各属见行。堂养者有向章可查照办理，随时核顺。法令，其文也；得人，其实也。各该州县当留心密访，毋任龁龅。其在城厢人稠之地，或久行堂养未易，遽议更张。其各乡及向未堂养之州县，此次毋庸议设。俟助养行过一二年，如果实有不便，再行禀请核夺可也。

1892.11.8

婴孩殡园章程

　　江南苏州府长洲县正堂沈、元和县正堂李、吴县正堂凌，为给示晓谕事。光绪十八年四月二十五日，奉府宪札，据绅董宋俊、王伟桢、吴韶生、顾镛、徐俊元、王永坊、孙传鸁、陆嘉钊、戴荣、孙铸、吴中行呈称：窃查苏地义冢一事，虽有各善堂经办，而殇孩素无掩埋之地，且吴中习俗，富贵之家惑于风水，小孩不附祖茔；中下之户则或用布裹或用蒲包，每用空地浮厝，数日之间即已暴露，残骸余胔，见之可惨。绅董等伏查，金陵同善堂自光绪二年禀请创办代葬婴孩【见 1876 年 12 月 14 日"葬幼殇骸骨说"】，至今已葬一万五千八百余口之多，诚创兴历来未有之善举也。绅等异地同心、先行集赀仿办，首倡解囊购地筑围，创办代葬婴孩。凡送到病故殇孩，收填回票、编号立簿、送冢掩埋，不取丧家分文。惟苏城人烟稠密，恐设局一处未能周知，兼虑东西远隔，势必顾此失彼。绅等公同会议，东城拟请娄门内昌善局代办，西城拟请阊门外永善局代办。既免遗漏，且该两局绅董皆愿自备资斧，办公不支薪饭，夫马又节经费。惟现在购地、筑围、造屋、延司、雇工，在在需款甚巨。先由绅等筹款，分解昌善、永善两局经收，先行试办。按年由两局将收入、各捐、支销等项，并葬婴孩口数，汇列清册呈核，并分送各捐户以昭信实。谨呈所拟"代葬婴孩殡园章程"十四条。其金陵同善堂创办以来确有实效，兹将该堂章程及历年葬数清册一并抄呈，叩求给示、勒石，并饬长、元、吴三县一体抄折晓谕，俾众咸知，以资激劝等情到府。除由府给示勒石，遵守饬即，一体示谕等因，并奉府宪转奉布政使邓札同前由。又先据宋绅俊等拟呈章程、请会衔给示、并求谕饬各保留心查察等情前来，查仿办代葬婴孩殡园，洵为善举，所拟章程亦甚妥洽，当经批示在案。奉札前因，除传谕苏城内外、各地保随时留心查办外，合行抄章给示晓谕。为此，示仰军民诸色人等知悉。

　　现在宋绅汇议集资、创办婴孩殡园，分设东西两局，商请昌善、永善两局代办，并购隙地、培土围筑，以备掩埋。尔等如有夭殇婴孩，随时分送堂局，埋葬、立石、标记，不得仍前浮厝任其暴露。所需经费悉由绅董筹募，不取殇家分文。以前抛弃及暴露孩尸，现由司事督同土工收拾埋葬。每逢春秋扫墓之际，殇家焚化纸钱，亦由局指引葬所，不准土工需索酒钱。事属善举，倘有地匪脚夫把持，藉端阻扰滋事，一经察出或堂董指名具禀，定即提案究惩。地保徇隐并惩不贷。其各凛遵无违，特示。光绪十八年月日。计抄章程。

婴孩殡园代葬章程：

（一）创办代葬病殇婴孩，仿照金陵同善堂章程。凡城厢内外有病殇婴孩送局代葬者，不取分文，并选派老成司事问明来人住址、姓名，随时登明联薄。当给来人收据联票一纸，其存根联票留局报销、备查。（二）省城地方辽阔、烟户稠密，开办代葬婴孩，如设局一处，恐未周知，兼虑送殇孩到局路远，势必顾此失彼。今于西城则请阊门外永善局代办，东城则请娄门内昌善局代办。既节经费，又无遗漏。（三）开办代葬婴孩义冢，宜择就近空地为先，今就阊门永善局之傍，用价三百二十元购得赵诒德之地，坐落元邑九都四图官则田三十一亩五分九厘四毫，其推票、绝契、谕单、田单、担代等十二张交明永善局收执。又在娄门昌善局之对面用价二百元购得赵瑶草之地，坐落元邑半十九都正三图正字圩官则田十九亩五分三厘八毫，其推票、绝契、田单等共八张交明昌善局收执。平土筑围，先行开办。（四）每局需选老成司事二人，专办代葬殇孩一事，随时轮流，督率土工到冢眼同入土，次序标号、立石掩埋，并料理局事，填票登簿以专责成。（五）每局需雇土工二名，每名轮流，按时挑送冢地掩埋，坑深三尺、堆高一尺五寸，闲时先期开坑、修补旧冢，不得懒惰偷安，并在局洒扫及照料送到之殇孩，不得藉事延迟。如有旷歇，照扣工价。倘敢嗜酒、洋烟、赌博、争闹等情，即行禀责、以肃局规。（六）购买空地之处，需造平屋数间，一为司事土工办公住宿之处，一需另铺泥土房屋一间，夏间透风、冬间关闭，只透阳光，以作收存殇孩之处。司事眼同照料停放半日，再行装匣埋葬。（七）埋葬殇孩，每日清晨一次，午后一次，不得随到随葬。缘送到殇孩，大都无木匣，只用衣布包裹居多。如遇夏间中暑及痧闭痘殇、冬令有寒闭等殇，使其停放半日，冀得土气。万一有回阳之事，即着司事土工认真灌救，果得转生，即知照殇孩之家，随时领回。其司事土工由本局董分别酬赏。（八）送殇孩有无木匣，填票注明。如无木匣本局代给木匣一具，装好埋葬，不取殇孩之家分文。（九）专办代葬婴孩，原指病殇小孩，无论贵贱之家及本籍客居人等，送到者一律代葬。如有成丁大口男女之棺柩，则另有各善堂义冢埋葬，不在此例。本局只葬小口木匣。凡装棺者一概不能代葬，以清界限。（十）富贵之家如有病殇婴孩，因惑风水既不便埋葬祖坟，如送局代葬，似嫌义冢名目。今公同酌议，更名代葬婴孩"殡园"以美其名而广赏效。如任意仍在城中空地草草掩埋，设有伤残孩尸者，则系自惧。（十一）婴孩埋葬殡圜每逢春秋扫墓之际，如有婴家来焚化纸钱等事，即着土工随时指引葬所，不准需索婴家酒钱。平时禁止闲杂人等入殡园闲游、作践，以昭郑重。（十二）开办之初，需查察城厢内外空地，如有以前抛弃及暴露之孩尸，由司事督同土工先行收拾埋葬殡园，禀请府宪邑尊给示晓谕、发各图实贴，使家喻户晓。如有不法匪徒藉端滋事、阻扰，立即鸣保解县禀究，并谕保知悉。如开办后仍有抛弃暴露等事，由各图地保送局，随时给木匣掩埋，以免婴孩向隅。（十三）现在创办之始，购地、筑围、造屋、延司、雇工，在在需款甚巨。绅董局董概不支薪，自备资斧办公，先自解囊创捐，嗣后推广日久，经费更巨。须竭力广为筹募、设法接济，以保善举而垂久远。（十四）现在先行照章试办，倘嗣后有不便之处，自当随时变通，力求妥善。年终由永善、昌善两局汇造报销禀报，并刊征信录，分送各捐户以昭信实。理合声明，右告示章程系禀奉各大宪批准，创办婴孩殡园代葬病故幼孩，并蒙督院抚院宪通饬各属仿照办理。现在苏城娄门昌善局、阊门永善局，业已开办，已代葬数十口。因恐未及周知，特登报章以广传闻。

【同期报纸有另两则善举，录此作为参考—编者注】

雅兴助赈

抱月山人周君永纲，擅琵琶，为大江南北之冠。而得其传者则甚寥寥，盖周君以廉洁自持从未肯自鬻其技，有愿学者亦从未收取赞仪。学者或不自安，不敢多渎，以致衣钵无传人，近来则同调愈少。余因劝其以技传人，而收其资以助赈，小套一曲收洋两元。周君曰如此亦佳，但来学者不须以赞来，可令其以洋交申报馆恊赈所而持捐票以为赞是，则取不伤廉，而两全其美。余嘉其意，因乐得而书之。周君寓会香里第四弄琵琶局。高昌寒食生识。

万善同登：上海泰安里同仁永善堂司董谨志

敬启者。秋末冬初，风凄露冷。凡兹贫病群黎又值饥寒交迫，盖开诊给药已蒙集腋成裘，而粥糁棉衣尤赖聚沙成塔。敝堂素无恒产经费，支绌全仗各大善士慷慨输助接济贫民。乃蒙杭省楼寿康善士十元、常州叶光臣十元，宁波鼎崇兴洪募助廿元、震泽谈恂如十元，马立师账房交来南京清晏堂五元，杭州毛子舟代募诒经堂、郑秀芝堂、应启源庄三户各十元，如皋郭星楼代募无名氏二元、成泰号义泰德二户各一元、无名氏三户各一元、嘉善丝业公所五元、常熟盛翰屏二元、滁州汪锡祺一元、如皋徐石麟一元、江西三瑞堂二元、碛石永聚丝行三元、本埠三槐堂王铜洋四元、闵石山人敦义堂席二户各

二元、不留名一元、润昌号一元，共洋一百十二元、铜洋四元，常掣收条请
登报纸以鸣谢惘。

1893.3.3

育婴加费

育婴堂之设，原所以保全婴孩。安庆本有育婴堂，所收婴孩交贫家妇女
抱养，不下数百人。每月给钱六百文，以为养育之资。初二、十六两期，令
诸妇女抱孩赴堂具领此项钱文。近来，教堂中广收婴孩令妇女养育，给赀甚
厚，诸妇女但知图利，遂舍此而适彼堂中，几致无人养育。经管堂司事沥情
禀县，已蒙批准变通办理。嗣后妇女抱养婴孩，每名加钱二百文，以示体恤。

1893.3.9

论皖省育婴加费事

圣人言"少者，怀之"，又曰"幼吾幼以及人之幼"。康诰以如保赤子为
喻，凡言慈幼之道。今天下之有育婴堂，正是体圣人慈幼之道而力行之者也。
顾育婴之堂，各处皆有，而其规模、章程则十九不同。昨见安庆友人邮示，
谓安庆省城本有堂所收婴孩交贫家妇女抱养……【此处略，详见上条"育婴
加费"】……以示体恤。似此办理，在官则以为体恤周至矣，而其实则犹不足
以罗致诸妇女也。夫法无百年而不变，一成之法，积久不变则必有窒碍难行
之处；然变本而加厉焉，则又无殊于王安石之新法。中国各处，无论省会之
所与夫郡县之地，往往皆有育婴堂。北省吾不知，南中各省则有育婴之堂者，
且一邑之中不止一处。有官办者，有善堂自办者。大都善堂自办者，较之官
办稍为实在。而司董等或不得其人，则亦有名而无实。每月定期验视孩之肥
瘠，给发乳媪工资，此法大抵皆同。而验视之时，验视之人犹不免上下其手、
肥瘠频倒、赏罚混淆，此犹弊之小焉者也。甚有无孩而报为有孩以冒领工资
者，而董事司事乃因此得以染指于鼎。名为育婴，实则以育司董诸人而已。
又有雇妇女在堂中乳哺者，此其弊更不可问。婴孩之生死未可必，而妇女之
名节反多丧。吾尝谓多养一孩即多失一节，此言虽不免过于愤激，然实有此
事，非妄言也。似此，育婴之堂其有也，不如其无也。自去年闹教事起，匪
徒往往借口于教堂之抚养小孩，妄加诽谤。中朝闻之，以为此必我华人有婴
而不能自育，故西人得以越俎而代，转使匪人得引以为口实。倘我华人皆能

自养其孩，则西人虽有善心，亦无所用。中国之孩中国人自养之，则从此可以少许多唇舌。此固务本之道，且因此而可以多拯无数小孩。所谓仁人之言其利溥者，非耶？顾因此而广劝捐资、重新创办，则似乎屋上架屋。何则一邑之中本有善堂以育养婴孩，约计每一善堂所收养之孩多不过百数十人，少不过十数人。夫此等婴孩必其生焉者弃而弗育，乃送之善堂。则一邑之人，即使人烟稠密，究亦能有几何？各善堂倘能认真办理，绰乎有余。今闻有一邑之中劝集捐资至万余金者，按业科派、逐行收募，出捐者未免怨咨，而每年收捐至万余金，则当育小孩几许？若照安庆每人每月六百文之数，则每孩所费不过每年十金，万金即可以育千孩。一邑之中何来此许多弃孩，而费如许巨款以育之？且各善堂之收养者，又未见其因有官办之育婴堂而自辍其业，将堂中之孩悉数送交于官也。夫办婴堂之法，各处虽曰不同，要不外乎量入以为出。一年之中收孩几何，需费几何，若所入而浮于所出者数倍、数十倍，则其中之思染指者，必不乏人。而所谓善举者，必反置之脑后矣。窃以为，此事由官办不如由绅办。官办官则无暇兼顾，势必假手于他人；绅办则绅董尚可以躬亲其事，但不使劣绅与乎其间，尚不至弊端百出。且安庆此次办法颇善，不事更张，但于前此所雇诸妇女加以工资，即足以收拾人心。第每名每月仅加二百文，则尚从其俭意者。安省局面不大，故若是耳。若于所集捐款既多之后，假如有万金之捐贴入善堂，使得于寻常工资之外每月多得一金，则堂中乳孩诸妇女前此招之不来者，今且挥之不去矣。匪徒之以此为词，原不过聊以借口；此事无可借口，则必又将别出心裁，原不能悉为之备。惟育婴一事，本属先王慈幼之德，因此而大加整顿，亦是良法。而余之为此论也，则又恐事虚名而不求实济者，不免务广而荒焉。复有感于安庆育婴加费一事，于是乎书。

1893.8.17

光绪十九年六月二十八日京报全录，宫门抄。

刚毅片。再粤东各属从前间有溺女之风，曾经历任督抚臣通饬州县举办育婴堂、收养孤贫幼孩，溺女之风渐息。嗣因阳江等处婴堂经费不敷，日形废弛。兹有阳江厅属在籍户部郎中梁庭楷禀称，伊母二品命妇项氏，遵伊故父二品封职梁光家遗命，愿将积俭余资一千两捐助婴堂，发商生息以供常年经费。核其所捐银数与建坊之例相符等情，由厅详经藩司转详，请奏前来。臣伏查定例：士民人等或养恤孤贫、或捐修分所、实于地方有裨益者，捐银至一千两以上，请旨建坊、给予"乐善好施"字样等语。今阳江厅在籍户部郎中梁庭楷之母二品命妇项氏捐助婴堂经费银一千两，核与建坊定例相符，相应请旨，俯准将户部郎中梁庭楷之母项氏在于原籍地方自行建坊，给予"乐善好施"字样以昭激劝，会同两广总督臣李瀚章合词附片具奏，伏乞圣鉴训示，谨奏。奉朱批："着照所请礼部，知道，钦此。"

1894.1.11
分条示禁

新任宁波府钱甘卿太守，牌示前已录报，兹将开禁十款列后【十款禁令同 1885.4.18，此略】。以上十款皆严禁不贷，如有犯者定即拿究，想宁郡风气或自此而丕变欤。

1894.1.12
少者怀之

厦门访事人云：湄洲僻在兴化，海外孤悬，贫民生有女孩往往立时溺毙。兹有善绅周君及某茂才、某孝廉，因前在厦门育婴堂办事，深知堂中经费月有赢余，而湄洲未设分堂，每年孩命被戕不可以数计。特联名赴督辕及厦门道署呈递禀词，请分设一堂收育婴孩，以挽浇风而救孩命。所有禀稿照录左方【下方】具禀。

闽县学生员周熙光为无尽生灵乞恩拯救、赐准迅饬分堂育婴、以厚人心而培元气事。窃溺女一节，例禁綦严，此皆各大宪民瘼关怀，无远弗届。法甚良，意亦至美矣。讵湄洲一带尚炽此风。该地浮岛孤悬，四面滨海，别无攸赖，捕鱼资生。周围九十余乡，动以食指浩繁为虑，是故民间凡遇生女，非绵塞其口，即索勒其喉，甚至身席卷而倒悬脑，石击而使碎，种种惨酷，诚有目不忍睹、耳不忍闻。如是者，年以数百计。夫父子主恩，谁无天性？乃为境所迫，竟至不置之死地而不能。虽莆仙二县亦有设堂，奈相去甚远，既无陆路可通，而抱送雇舟又非一二日不能至。倘遇飓风淫雨，更有难言。投堂固艰，抚养又苦不易，且惟恐既毙、复胎仍重其累，必思有以惧之，冀不再投此，故杀之毒，所以愈出愈烈也。光尝经其地，心窃伤之。昔范文正公以天下为己任，亦谓权虽未属，不可不有其心。光固难及古人之万一，然知而不言，其如有负仁宪父母斯民之至意何。是以不揣冒昧，蠡见妄陈。窃思欲使其弊之尽除，计惟就近收养而后可。夫收养则必设堂，设堂则宜筹款，当此财源支绌、措置殊难，而尚有可以措置者？伏思同安、灌口、金门等处，或局堂皆由厦门育婴总堂所分而设，惟湄洲独抱向隅，岂其中有幸、有不幸？抑该地所需较巨，而力或有所未能耶？是必不然。盖湄洲土瘠民贫，诸费尽可从省。就使设堂，每年不过三四百千之耗，且养其女并能兼雇其母，母子均有所利赖，一举两得，全活无穷。由是以推，即谓数百万之生灵起死回生，皆从此始，亦无不可。以厦门育婴堂所收租款利息，每年不下五千千。减太仓之一粟，援涸水之群生，费少功多，度亦董育婴之事而实心为善者，不得辞其责而乐而优为之，向特未留意及此耳。至于如何分堂、如何收养，仍由厦门局董事自行筹办，光并未敢与闻。惟是此举，非出宪恩迅为详请饬设，生命终无由苏。除禀恳督宪外，沥乞大人俯赐矜全，准如所请，开逾格之鸿、施救垂危之蚁命，万家生佛顶祝不忘矣。切禀。

以上系禀稿中语，惟访事人既云某孝廉、某茂才联名具禀，何以禀中但列周熙光名；且周既系生员，何以禀中但光而不称生，此中曲折情形，非执笔者所能洞悉也。

1894.1.16

上海六马路仁济善堂筹赈公所施少钦经收山东顺直赈捐，九月廿五至十月初八日清单：福州述善社【见 218 页图，其所建义权屋及婴儿塔】经募洋合申规银三百六十二附五钱，秋舫氏二百两，思补堂沪南下士各……【后续略】。共收洋三千九百九十九元三角、规元八百二十四两、半纹银一百十两一钱七分、铜洋六十一元钱十六千二百二十文、棉衣五副。【可见当时货币单位多样】

1894.12.25

保赤

敬启者。敝邑地瘠民贫，叠被水灾。溺婴之风日炽，承苏沪诸大善长于赈恤之外解囊捐助，得以创设保婴。自丙戌年起刊刻征信谅诸公鉴。迩来保婴兼办留婴，每年入费不敷者常有。兹蒙施子英善士拨助洋一千元、张雪堂善士助洋五十元又经募洋五十元、规元五十两……【详略】……庆裕堂各洋两元，先后祗领，感佩同深。苏文忠云每岁多活得百十小儿，亦一乐事。则诸大善长之乐更可想已。谨乞登报章以志盛德。高淳保婴总局董事吴寿恭等谨启。

1895.2.5
花潭月影

江右各属溺女之风甚炙。贫者只育一二女，富者只育二三女。若育至六七女，则群以赔钱货目之。于是地方几无不溺女之家，无不溺女之人，惨毒万端，几不忍道。所望贤长官力除积习，悯女婴之灾难，痛末俗之浇漓，苦口谆谆广为劝导，使恶习可以稍挽，其功德岂有涯哉。

1895.8.3
论开民之智（续前稿）

又溺女之风亦维乡村为最甚，虽经官府出示谕禁而此风终不能绝。因此农家生儿长大之后，娶妇最难，因女少而男多也。夫天地生人男女之数大概相等，今因女孩遭此恶劫，又或有掠卖等事，以致不敷婚配。男人之未成家室者，往往为游惰之民，而轻去其乡。其无恒心与无产者，同也。推原其故，端由于人心风俗之害，而溺女之家实为罪魁而祸首。其不智孰甚焉。

1895.10.31
黄堂条教

宁波访事人云：新任宁波府程稻村太守，下车伊始循例出示，黏贴通衢【十款禁令同 1885.4.18 及 1894.1.11，此略】。

1896.2.2
光绪二十一年十二月初二日京报全录·官门抄

陈宝箴片。再臣查接管卷内，据长沙县知县沈赞扬详称：案查光绪十四年奉前抚臣王文韶札准户部咨奏覆升任闽浙总督湖南巡抚卞宝第，奏长沙县候选通政司经历常璋等捐田育婴请给职衔顶戴附片一件，光绪十四年七月十四日奉朱批户部核议具奏钦此，查原奏内称"湖南向有溺女恶习，近年举办育婴集资收养，各属绅民有倡捐巨款者，均经臣奏请分别旌奖在案。兹查有长沙县候选通政司经历常璋将伊父遗之沅江县明朗垸田地草场共三千五百二十五亩八分价值钱一万六千八百余千，监生常恩锡将伊父遗之中兴走马两垸田地草场共三千五百一十三亩三分价值钱一万六千七百余串，均捐归省城育婴堂，收租纳课以助经费。经臣札饬堂委员候补同知谢桢前往验收田亩价值均与契载相符，除将印契存案外，臣查候选通政司经历常璋、监生常恩锡捐田育婴契价合银均逾万两，洵属乐善可风。仰恳天恩饬部议叙给奖职衔顶戴，以昭激劝"等语，臣等覆查各省官绅捐输银两，向由臣部按照常例核奖虚衔、封典历经办理在案。今据卞宝第奏称长沙县候选通政司经历常璋、监生常恩锡等捐田育婴契价合银均逾万两，拟请奖给职衔顶戴前来。臣等查该员等所捐田地草场仅据声明价值钱文约计合银数目，究竟应合银两若干并未详细声叙。臣部碍难照章核奖，应请饬下湖南巡抚转饬查明该员等捐田价值钱文合银细数，照常例十成银数请奖虚衔、封典，抑或移奖子弟造册咨部俟请奖，到日再由臣部核办。于光绪十四年九月初一日具奏。本日奉旨依议。钦此。

　　咨行到湘，行知在案。兹据副贡龙吴杞等禀称，同里常璋兄弟经年外出，尚未禀覆。现璋由粤西回南，言及始悉前情。璋已于前年遵海防新例，由通政司经历捐升，不论双单月知府，分发广西试用，引见到省。而恩锡近又云亡，幸有子国勋、克继、先志金称，以事属善施，何敢仰邀荣宠？职等属在乡族因所施巨款，近因育婴大有裨益，不妨听其湮没。且既奉饬查、自应遵谕。各按契载价钱分别扣银以期核实，查璋所捐明朗垸契载制钱一万六千八百一十八串，照湘省市价每串合库平银七钱共成足色实银一万一千七百七十二两六钱。已故恩锡所捐中兴走马两垸契载制钱一万六千七百一十八串，照湘省市价每串合库平银七钱共成足色实银一万一千七百零二两六钱。理合出具甘结，禀恳加结造册转详，奏请将常璋以捐升知府请奖，恩锡现已身故，恳请移奖伊子国勋等情，理合加具印结造册，详请具奏等情前来。适值前抚臣吴大澄交卸，未及核办，移交到臣。复核无异，相应吁恳天恩饬部将常璋以捐升知府议奖，恩锡身故以伊子国勋移奖，分别给与职衔顶戴以昭激劝。除将册结送部外，理合附片具陈，伏乞圣鉴训示。谨奏。奉朱批："户部议奏。钦此。"

1896.3.10

戒溺女说

　　易有之曰："乾道成男，坤道成女。男女并育，万物化生。"诚以世无男不能成干道，而世无女亦不能成坤道耳。然则男固有赖夫女，女即无殊夫男矣。而奈之何有生女而溺之者，是诚何心哉？夫虎狼异姓而偶食其子，人犹恶之。鸡鹜无知而误伤其卵，人犹惜之，而况于人乎？人生不幸而作女子身，而复使之横以死，忍心害理，莫此为甚。杀子孙者，律有明条。溺女者，非自杀其子孙乎？此事纵行之暗室，无有知者，不知纵可逃阳世之刑，必难免阴曹之谴？何世人竟不一计及此耶？推原其故，或者为贫所累，既无乳哺又难衣食，并虑后日梳头裹足、种种累人，择婿赔奁、事事费力，不如溺于既生之初较为省事。不知费母之心力，不过数年，而将来助母之经营，亦足以相抵。至于择婿，则惟门户之是对，赔奁则当称家之有无。况裙布钗荆，古人传为佳话，凡事皆有命在，何必过存远虑哉？即或赤贫，实难抚养，则育婴、养育诸善堂，各处林立；无论男女，皆可育养。呱呱弱息，而必先绝其生路，不几犬豕之不如，较豺狼为更甚哉。或又因生女过多尚无子息，厌而溺之者，此则更无情理矣。子女为命中所定，且积德之人，天断不绝其嗣续，惟在迟早间耳。生女生男为阴阳自然之理，岂生女多者终不能有子耶？岂溺其女而子遂可生耶？天下固有终身有女而无子者，断无溺女而可再能生子者。绝人之生，天亦绝其生，亦自然之理也。往往愚人梦梦，愈不生男，愈欲溺女；溺女愈多，生女愈众。溺不胜溺，不得不留一二。或有败坏门风而悔不尽溺之者，不知女之过，实溺者之报也。即或生子或撄残疾或致倾家，亦非于之过，实溺女者之报也。或有溺女之后，不特终身无子，并且终身无女，垂老疾病扶掖无人，始悔向者之女倘不溺死，尚可解忧，亦已晚矣。古人虽云"生女不生男，缓急无所恃"，然亦不能一言以蔽。世尝有以婿作子者，以外孙而养外祖父母者，以甥而养其舅者，此皆未溺其女而能得力于其女者也。夫古之得力于女者多矣。曹娥之入水救父，至今犹绵血食；木兰之代父从军，至今共慕英名。世欲冀有此等之女而不易得，忍言溺耶。他若缇萦之救父、卢氏之卫姑、韩女之投冀、李氏之断臂，贞孝节烈，可以光大门闾、可以显扬父母、可以流芳百世，可以挽回风化，不特增巾帼之光，并可使须眉减色。使生而溺之，何以有如是之报施也哉？溺女者，其亦一计之耶。试问人身何来耶？无不曰母所生也。则知今日生子之母，即当年未溺之女也。人之妇何来耶？他人未溺之女也。人之子孙何来耶？他人未溺之女所生也。使他人而溺其女，则己何以有妇、何以有子孙？则知己溺其女不已，绝人之婚姻而且绝人之子孙乎？中国重男轻女自古皆然。弄瓦弄璋，诗人发为歌咏，亦不免涉于偏私，后世习惯自然。往往人家生女，产母不欢，翁姑无色，于是生女多者致萌险毒之念，未始非重男轻女之见，有以开其渐也。欧西男女并重，所以人才较多于中国。苟能仿而行之，将见中国之妇女皆为有用之人，而不至为人所轻弃。人能以妇女为有用人，自不嫌生女矣。不嫌生女，则溺之风可不戒而自戒、不绝而自绝矣。此正本清源之法也。然则欲使人不轻视妇女，俾妇女皆为有用之人，则奈何曰"必使之读书识字而不裹足，则自然有用矣"。现在溺女者虽不概见，而此风终不能绝，并见妇女之苦，有口不能尽言、而笔不能尽达者，偶有所触，纵论及之。但望世之生女者，勿以女而轻之，且勿以女而忽之也。亦岂徒不溺其女，而为己足尽爱女之心哉。

1896.9.17
鹿城秋月

温郡育婴堂向有接婴局，分设西柟、两溪，以杜溺女之弊。每一女婴接送到堂，给发青蚨一千文。嗣因经费支绌，此事久废。现有夏茂才之时愿倡捐百元，禀请复设接婴。已由舒太尊批准举办。闻袁恭军亦拟捐廉伙助云。

1896.10.28
心诚保赤

江西采访友人云：迩者溺女之风日炽一日。虽有育婴堂为之抚养，而愚民狃于俗见，不肯送往堂中。甚至富贵之家既得一二女孩，其余亦多溺毙。贫贱者更不问可知已。南昌府江切吾太守下车伊始，目击浇风心甚伤之，亟欲挽回补救。因督同南昌县文芝坞、新建县孟紫卿两明府，分别出示劝办六文育婴之举，以挽恶习而拯孩命。言取通俗，人所易知，其文曰：

存孤养幼，事载礼经。殀夭杀胎，物犹有禁。可见别人的孤幼都要存养，万物的夭胎亦不准殀杀，岂有自己所生女孩反可戕害的情理？本府县下车以来，访闻南新地方风俗，均尚敦庞。惟溺女一事，迄未禁绝。省会虽设有育婴局，而穷乡僻壤距城稍远者，往往仍有溺毙情事。忍心害理，莫此为甚。细想其故，并非为父母的都不慈爱，一因家道贫寒，多一女孩穿衣吃饭，要花许多银钱、费许多气力，养到十六七岁嫁到人家，便是人家的人，只与人家亲热，大为不值。一因望男心切，将女溺死，无人吃乳可以早些受孕。一因赔嫁妆奁，家家热闹，生女既多，若少赔便觉脸上无光，多赔又觉力量不及，因此数事不若将女溺死，以免受累。岂知家道虽贫，乳哺并不必花钱，去买旧衣破衫改给小孩穿着，断不说父母薄待。若说他终是人家的人，何不小时便给人家领去作童养媳妇或作养女，也算放他一条生路。若说无人吃乳可以早些受胎，从来多生好儿子的必是行善的人，所以祈求子嗣必须多积阴德，还要买物放生，万无害死亲生女儿以求子嗣，神明还肯保佑他得子的道理。纵或生子，必是被溺的女孩前来投胎以图报复，长大多成败类。至于妆奁，尽可量力赔送，何分多少？况习尚奢华、久干列禁，本不许夸多斗富。

无如积习已深，愚民不知悔悟。本府县为民父母，若不速为劝诫，何以重婴命而拘浇风？合行剀切晓谕。为此，示仰阖属军民人等知悉。尔等须知本府县爱民若子，凡部民所生子女，即同本府县自己子女一样，不忍不加意爱惜。闻有被残害者，必力为保护。尔等既是亲生父母，何以反忍下此毒手？即如尔等小时，父母如何爱惜；若父母无故责打，便说父母不慈。今自己一做父母，便忍将亲生女孩溺死，反心自问，能勿愧悔？况十月怀胎，受尽辛苦；一朝临产，受尽艰难。女孩投生亦非自己情愿，何忍硬着心肠将他溺死？又况自己本身与自己之母小时亦是女孩，若彼时也被溺死，岂复尚有今日？若谓女孩应该溺死，人人如此数十年后，岂不断绝人类？且故杀子孙，律有明条。溺女者，情无二致，罪即从同。或谓此种恶习，多由妇人，殊不知妇人有犯，罪坐夫男？为丈夫者，自应平日曲为劝导，临时力行禁阻，何得坐视不顾、任令妄为？

自此次劝谕之后，务须各发慈心，痛改恶习。倘敢怙恶不悛，仍前故犯，定即查拿究办，决不宽恕。其民间婚嫁，亦必力从节俭，不得徒事奢华，致受养女之累。至地方绅耆，皆系明理之人，现在虽未出仕，而民胞物与，亦是分内之事，更宜仰体本府县苦衷，随时开导，力为拯救。庶几正本清源，浇风可挽。本府县为怜悯婴孩起见，不惮舌敝唇焦，长言劝诫，总期夫诫其妻，父训其女，兄弟劝其姊妹，务使咸知悔悟，将残忍恶习化为一片慈祥，必能多福多寿多男，子孙昌达。尤望好善绅耆或一都或一图或数村，各就地之所宜，邀集同志举行六文育婴善举，妥议章程，禀请府县核明办理，俾垂毙婴孩获登仁寿，则风俗仁厚无非为绅耆乐善之功也。本府县有厚望焉。共体苦心、毋违特示。光绪二十二年九月【纵观本书，本节确实为第一篇较多使用白话文的告示】。

1897.1.16

汉江鱼素

溺婴之风，陂邑为盛。自城中创设育婴局后，此风顿息。讵料弊随法生，有私将局中寄养婴孩鬻之外来拐户之事。刻被某姓告发，证以实据，署任傅明府光弼勃然震怒，饬将为恶者到案，责掌数百下，另选公正廉明之人承办其事。

1897.2.27

西江春鲤云

江右各属有私宰、溺女恶习。地方官宪非不高悬厉禁，甚或设会放生，设堂育婴，无如人心日薄，风俗日漓，禁者自禁，犯者自犯。藩宪翁小山方伯查悉情形，重申禁令，札发各属，大张示谕，曰：

"为严申禁令事。照得耕牛用代人工，太牢特重祀典；女婴同系性命，故溺尤伤天和。乃本司访闻城乡，各屠户往往任意私宰，而各贫户重男轻女尤多浸溺。习为故常，莫知儆惧。查私宰耕牛、故杀子女律，有治罪明文。试思屠户买牛开剥获利无多，未必甘罹禁令，惟收取贼赃，则其利数倍。乡民案设牛栏，每在空闲之地，无人看管，牵之即行，迨一经宰剥，皮肉模糊，失主无从认识，捕役莫可究追，是私宰之场更为盗贼销赃之薮。小民稼穑艰难，何能堪此？至于溺女恶习，乡里尤甚。城市贫户产女大率送育婴局中，乡里则距城既远，抱送维艰，每以祸水一盆溺之使毙。不知男女虽殊，性命则一，害理忍心，实堪痛恨。均应严明禁究，以示惩警，而挽浇漓。为此，示仰合省各色人等知悉。嗣后，凡系病毙之牛，止准于城门口出卖，报由本县谕定每斤售钱若干，如有他处售卖及多索价值者，即系私宰，许地方人等送县究治。民间产女，有敢浸溺者，罪坐夫男，照律分别拟以流徒。倘邻右知情，朦隐不即举发，查出同惩。并仰各绅富劝募上中各户兴办六文会。大村则一村设立一会，小村则合数村共立一会，收育极贫之户无力抚养各女婴，公举村中诚信好善者总司其事。果能拯救多命，由地方官奖给匾额以示鼓励。务使境无私宰，庶宵小无所施其伎俩而攘窃潜消；民无溺女，庶婴命咸得幸夫保全而祥和默召。其各懔遵，毋违特示。【本文将私宰耕牛与溺女相提并论，也可见当时对溺婴的态度】

1898.3.3

声明赈册

申报馆主人谨启。本邑英界六马路仁济善堂，创设至今历十余载，孳孳为善，遐迩同钦。每届新春，例以捐册附入本馆报章，匄【同"丐"】诸大善士曩力佽助。兹已印成劝助育婴经费册，于昨日随报分送同人。册中精绘救婴获福、溺婴罹罚诸图，细笔钩描，神情毕肖，如有漏未送到者，请向派报人索取可也。肃此布陈，伏维德鉴。

1898.3.23

上海六马路仁济育婴堂经收溺婴果报册，二月初六至十五止清单。宝森规元一佰两，怡顺昌二十九户洋拾九元三角，震泰丝栈十八户洋十五元……吴剑生洋五角，常熟范佑记铜洋一元，镇恶氏洋二角。以上共收规元一佰两、英洋二佰拾六元、铜洋一元。

【之后还有多次多批清单公告，本书一并略】

1898.12.22

阅本报纪贵阳教案及游员遇祸二节感而书此

今天下士抵掌而谈，辄谓办理中外交涉之事为最难。诚以中外之情虽通而未尽通，中外之见虽合而未尽合。未尽通、未尽合，而遂不能无龃龉之事；一有龃龉，小则颊口舌文牍之争，大则贻祸结兵连之患。自各口通商以来，交涉虽多，而尚不至十分决裂者。中国自知兵力之不敌，事事迁就、处处防微。西人既无隙之可乘、无端之可借，亦遂欲发而不遽发。彼此得以相安，在不知者以为示人以弱，愤懑不平。殊不知人贵知机断，不能逞血气之勇，存彼此之见也。默溯数年来中外起衅之端，必由于教案。大概闹教之事，由于中国乱民不知利害，煽惑乡愚，以致酿成事端，为地方之害、贻官长之忧，耗帑项之赔偿、劳朝廷之宵旰。虽朝廷屡降谕旨，饬地方官实力保护，地方官恐愚民之或向滋扰，时时尽力提防，乃历年来终不能免此者，殊为时事之隐忧，交涉之要务。天津教案溃败决裂之后，朝野上下咸有戒心。乃前年又有山东之海丰县、江苏之泰州、福建之古田，去年又有江西之南昌等县，因闹教之事赔累万千。文牍往还、唇焦舌敝。祸及官长、害连绅士，然尚不过赔偿之累，不至有攘地兴兵之祸也。至十月间，山东巨野县歹人戕杀德国教士二人，德廷闻之即遣战舰驶赴胶州湾，占踞口岸，夺取炮台，几成祸变。

朝廷体恤民命，俯顺要求，于是中国之势愈形其弱，而外邦之势愈见其强。在德国，因藉教案而占我土地；而别国之效尤者，不因教案，亦以德国为口实，咸思染指。然则中国之于教案，当如何防微杜渐，俾不致再起风波。中外相安之局，虽不尽系乎此要，亦未始不系乎此也。乃阅日昨本报纪贵阳教案及游员遇祸二节，不禁为之隐忧。重庆访事友人来函云，前法国武弁负贞君、文员宝宁君，带有越南兵十七名赴云南游历。在雅州启行者，与民团斗殴以致受伤，而尚无性命之忧【本报 22 日报道云：有二三人受伤极重蔡通事亦频于危，经人昇于打箭炉就医，闻尚难保无性命之忧】；其赴昭通者，与土夫买物龃龉、以致罢市，幸县主排解得免，此事想可弥缝。若贵阳之事，则至今未了，恐不止口舌之争矣。又重庆访事人云，贵州贵阳府清平县境有地名螃蟹者，向由英国传教士建设教堂，宣讲福音，劝人信奉。本年八月某日，知县刘大令偕武弁刘某因公赴是处，随行兵丁差役忽与驻堂教士明鉴光为难。明惧，急偕华教民潘姓并仆从挑夫数人逃逸，见有三人尾随其后。至重安江距清平县城约五十里许，三人忽持刀将明暨潘姓杀毙，挑夫、仆从由小路逃回贵阳。现闻此案已由英钦使与总署商办。夫从前闹教之起，皆由乱民煽惑事起，仓卒官长不及弥缝，犹可说也。若兵丁差役听命于官，为官之耳目，有保护之责，苟有乱民肇事，亦须兵丁差役为之排难解纷，庶得化大事为小事、小事为无事。乃亦不知轻重若此，殊堪痛恨。且既随官长出行，非在衙署可比，耳目较近，约束较易，官长何以不闻不见，而任其狂悖若此？无论兵丁差役肇事，官长咎有难辞。即在其境内出有事端，亦无不责成官长。此次随行在外，无论其知与不知，恐终难逃纵差为匪之罪。然一官之黜陟，本无足重轻；差役兵丁之惩办，更罪有应得。所虑者，西人或别生枝节，藉此要挟政府，其何以应耶？中外交涉，变故日多。一波初平、一波又起，杞人之忧，殊无已时。不禁叹息痛恨于吏治之无人，差役兵丁之不能去其虎狼之积习也。

【上文作者对教案的起由分析甚透。但无奈当时这些报章上的劝诫，并不能到达最长闹事的平民耳中。比如，就该文提及的两天前即 1898.12.20 日报道于本报的"贵阳教案"和"游员遇祸"两件涉外新闻之后，紧随着便是一条"示禁谣言"的文章，全录如下：

江西采访友人云，迩者人心浮动，散布谣言，以致传教西人风鹤惊心、栗栗危惧。南昌县孟子卿、新建县黄杏林两大令，深恐匪徒好事或致酿成祸端，乃会衔出示曰：案照本县访闻，各乡有不法之徒聚众赌博，私宰耕牛，当即遣差查拿，原属照例办理，本与教堂无涉。乃无知愚民辄敢藉端造谣，殊堪痛恨。若不明申禁令，不足以息浮言而安民教。合亟出示晓谕。为此，示仰阖邑军民人等知悉。尔等须知，开场赌博、私宰耕牛，均属大干例禁；一经有犯，即应拘究。至洋人来内地设堂传教，载在约章，无非劝人为善。即接教士来函，亦称查禁私宰、赌博皆属善政，毫无可议，足见好善恶恶具有同心。本县为民父母，教养是其专责。此等为害地方之事，例应查禁，并不问其习教与否，稍有轩轾。尔等务须善体此意，不分民教，各泯猜嫌，共敦辑睦，切弗轻听谣言，妄肆物议。即差役赴乡，凡有教堂处所，尤应随时加意保护，遇有造谣之人，并以此意剀切开导，不准妄行传播，致滋事端。倘敢故违，定即拘案，从严惩办，决不稍从宽贷。其各凛遵，毋违特示。】

1899.1.26

示禁溺女

江西访事人云：南昌府江切吾太守，自莅任以来整顿育婴公局，杜绝一切积弊。昔之岁报毙婴一千数百口者，至今已寥寥无几矣。尚恐乡愚无知，或有溺女之事，爰再出示严禁，语取粗俗，盖欲使妇人易于洞明也。其文曰：

府属溺女之风向称最盛，前经本府撰就浅明告示严禁在案，访闻乡愚狃于恶习，溺毙者仍复不少。忍心害理，实堪痛恨。若不再行严禁，何保以全婴命？除饬县随时查究外，合再出示严禁。为此，示仰阖邑军民人等知悉。本府痛恨这样恶习，又因尔等看惯了溺女的事，不晓得明犯国法、暗损阴德，一时糊涂。不忍遽治尔等之罪，先曾苦口劝戒，原望尔等改悔。乃竟敢仍旧溺毙，此等不肖百姓，本应拿办。今姑再行劝谕，若再不听本府教导，定即饬县拘拿，到案问罪。至于稳婆，原是用他接生，并非要他送死；倘敢见死不救甚至帮同下手，这样狠心，格外可恨，本府更要拿来加等治罪。若说尔等家道贫苦，现有育婴会绅耆按月给钱，替尔养活，尔等听本府的话，既得钱文，又有亲生女儿。将来长大，同男子一样孝敬，有何不好？若不听本府的话，不但不得钱，还要拿到衙门里治罪，有何好处？尔等做丈夫的、做首士的、与平日好善的人，都要把本府前次同这回告示常常说与妇人们听，自然不会犯法。至于绅富，本异齐民，更应益充善念、多出银钱，随地设立育婴会、遇便拯救，庶几广积阴德，不负一乡之望。本府疴瘝念切，不惮苦口，再三劝戒尔军民人等。具各凛遵，毋得再犯，自取罪戾，是为至要。切切特示。

1899.3.25

保婴良法

江西访事友来函云：南昌府江切吾太守，以省城育婴堂现在收养女婴已多至一千七八百口，此后若再添收，不但经费无出，且各乡之抱婴送局者，往来涉跋，小孩最易受病。爰特再四思维，创为分乡捐办之法，或数村或数十村就其所宜各办一会。会内有实系贫苦之家生有女孩者，由会绅妥筹经费、酌给津贴，仍交本生父母收养，俾免骨肉分离。其办法或捐谷、或捐钱，或缴存公中、或分存捐户，以及每婴津贴之多寡、月分之短长，因地制宜，各从其便。若能劝办积谷生息育婴，两美兼收，尤为简易。现将此事商之绅士，金以为然。昨已分别照会谕饬各绅分乡劝办，并出示劝谕。想赣人士乐善为怀，当有闻风兴起，踊跃捐输，从此溺女之风可以渐次革除矣。

1899.11.3

革薄化浇

广州中西报云：粤臬吴廉访，既下车，即体察地方、讲求利弊。旋复发出告示一道，晓谕居民，略谓：粤东既庶且富，夙号名区。迩来风俗奢华，民生日蹙，盗贼横恣，讼狱繁滋。本司初莅是邦，虽未深悉情形，亦已略知梗概。兹仿读法悬书之意，择其最要者先行禁诫，计所列凡十三条，多至数千言。兹举其目曰：严治盗贼以安善良；严禁窝主以清盗源；整顿保甲、团练以靖地方；严禁纠众械斗以全民命；诱拐掠卖宜申明禁例；毁挖坟墓宜照例严惩；唆讼棍徒宜严密访拿；藉命择□【此字不可识别】宜澈究严惩；指官撞骗宜严行申禁；各项赌博宜严行禁止；枪火宜严禁；奢俗宜挽回。

示末复谓以上各条，系将重大者出示严诫。他如弃婴、溺女、土妓、流娼、私宰耕牛、棍徒讹诈，一切有干例禁之事，地方官皆应陆续施行。凡尔通省绅士军民人等亦须仰体本司诰诫苦心，无作非为，各安生业，以期风俗纯美，家给人足，盗贼衰息，斗讼日稀。本司有厚望焉。

1900.12.11

心存保赤

绍兴访事友人云：绍属各乡溺女之风最甚，迭经当道出示严禁，无奈言者谆谆而听者藐藐，终苦无术挽回。刻有某某诸绅富悯呱呱者无端被害，殊伤天地之和，公议集款，就各乡镇广设育婴分局。凡贫家无力育孩者，准送入局中，雇人代为乳哺。倘嗣后再有私溺情事，一经访闻，罪及家长，并刊成歌词、各处张贴，劝警乡愚，是诚莫大功德也。

1901.11.5
请禁女子裹足培成有用之才启（来稿照登）

国家以民生为本，民生以有用为要。方今我中国人民约计有四百余兆，男女各半。而要只有二百兆男民，可作有用之材，其二百兆女民，似是无用之材。推其无用之由，莫不归咎于裹足。夫女子裹足相沿已久，咸因小节，漠不经心。殊不知一经缠裹，非惟备尝痛苦，且废时失学，智巧未开，既不能劳心，又不能劳力。是有此二百兆女民几与无用同。兹当变法自强之日，所望采风之大吏，上陈黼座、颁谕民间。凡后生女子一律禁止裹足，如有不遵者，罚坐家长。然后徐图教诲，遍兴女学与男学并行，或学医算、或学书画、或学绣织、或学蚕桑，因材施教，各专一业。数年以后，培成二百兆无用之民尽为有用之民，不独为女子者除却多少困苦，及因贫失节伤生等事，即为女父母者，亦因有用而鲜溺女之风。况女子本心原非乐于裹足，实为风俗所迫，有不得不然。设一旦出而禁止，是从民所好，普天之下无不大快于心也。在朝廷，增有用之材以兴乐利；在闺阁，革荒淫之习以正人心事。虽小节，所关诚非浅鲜耳。近来奏设工艺局，招无用之男民，勉成有用，何勿更计及于女民乎？且东西邻国，并无有使女子裹足、戕其体以为美观，即天潢女子亦不裹足。此种裹足之风，实为弱国致贫之渐。曩年旅沪西妇人悯中女之裹足情似刖刑，曾凑资创行天足会，细察民情，似渐有改易之机，而终不如王言一出，风行草偃之为愈也。吾愿关心民瘼者，从早计及，奏请谕禁在先，徐图教诲在后，国家幸甚，兆民幸甚。寓沪杨陛云呈启。

【编者注：关于"天足会"及其工作。

虽然"天足会"貌似与溺婴无关，实际上正如本文所言，裹足造成妇女成为"无用之人"是导致妇女不受重视、从而加剧溺婴现象的重要原因。故此，本书将"天足会"早期的几条消息汇总于此，以飨读者。

本报第一次提及天足会乃 1895 年 4 月 25 日，题名"天足会"，文曰："是会何由而起乎？盖以西人悯中国妇人自幼裹足，矫揉造作、渐失天真，因联合同志诸人设会，以劝人莫裹也。昨日午后钟鸣四下，会中人咸集于圆明园路博物院，广筵列坐，各述见闻。到者约共百余人。绣闺娇娃，花团锦簇，脂柔粉腻，尽态极妍。惟扊印弓弓，从无一瘦如莲瓣者。演说之际更绘成图画，以赠同人。直至日下崦嵫始次第散去"。

1895 年 4 月 28 日-5 月 4 日，本报连续七天刊登"天足会征文"广告曰："泰西闺阁中人之寓华者，以各国妇女裙下天然，从无矫揉造作诸苦，而华女则独受缠足之害，意良不忍，因立一会名曰天足会。诸文士作缠足考，俾会中得劝改缠足法，考中如对策体，说明缠足之风起于何代，至今则何处盛行，何处不行，又述明何等人家最重缠足，今出洋侨寓之妇女尚存此风否，再从前有曾设法劝改者否。以上各节，皆宜逐一条对誊清、封固，送交上海英租界三马路格致书室代收，以华历六月底为限，过期不收。各卷请广学会评定甲乙，第一名赠洋银三十圆，第二名二十圆"。

至 1895 年 12 月 5 日，本报刊登征文评比结果，曰："天足会征文出案。启者。本会前经征文，共收得卷八十本，业请中西数友详细批阅，今已评定甲乙，计取首名杨史纲，照给润笔洋三十元。次名谭林，照给洋二十元。该项请至上海三马路格致书室领取可也。尚拟再出题目请人作论，略过数日即登报布闻矣。天足会托格致书室代启"。

随后，"天足会"又发起第二轮征文，本报 1895 年 12 月 11-13 日刊登征文告示，曰"求着缠足论启。问缠足一俗，于众人伦谊、交接、富强、经营、身体健壮，有何关碍？能废此俗可获何益？今日废起时合宜否？时果合宜，当用何善法使之速变、而复原初款？此请著作论说，合式者首名时洋三十元，次名时洋二十元。自出题为始，限年底【当指农历】截止。论卷仍交上海三马路格致书室查收。汇请中西名士数人公同评阅。天足会谨启"。

至 1896 年 6 月 18-20 日，本报连续三天刊登此次征文评比结果，文曰："天足会请论出案。去岁出题请论，收到多卷，现经评定首名杨毓辉酬洋三十元；次名寿椿，酬二十元；三名贾复初，酬洋五元。至三马路格致书室领取可也"。

在此期间，本报刊登若干借"天足会"为由、倡议废除女子裹足恶习的文章，分别抄录如下。

1895.5.4

闻泰西妇设天足会感而书此

阅四月初一日本报载泰西妇女设天足会一事，其大略谓西人见中国妇人自幼裹足，矫揉造作、渐失天真，因联合同志诸人设会劝人勿裹足也。是日午后钟鸣四下，会中人咸集于圆明园路博物院，广筵列坐、各述见闻。到者约共百余人。绣闺娇娃，花团锦簇，脂柔粉腻，尽态极妍。惟屐印弓弓，从无一瘦如莲瓣者，演说之际更绘成图画，以赠同人。直至日下崦嵫始次第散去。予阅至此，不禁感慨系之。大考西人之来华也，几有善举，无不与闻。或捐金钱、或费心力，其登诸日报与传诸众口者，昭昭在人耳目。惟有吾华妇女裹足之苦，西人亦明知之而莫能救之。此何也？已裹之足虽伶仃弱小、举步艰难，而骨骼已伤，断难使之复原也。未裹足之女，虽天然完好，而裹与不裹实由其母主之。上中人家之女至五六岁时，未有不裹足者，实缘其母自己原是裹足，先时历尽艰苦，已安之若命，至是习焉。想忘以为不如是，则必为夫家诟病也。习俗相沿，牢不可破。彼西人者，安能越俎而代谋哉？然而，恻隐者，人之心也；是非者，亦人之心也。人之有四体百骸也各适其用，一有残缺则全身为之不适。独奈何使闺中弱质束缚其行动之肢体、改其形状、令其不得舒展而步履维艰，天下酷虐之事，孰有甚于是者乎？世间最不平之事，又孰有大于此者乎？西人本恻隐之仁以行其是非之智，于无可设法之中而创设一法焉，则是会之所由起也。考其命名之意，盖以为人之生也，身心性命莫不由于天之赋畀。即以手足论，粗细、长短、大小，务使其相称便用，以尽夫造物之能。足而裹之使小，则不称其身，有违夫造物之意，而决不为天心之所许。反是以思，则不裹足之妇女，天然完好端合其固有之良。名曰天足，实欲警惕人心而使之悔悟也。是会初起，同志者已有百余人之多。浸假而宽以岁月，传布欧洲，则泰西各国妇女睹此会中刊印之图说，亦必有闻风兴起相助为理者。盖充其为善之量，必欲收群策群力之效，而令中华妇女尽革此裹足之恶习也。吾又闻会中近有征文之举，其小启载于本报，告白中命其题曰"缠足考"，其征文之意盖欲知此事之源流并悉其所以盛行之故，而有心世道之人曾经设法劝改之否，会中得诸文士之论说，可以觇人心之向背，并可知劝戒之难易焉。则此一举也，必有益于会中诸善士无疑也。顾或者以为，泰西本无缠足之风，虽在中华亦必各安其素，断不致见中华女子之裙下纤细、临风绰约而相率效之。至于中华妇女不出闺门者居多，且与欧洲妇女绝少往来，虽有会中人谆谆告诫，亦何从而知之？则此会之设，不几枉费苦心欤？此真知其一不知其二之言也。

襄足之事，本妇女之所为，而其初莫不有指使之人，即如道山新闻谓李后主令宫嫔窅娘以帛绕脚，令纤小作新月状，由是人皆效之。即以一端而论，已可知襄足一事虽行于妇女，而其初意实不起于妇女也。世风日下，冶容诲淫，彼好奇者岂独李后主一人哉？此等极有关系之事，固不得谓于男子绝无干预也。然则此会之设，凡襄足之家，无论为丈夫、为妇女，皆当闻此而并有戒心。一人信从可以劝谕百人，百人信从可以传及千人，推而至于万人、及亿兆人，亦不为难。吾知西人此举必大有造于中华也，特行之以渐，断非旦夕可期耳。抑又闻之，今世俗之订婚姻者，往往于媒妁之前询问女足之大小如何，而定婚姻之成否；至于德言容工四者之尽合与否，则多不甚措意也。风俗之变、意见之缪，至于如此，岂非憾事？且女子在五六岁时智识未开、天机洋溢，正可导以正路，示以准绳，训迪则有格言，教化则有礼义，使其他日事舅姑得欢心，佐丈夫理家政，戚党无闲言，称为贤妇，为父母增光，为乡里矜式，岂非至善之事乎？今惟以足之瘦削争胜，于时果何为者？夫当其襄时，痛入骨髓，形神苦楚，坐卧不安，饮食无味。欲行而不得，欲立而不能，身体日以弱，兴致日以靡，疾病丛生，因此夭折者亦或有之。其幸而长成者，又复体弱不耐劳苦，所育子女禀其母之气醴，颇难坚壮，其害有不可胜言者，非细故也。且平民之娶妇，助夫成家也，一切操劳之事当与夫共之，不能惮劳而坐食也。今除针绣之事外，多半能言而不能行，是与残疾者相去无几矣。夫人有残疾，人皆怜恤之不暇；独奈何艰苦如襄足，而世人竟习以为常乎！西人寓华已久，深知此为风俗之一大弊，故亟思设会以救之。吾知中华不乏有识之士，亦必有着为论说，挽此颓风，与西人相为表里者。使千余年之恶习，竟有改革之一日，岂非宇宙间之快事哉！愤懑之余，书此以当左券。

1895.5.10

四百零九号画报出售。点石斋启。

泰西士女悯中国妇女自幼里足之苦，特于前日在圆明园路博物院中会集多人，演说劝戒，并绘成各图，名曰天足会。我华人果能从此改革旧习，未始非返朴还真之善举也。又如尸手可以击人，子竟遭吓死及冥间之剥衣亭等，均绘为图，即日出售，此布。

1895.5.29

四百十一号画报告白。点石斋启。

中国妇女缠足之苦，西人悯之，特设天足会以示劝戒。乃倭人全无心肝，竟于所占营口境内，令各妇女解去缠帛，跣足工作，以致肉糜骨折之后，又有此足茧神摇之惨，其残忍为何如也？又台人士之伏阙上书镫花教之抗官拒敌，及本埠李木工之以足枷诚妇等类，皆近时要事，兹绘为图以博众览。即日出售，此布。

1897.10.5

书南皮张尚书戒缠足会章程叙后

中国至于今日，夫人而知为弱国矣。然国虽弱，而要无不可以自强。所谓自强者，无非购轮舶、精器械，讲求制造、开拓矿务，筑路以利火车、练军以资武备，谈时务者皆以为不如此不足以争雄海上。总而言之，西人之所能者，我亦能之，西人之所有者，我皆有之。西人虽强，何畏也？然思轮舶、机器、制造、矿务、筑路、练军等，固为西人专精之事，中国自宜学步。惟仅学此数事，亦未必即能自强也，而况学之未必能尽如西人乎？大抵国之盛衰、强弱，系乎人才。人才多则国自强，人才少则国自弱。若是，则欲国之强也，当以培植人才为第一要义。果能培之、植之，人才自不应其不出，且不患其不多、无如有贼。夫人才者，则虽培之、植之而人才亦不见其出，又遑论其多耶？夫天地生人，一人必有一人之用，本无分乎男女也。中国妇女不与外事，视之如废材，说者每谓中国妇女不皆读书识字，故不知外事，不知中国妇女不能知外事，亦不仅在不读书、不识字，即缠足一端，已为残贼妇女人才之一大弊窦。故西人创为天足会，多方劝谕华人之识时务者亦立戒缠足会，布告四方，欲救数千年来相沿之杠习，亦可谓具一片婆心矣。无如言者谆谆，听者藐藐，积重难返，竟至如此。想非有官长劝谕而习见终未能破除也。

乃读南皮张香帅戒缠足会章程叙，则真实获我心焉。叙云："今世士君子为中国谋者，会中国民数率皆曰四万万人。呜呼！中国果有四万万人哉？山泽民数、阴阳不齐，以男女各半为通率。禹迹九州岛之内，自荒服狭乡极贫下户外，妇女无不缠足者。农工商买畋渔转移职事之业，不得执一焉。或坐而衣食，或为刺绣玩好无益之事。即有职业者，伛弱倾侧，蹒跚郄曲不能植立，不任负戴，不利走趋。所作之工，五不当一；与刑而废之、幽而禁之等是。此四万万人者，已二分去一。仅为二万万人。其吸洋药者，南北多寡，相补大率居半，又十分去五，仅为一万万人。此一万万人中，其识字读书有德慧术智者，十人中止二人，又十分去八，仅为二千万人。

以中国幅员之广而所资以出地产、尽人巧，上能道术、下效职事、旁御外侮，其可用之民仅如此，裁足当日本之半，甚矣其危也。古之欲强国者，先视其民。一曰众其民，二曰强其民，三曰智其民。今日，智民在兴学，强民在戒烟，众民在使男女皆可资国家之用旨哉。斯言可谓培植人才之本矣。现今中国为人才之害者，莫过于鸦片、缠足二事。然鸦片之害，尚不及百年。虽吸食者，多亦无不知为害人之物，惟上之禁令不严，致下之因循莫振。至于缠足，则相沿成俗，咸以为妇女之美观，并守妇女不出门之戒。士夫之家，讲求尤甚。且鸦片人知其害者也，知其害而劝谕之尚难挽回；末俗若缠足，非但不以为害，反以为利，既以为利，而欲劝改之不亦憂憂乎难哉？蒙意宜奏请朝廷明降谕旨，先令士夫之家不准缠足。贫贱之户听之，于是人知不缠足为贵矣。人知不缠足之为贵，此风自易转移。若仅以笔墨口舌相规劝，在男子或有一隙之明，而妇女必骇为异闻而嗤之以鼻矣。今秋白门应试，与隔舍生纵谈时务，因及妇女缠足最为恶习，谅必以为然者也。岂知隔舍生面红耳赤，与余力争，以为妇女非缠足不足以为妇容。余因为辩妇容之义，仍哓哓不屈。余知为执而不化者，不与再辩，一笑置之。可见现虽风气渐开，而乡僻迂儒，依然胶柱鼓瑟。男子如此，又遑论乎妇女哉？"香帅此叙，可谓抉尽其弊，见者不知能顿开茅塞否也。

1899.10.21-22

述天足会缘起

从古以来，万国之人多有甘于自愚而不知。其祸之极者，莫甚于竞效时兴一事、且不问其有益无益，人争趋之；甚至有害其身体而亦所不恤。推原其意，盖必欲随时而后止。曾抑思天之生人，其四肢百体皆属自然、皆为美备，人不能再求精进而损益之。然天下人之所以各自视为至美而不可移易者，亦处处不同其式。其在美国，向有一种野人，当孩提之时必以木板压首，积久渐长为平顶。若印度国某地，则又反是其俗，以木板夹首使之渐成为尖形。按此二事，皆属愚极，然在彼固以为美矣。其余若亚非利加洲【现译"非洲"—编者注】多有人以肥胖为极美无俦。尝有一土酋之妹，其肉重千斤，不良于行，惟以肘贴地以当步履，然时人反以为至美无比。若欧洲则又反是，其女子多爱细腰，甚至愈细愈妙。然此皆惑于积习，曾不知其害之甚矣。

今观大清，虽于欧、美、非、印各情形未尝一作东施之效颦，然试考其平日之所常行，实有较之以上所记，其害尤无所底止者。要即在妇女缠足一事，虽顺治十七年【即1660年】已悬为厉禁，奈至今此风仍自盛行，有心人慨焉伤之。爰有中西两国之善男信女欲起而力挽颓风，因其心实不忍小妮子获此断胫折骨之疾、哭泣悲惨之音，特于各地设立不缠足会。不惮苦口热肠、力劝中国妇女其已缠者请从此放，未缠者幸勿再缠，因不必以步步生莲始为美观也。故今欲知各会之善与否，试先言天足会之缘起。查天足会之立，始于三年前。有久居重庆之英国立德夫人，首倡此议。其会中人士大都以西国闺秀为多，间亦有男子，要不过赞襄其事。至会中定制，虽由泰西巾帼中人主持，原其大意实欲助中华妇女革除此数千年陋俗。故甚望华人之入会者，将来或更较西人为多。其尤著者，会中所立各良法，美意现亦不可数计。其第一要紧者，即在广印劝世文分散各处。由来三年，其会中散出之书如《劝释缠脚论》、《莫包脚歌》、《枉吃冤苦歌》、《劝免冤苦歌》、《缠脚两说》、《演义救弊良言》，以及南皮张尚书《戒缠足会章程叙》等，现已不下十万本。其在会诸人又不但散书而已也，现在更于各地广开会议，力劝中国妇女切勿视为具文。会中之所行者，现已渐有成效可循，并非徒托空言者，比且各地皆有信不缠足之说，闻风而化者颇多。即如湖南一省，俗本牢不可破，今亦渐有放脚者。余若山西西安府，有一本地教习师，自闻其事，遂生感悟心，亦于彼地特立一天足会，逐日谆谆训诲，先劝其家人、后及其居邻，现已有妇女六十多人自放纤纤之履。由是观之，其谓女子若不缠足、即无佳子弟可配者，岂在彼独不然哉。盖此事一人行之甚难，众人行之则易。设彼此皆相信，即可互订婚姻，尚何窒碍难行欤？此外更有通州来信，亦谓有妇女九十人情愿自放其履，并有许多男子立志不娶小足女子。其余若天津、保定以及苏州、上海等处，现亦不少闻风继起者，故天足会中人甚愿乐观厥成。但所难者，有人一劝即放，亦有人虽屡劝仍自甘心吃苦，不改其常者。在会诸人现拟再行广印劝世文，布告各省，冀人皆阅之。其有才者，不妨出其心思材力，下笔为文，借以劝世。其有力者，更可酌量资助，以为将来推广地步。若二者皆无，其人亦可代为散布各文，转劝其亲族居邻，幸勿疑为西国道理，因其原实非出于泰西。

试观以上所记"悬为厉禁"一语，又况中国皇太后亦系不缠足者，今且位登九五、高不可攀。若是，是不得谓不缠足遂作下贱观，且亦无关儒释道、回回、耶苏、天主等教，但劝其放足而已，其余皆不计也。更不得谓是西国道理，西国妇女不过捐资倡议、刊布书籍，至其为文则仍出自中国名家手笔。此天足会之缘起也。至欲详知其中程序，凡列此会者现拟分举议、参议两等。其举议一等，有议论、举人之权，然每年每人须捐洋银一圆，抑或竟一次认捐二十圆以后可不出分文。其参议一等，则不过于会中册籍，自愿登名并声明此后愿禁止此种坏风俗事，其人无须捐资，不过首次出钱数十文以备购取册本。凡有人欲索观详细章程及各种劝世文者，请函致棋盘街某处取阅可也。

--编者注结束 】

1902.1.21
法租界捕房纪事

拐匪黄世泰，前因诱领崇明天主教堂留养之女孩来沪价卖，被教中人拘获控奉。大令讯供，判枷号两个月，缴还身价洋银十六元。兹枷期已满，无力缴银，大令遂于昨日命带案疏枷，重责五百板，然后开释。

1902.10.6
法租界捕房纪事

崇明教民顾锦甫，生有男女孩各一口，留养教堂。近忽携至上海倩周永福、陈阿炳，将女售与浦东王顾氏家为童养媳，男则倩丁载扬、赵阿荣售与粤人某姓为义子。事为堂中司铎查知，函致上海天主堂，转报捕房捕头，令一并解送公堂。时杜枝园大令尚操谳政，讯明一切，饬押候补。提丁、赵质讯，正在备文移提，已由崇明教堂中人将丁、赵寻获，交地保押解来沪，送入捕房。捕头命押候解送公堂，禀请新委谳员孙建臣大令讯究。

1903.3.30
兰亭修禊

寿昌县境，俗俭民贫，素称瘠壤。自邑尊贝达夫大令蕴章莅任后，办积谷以备荒歉，设育婴以援溺女，兴利除弊，百废俱兴。刻又创设小学堂，定额三十名，所需经费由大令捐廉介率，不足则向绅商筹集。刻已遣人来郡采办书籍，不日即可开塾矣。

1903.12.22

情殷保赤

山西太原友人来信云：孟县知县潘筱洲大令，查知所辖境内贫民时有溺毙婴孩之事，伤心惨目，莫过于斯。因特设立育婴堂，宽筹经费，俾持久远，毋得废于半途。一面出示晓谕，曰：造物好生，煦妪皆归覆庇。人心向善，立达自有秉彝。岂期颛愚椎鲁，罔识恩勤，陷阱机谋，忍及骨肉？查孟邑素有溺女颓风，甚且溺及男孩。是上年八月，奉升任抚部院赵出示谕禁，并通饬各属，劝谕绅富捐集多资，设立育婴堂一所，分别堂养、领养、贴养之法，以挽恶习等因，奉此前代理县因筹款为难，未曾劝办，随即卸事。本县到任准移，并蒙署藩宪胡、转奉护抚部院吴、准升任抚部院赵，函寄倡捐银三百两以充育婴经费，现拟在裁辙把总衙署立育婴堂一所，选派公正绅耆董理其事，但经费浩繁，仅恃此款实尚不敷，商之绅富诿难劝捐。查民闲会演戏祗例应禁革。兹本县拟办戏捐，化无益为有益。除传谕乡社人等，将各村常年演戏日期并次数作速查明，据实呈报外，合亟出示晓谕。为此，示仰阖邑军民人等知悉，自示之后，凡遇演戏，无论戏价多寡，每演一次捐钱三千文，由该村社首督令乡约于演戏后三日内齐数缴堂，不经胥吏之手。倘敢隐匿抗捐，一经查出，或被告发，定行严究不贷。各宜凛遵毋违，特示。

1907.1.22

江西司道严禁溺女示文

照得江西溺女之风最为惨毒，相沿既久，迄未能除。风俗浇薄，莫此为甚。省城虽旧有育婴善堂，而各府县四乡难以普及。本司道等久思会商绅耆设法禁革。兹据前江宁布政使李绅有棻等联名禀称，邀集同志在省城设立全省禁止溺女总会，推行各县乡村市镇，广设分会并议定设局章程，呈核并据禀奉抚宪批行司处核明，照会绅董，迅即认真办理等因，本司道等披阅再三，良深佩慰。查溺女之罪，律有明条。现值朝廷锐意维新，行将立宪，地方自治，实为要图。一切民间旧有习俗，皆须逐渐改良。至于女学、女工，尤为先务。当此之时，若不将溺女恶俗切实扫除，何以副朝廷振兴女学之心？（中略【原文如此】）嗣后该军民人等，如有生育女孩，委系赤贫无力乳养者，随时抱送育婴会验明，或留堂乳养、或帮贴乳费，均先由会董酌给赏钱五百文，冀杜匿报。倘再不知悛改，仍自隐匿致毙，一经查明或被告发，定即照律究惩、决不稍从宽贷。再查阅该绅等所拟章程，内载溺女原因多由于缠足、锢婢、虐媳、厚奁种种恶俗【原文中这些文字旁边加点以示强调—编者注】所致。各该地方绅董等，亟应明白劝诫改革，以清积弊而挽颓风。其各凛遵。（何）【原文如此，为最近开始的作者署名方法—编者注】

1908.5.12

通饬改良嫁娶恶俗（绍兴）

前次会稽县李瑞年大令通禀省台，以绍属嫁娶奢靡无度请通饬全属明白示谕，务使黜华崇实等情。现经冯中丞特札严谕，嫁女厚赠奁资，即使家道真正殷富，亦足伤女德而长骄矜，致生轻视夫家之心，甚非爱女之道。况如该令所云中落之户，因顾颜面至有变产、贷债、纠会种种窘状，何以堪此？此该属溺女之风所由起也。此种陋俗，其弊害所极，不止如该令所陈，亟宜及时改革。应准通饬各属，一体出示晓谕，并着各该守令就近与明白绅士商学会董等，详论利害，以身作则，为乡里模范。毋使吴隐辈专美于前，俾期反朴还淳也（木）。

1908.6.19

【江苏句容创设保婴堂广告，多次刊登—编者注】

天下最惨之事，莫甚于贫困而无以自存。而鬻男溺女之风，习为固然而莫之怪。官斯土者未尝不三令五申、悬为厉禁，而卒莫能挽其敝者。盖饥寒所迫，不得不忍而出此，非空言所能济也。溧水、句容地瘠民贫，此风之积由来已久。穷檐陋巷之中，有活埋于泥土者，有投溺于粪窖者；甚且埋溺之不死，呱呱哀泣，举锄猛击，血肉狼籍，忍心害理莫此为甚。以故生齿日凋、人烟寥落，荒索之象，到处皆然。查各邑皆设有保婴局，而吾邑独无之。非吾邑人好善之心逊于他邑也，其故由于发起之无人、设施之无具，坐视穷婴之惨酷，而无以济其频危。此亦仁人君子所闻而疚心者矣。欲挽斯敝，非保设婴堂不可，非筹款不办。而筹款之事，非藉众擎不举。爰特登报广告仁人，伏愿吾邑绅商学界，念桑梓之凋敝、哀婴孩之无辜，设法劝募，量力助捐，并举公正之人董理其事，共成善举。阖邑幸甚，句邑杨庆元、严惟清谨启。

　　谨启者：昨接句容杨严二君来函，详述句容、溧水地瘠民贫，溺婴之风由来已久，有活埋于坭土者，有投溺于粪窖者，甚且埋溺之不死、举锄猛击，血肉狼籍。岁计死者不可胜计。今杨严二君发起创设保婴堂以救婴命，同人闻之，深悯穷婴之惨酷，且佩杨严之乐善。夫人孰不爱其子，愿其长成？至贫无以自存，为饥寒所迫、不得不忍而置之死地，此诚天下最惨之事也。惟创办之始，必先筹款；而筹款之事，非藉众擎不举。用特代为呼吁，伏愿四方仁人君子，体上天好生之德、发圣贤保赤之心，慷慨解囊，随愿乐助，约计数金，可活一命。不拘多寡，集腋成裘，俾得玉成。其事虽好，施者不望报，而天道循环施报善人，历历不爽。诸公有欲求子嗣者乎？苟拯十百婴孩之命，未有天不与以宁馨者。诸公有欲求子贤孝闻达者乎？苟拯十百婴孩之命，未有天不赋其子贤孝闻达而跨灶者。如欲修福者，福如东海；如欲求寿者，寿比南山。尚祈明达诸公其一试之。如蒙助款，祈即交敝堂代收转解，不胜叩祷之至。

1909.3.27
句容创办保婴局集款广告【多次刊登】

　　物无不爱其生命者，盈天地皆物，即盈天地皆生机也。故君子之于物也，见其生不忍见其死。物尚如是，何况于人？何况于亲生之子，而忍置诸死地乎？乃愚民无知，或因家计之艰，或嫌子女之众，欲哺乳而恐妨工作，欲过继而无人承受，遂不得不忍而下此毒手。婴孩何罪，甫生之旋死之，含冤莫白，此诚天下奇惨之事。而保婴局之设，所由刻不容缓者也。敝同人前闻溧水句容两邑，溺婴之风至为残怒。有活埋于地土者，有投毙于粪窖者，甚有埋溺之不死而举锄猛击以致血肉狼藉者，种种惨酷情形，直令闻者梗咽咋舌而莫能自己。何习俗浇漓至于此极？敝同人恻然悯之，欲于句容创设保婴局，以拯婴命。前经登报布闻，集款四五千金，已于去冬亲莅句容，会同当地公正绅董布置一是，即于冬月十九日开局，先立基础，徐图扩充。惟念经济为办事命脉所系，无经济即无命脉。句邑地处腹里，户鲜盖藏。将来婴数迭增，需费日巨，势不得不藉众擎之力，为此登报广告，伏乞绅商富户乐善诸君体天地好生之德，推圣贤保赤之忱，慨解仁囊、拯彼困厄，数金可活一命，非任重之难胜，小往自尔大来，自报施之不爽。诸公有欲求子嗣者乎？若拯千百婴孩之命，未有天不与以宁馨者。诸公有欲求子贤孝闻达者乎？苟拯千百婴孩之命，未有天不赋其子孙贤孝闻达。如欲修福者，福如东海；如欲求寿者，寿比南山。诸君请一试之。如蒙捐助，请交敝堂代收汇解。临启神驰，诸希德鉴。上海仁济善堂董事陈作霖、朱佩珍、严义彬、焦发昱、施则敬、刘芬谨启。

1909.12.10

心诚保赤

朱君五楼日前一家得男，贺者纷至。本应筵开汤饼，仰答盛情，继念溧水创办保婴，需款甚亟，特将所收礼份洋三百零四元，又经募洋三百九十六元，并谢筵资洋一百元，共八百元，移助溧邑保婴经费，交由敝堂代收转解。窃思为善乐事也。溺婴恶习，所在皆有，然未有如溧水之盛。今蒙巨款遥颁，俾得立图补救，行见以善，感者以善，应嘉宾贤主并荷天麻。而诸善士殷殷佽助者，其获福更自无量矣。所有惠礼、台衔及捐资各善信一并登列如后，即希公鉴。计开：福康庄洋念元、敦余庄暨应芝亭陈樵芩合洋十四元、吴少卿洋十元……济善堂司董谨志。

1910.8.18

赣提学指示改良女学办法（南昌）

江西提学使王同愈，以女子教育为家庭教育之本，欲谋女子教育之发达，非注重女子师范及女子小学两种不可。江省女学正在萌芽，前经派员调查，兹据报告前来。办理合法者，固属有之；教授、管理急需改良者，亦属不少。分别札行各堂，指示改良办法，汇志如下：（女子公学）图画一课有随意绘画及抄写乐谱者，上下讲堂亦欠秩序，散课后学生多仍在堂上者；教员上课应再注重启发的教式，寓管理于教授之中。（义务女校）习字一课，无论影写、临写，教习均须指示执笔法及写法，兼矫正其字画之错误。国文一课，合班教授须配置单级教法，笔舌互用、有声与无声相间，方能各得其宜。（南昌溺女会附设女子小学）各教员缺席太多，嗣后应令该教员认真教授，勿轻旷课。管理员于讲堂及休息时应再注意管理，勿任喧哗。学生缠足者，亦宜劝令放足，以完全该校救济女学之苦心。（正蒙女学校）厘订学级与年龄程度，亟宜详细分配布置；宿舍中箱笼物件，尤宜储藏整洁，庶教授管理俱可渐臻。

1911.9.16

禁止溺女恶俗

温属平阳县田大令泽深，通详省宪略云：平邑向来惯于溺女，视为泛常。此等惨酷之事，若不严禁，则每年所戕女婴，曷可计算。查平阳合境丁口册，男多女少，于配偶一途万难均平。西哲有言，世界上女子负绝大毅力，凡古今硕士伟人莫不产于女子之腹，故西人对于妇孺尤必力加保护。况妇人生育是其应有义务，无论生男生女，同系朝廷赤子，似不容听其溺毙。特拟严禁办法八条，送呈上峯，通饬禁止以保女婴而匀配偶。

1912.10.18

江西光复运动会纪盛

【设立各种奖项】……禁溺女学，游戏唱歌普能奖。女子师范，项囊竞走临时改三人三球竿及哑铃、体操。心远学校，瑞典第六十教程（未演）。第一小学校，哑铃、唱歌……

1913.1.13

天主堂特开联合会

江南全省主教姚宗李君，前日在董家渡天主堂柬请上海各官长、各董事开联合会。到者为县知事吴畹九君，地方厅黄涵之、陈崧生二君，暨李平书、莫子经、李英石、陆松侯、姚子让、顾馨一、朱志尧、王一亭、陆伯鸿诸君，及徐家汇院长顾司铎、谢司铎，共三十余人。均由姚主教延入，款以茶点。旋由姚主教起而演说，谓今日得与诸公共叙一堂，具见教士与地方官绅彼此敦睦。且前年上海光复时，荷蒙官绅竭力保护，教堂与教士得以安然无恙，尤为铭感。至教士之来沪，其宗旨系为尽心传教，与政界毫无干涉；而教士愿来中华传教者，良以中华为民风极好之国，为扶助中国文明起见。其扶助之要点计分三端：（一）道德。查各教士来华传教，业已历尽辛艰，欲以真正道德传布中国，盖真正道德能正人心、维风俗，人心正、风俗良，然后方能出有人格之人。如果各人均有人格、办事正直，自能扶助国家，而中华民国从此立万年之基矣。（二）学问。教士之来华，无非广设学堂、启发愚蒙，并传授中西各学，使中华年轻子弟得以增进学识。如徐家汇学堂、震旦学院等，各教员专心教育，咸欲中华子弟成为有用之才，得以扶助国家办事。此则教士来华之本心也。（三）慈善。本主教所管江南全省，各处创办慈善事宜，如徐家汇、土山湾等育婴堂，及圣母院、广慈医院、南市安老院等，皆系拯救中华贫民而设，务请今日莅会诸公共同扶助，俾慈善事业日渐扩充、普救贫民，则本主教之厚望也。

次由李平书君演说，谓今日荷蒙主教厚待，良深感佩。查上海天主教始于徐文定公，历久民教相安，从无龃龉之处。即如前年光复后，内地各处之民教虽稍有冲突，而上海则安静如常。且光复时徐家汇圣母院、育婴堂等人数众多，恐有匪徒滋扰，是以由行政官长派拨得力巡警前往保护，幸未滋事，甚为欣慰。至于教士所办慈善各事，原属地方行政长官暨各绅董分内应办之事，今荷教士代为筹办，尤为感激。继由县知事吴君演说，谓中华民国成立迄已一载，共和告成，皆由于民心一致。然欲巩固国基，必须人民咸有爱国之心，方能永久。务请教士于宣讲道德时，将人民应有爱国之意随时讲解，俾中华民国得以巩固。后由各董事挨次宣言毕，复至南码头安老院察看一周。该院男女老民共有三百余人，中西看护修女三十余人，房屋甚为清洁。当由女院长引导，参观老民亦进颂词，并由李平书、王一亭诸君捐助该院经费洋三百元。各老民同声感谢，遂即分道而散。

1917.5.23

警世寓言：溺女报（见本报甲戌年三月二十九日）【即 1874 年 5 月 14 日，此处略。两次刊登同一小文相距 43 年，颇是令人感慨—编者注】

1917.5.24

警世寓言：溺女报【见本报甲戌年三月二十七日即 1874 年 5 月 12 日，此处略】

1918.12.11

普善山庄泽及枯骨

本埠普善山庄，向以施材掩埋为范围，但以婴孩尸骸居其多数。近因鉴于沪埠生计日艰，而贫苦之家一旦罹病身死，或夫妇相继逝世，虽有子嗣，无力营葬；甚且无子嗣以料理其身后之事者，殊为可悯。适值王骏生、杨兆云捐助大场厂五十一图壹字圩第十七号第十四坵地八亩八分一厘三毫，愿作贫苦夫妇尸枢合窆之所，当由该庄董事部声谢，即名其地为合窆园。凡有夫妇双亡而无力营葬者，均可赴该庄报告，在新闸太阳庙相近，由该庄运送至园合窆，且为竖立姓名碑石，并不取费分文。子孙随时得往祭扫，是诚泽及枯骨之美举也。

1920.10.2

今日之南通观（译密勒评论报）梦庐

南通之得有今日而为各地方之模范者，盖具下列之诸要点……【略】

此外人观察我国地方自治发达区域之评论也，夫以南通人士之惨淡经营、不遗余力，乃有今日之南通，而犹不以已足汲汲焉。规画将来发展之方法，热心毅力有足多者，乃旷观国内气候之温和、物产之丰饶、交通之便利，不让南通者，不知凡几？而皆民贫地瘠、上下交困者，不亦地方人士之羞乎？吾愿地方人士之有责任者，以南通为模范，急起图之，固不难与张四先生媲美也。不然以国幅员之广，仅仅以南通一隅为地方之模范数十百年而不变，则又岂南通人士之所愿哉。

旧格言杀人：（溺女）男尊女卑，富家的爱憎问题；女子无才便是德，贫家的经济问题；溺女的方法：稳婆在浴盆上置一板，扶小孩上去谓之过桥。顺手推在盆中溺死，说是小孩自己从桥上跌下溺死，不是大人溺死他的。

1921.3.5

国民常识：遗产制度和男女平等（荄生撰文）

"遗产制度"的罪恶说不完尽，像养成国民"依赖性"、"奢华性"、"邪恶行为"和阻止"社会进化"、妨害"社会生活"等，都是他最显明的罪恶。但我仔细想来这个"遗产制度"的罪恶并且影响到"男女平等"问题上面去。为什么呢？听我说来。

父母的心理，因为儿子以承受遗产、女子不能承受遗产，所以把儿子看得很重，把女子看得很轻。胎产堕地就有轻重的分别。至于贫苦人家甚且有溺死女孩等情。这岂不是男女不平等的根源么？进一层说，做男子的受了父母遗产，就是产主。做女子的自己没有恒产，靠着夫家的产业以为产业，所以家庭里边男子彷佛是东家、女子彷佛是婢仆，夫妇的根本权利既有轻重，那里能够得男女的平等呢？

照上所说可知"遗产制度"的罪恶影响到"男女平等"问题上面实在不小。现在我们要解决"男女平等"的问题，必先做儿子的一方抱定决心不受父母的遗产（除非幼年和求学时代）。一方抖起精神去谋经济的独立，那么，父母歧视子女的根本观念无形打消，"男女平等"的基础也从此造成了。做父母的也要抱定宗旨，叫儿子自己去谋生活（所有遗产一概去做公益），那么，男子和女子处于同样的地位、都要靠着空手去做人家，因此女子的经济也不得不渐渐的独立起来。到了后来男女一样的自立、一样的权利，不平等的阶级再从那里发生呢。

1921.5.6
各界注意：救中国紧要条陈

选举投票纸，刊"不选好人受天诛"七字，由投票者书"承认"二字于其下，不书无效。任命官吏委任状，刊"不为好官受天诛"七字，由该员当面书"承认"二字于其下。非不知"贤者不誓亦贤、奸人虽誓无益"，第天下中等人居多数，故宜誓。家贫须谋生者，不能入校；丁单亲老亦然，是湮没人材。各校考毕业时邀校外人同考，校外程度能与校中同者，作为毕业。农工商界能为士为官兵，额有缺不补以商，农工界有身家非游民者，补入有事听征调，无事不入营仍为商农工。枪枝由各县官收藏，星期由军官教练打靶，商农工可为武官，并无兵变。每县各筹年费数万元，以救生命并一切善举，减兵额、节政费以成之。中国溺女最惨，不可缺款。凡奢华物，可再加捐，并所得税由民选最廉之人管理，不移他用。实行普救生命，如此则唐虞亦不能及。户口立即确查，俾办选举及查及龄童强迫入学，不学罚父兄。以后不识字，人永无选举权。多设课字，所凡贫民须谋生者，每日认十字，教育可普及世间。溺女杀人皆不识字、不明理，识字野蛮者少。宜种植普及、实业普及，饬令荒地限三年全开，逾限由官收为公地，由公局雇人种树，入款归公各家，不许有一隙地。植树日由公家备款购树苗，雇人挑下乡，饬地保沿门劝购。各县宜设救济所附一公局，内出示凡童媳及婢受虐或不愿为娼，皆可入。派人下乡，逢墟日劝善。令各县逢三、六、九午，官坐堂，免门上人作梗。案多问不及，可令其某日来审。以上为各县知事升黜之途。每月派人到县暗查，凡旧府治，仍设府知事并兼该县知事，不糜款多。一府级为县知事，升阶劝改文武。学校就旧校缩钟点、加一武事，如此则武人二字销灭。令各校设孔教堂，星期校长率生拜天帝及孔子，演说注重道德，令其饭时、寝兴时并每时皆默念"速行善"三字。营中设武圣堂，由长官率兵士拜天帝及关岳，演说军人道德、提倡科学。外国以声光电化制造各物，故富强。劝人有产万元只一子者，以一半归公局作各善举，先行报县，俟夫妇全殁日，实行殁，实行人易从。不止万元、不止一子者，类推。楷【本文作者名】无万元，已于戊午年禀县实行。劝各县未灾先筹款，凡积谷以一半粜银存店、行息以息金救各处灾。譬如一处火以天下水救，更沾足。如不互救，不但不敷，临时亦难募劝。各书局凡诗文及各种书，一律以白话解释。楷小时从师师不讲解，十六岁亦不通，乃苦心求通。凡书看一遍不明，看十余遍即明，立即能文。耗心血已多，慨然誓将各种诗文以白话解释，以惠蒙童。庚子年曾出书，登是年十一月初四《申报》，家贫无款，印字太小，不适用。令各县各公局将旧管新收支付各款，每年腊底抄贴通衢。食客界，派人查核政府各收入机关刊布，如不足，民间愿筹款。改革以来，子欺父、弟欺兄者更多，宜明令重伦常道德。光复后，暴民更多，各县劣绅借民权二字以干预一切，借自治机关邀其同党以害良善，正人君子不屑共事，多引退，暴民反代表民意，宜严防。劝勿设政党，孔子云群而不党，多有借政党营私；非其党者，虽是亦非。互相立党，政局不宁。各省军民宜合治，一省即一国具体，一国两元首，岂复成国？试观巡抚时代，何等安静。

以上各条，楷曾于民国六年秋上段总理，亦间上各省当道。今择尤并言大意，不知有合否。江西玉山徐士楷敬告。

1921.6.4

宁波青年组织保婴会

宁波青年会，鉴于一般人民对于婴孩保护方法无一定之标准，致无形中罹病或死亡者，不知凡几。爰联络基督教友谊社、妇女益智会等共同进行，已于前月三十一日起至本月三日止，假崇德女校开保婴大会。邀集著名医士检验婴孩各部身体，如合格者，给以证书，否则予以相当补救方法。集会时陈列各种机械、模型、电影等仪器，均由沪上运往，其经费概由三团体分担。闻每日赴会者跻跻跄跄，其中妇女尤占多数。诚破天荒之创举也。

1922.3.11

山西通信（作者：欧沧）：模范省教民政策

阎锡山氏治晋之特长，大抵在治官与治民。阎氏兼理民政初之二年，其精力在治官。最近之三年，其精力在治民。欲治民何以必先治官？彼盖以为州县无好地方官，民间又焉得有好百姓？其原因则由于山西自清季以来，吏治专尚严酷，士民被压抑无生气。阎氏家五台县城，世业钱铺，累受县吏非理之摧抑。当时阎以一穷秀才，虽衔之而无如何也。故柄政后，举州县官残民以逞之恶习，务使从根本上推翻。知其弊也深，故除恶之务尽。五年以来，山西数十百年承袭递嬗之"官毒"可谓洗刷廓清以尽矣。用是观晋政者，推许阎氏治官之功，当首于治民定论也。方今各省大吏中，如江苏之王铁珊（瑚）、新疆之杨显丞（增新），非不廉谨自饬，然始终不脱前清式之于成龙、陈鹏年派头。独山西之阎锡山与四川之刘湘，颇有新大陆官吏之风。自身本擅长演说，与人民异常亲爱，时时喜轻骑简从，微行与父老话桑麻，其一种诚恳之态度与勤苦之精神，要非时下一辈督军省长所能望其肩背。记者深愿模范督军之励精图治，毋使功亏一篑。尤望各省区民政长官，无让他人专美。民国民治，岂讵无一线曙光？兹撮阎氏教民政策，叙其原委或采其成文，揭橥本报与海内留心民政者共读之。

孙中山三民主义，几三尺童子皆知之。独阎锡山"三远主义"，当世多未能尽晓。何谓三远主义？思想高远、眼光深远、意志宏远。阎氏本此主义而希冀人民皆作好国民，故编成《人民须知》一书，共印成四五百万本，散给全省各村凡读书识字之男子。书中之内容大概（一）民德：信、实、进取、爱群是也；（二）民智：国民教育、宜听讲、看报纸、看告示、读刑律是也；（三）民财：种树、种棉、蚕桑、肥料、甜菜、制糖、种麻、交换种籽、牧畜、纺织、经商、备荒是也；（四）家庭：教育、女学、自立、三怕（怕上帝、怕法律、怕社会上舆论）、职业、贫富之别、积蓄、戒溺女、戒缠足、戒早婚、戒吸烟、戒赌博、婚嫁祭葬是也；（五）社会：给团体和公众卫生、信教自由、选举是也；（六）国家：爱国、国旗、国歌、调查与登记、违警罚法、诉讼与行政诉愿，告发诈财宫吏、尊重军人与警察是也；（七）世界：种族、条约、待外人的道理、欧战教训是也；（八）附录：地理图说、世界图说、山西图说是也。此为阎氏教训人民之大概。

地方人民，欲使其享安全之幸福，非先使人人有法律智识不可。阎氏有见及此，乃印《新刑律及刑事诉讼法》各数百万册，发交各县由区村间长分给人民，又以为欲造成好国民当先造成好的村长副，盖山西新政以村长、副、间长为最下级行政人员。故也其颁发《村长副须知》一书。内容分：（一）村长副应有之德性：公道、热心、毅力是也；（二）村长副之责任：委办事件、报告事件、发达一村之利益、图谋一村之安宁、开发一村之富源、倡办一村之学务、立定村志、维持村德与村信、议定村规、慎重村款、干涉游民、抑强扶弱、解释谣惑、引导人民、实行人民须知、提倡人民优待军人、提倡村中慈善事业是也；（三）村长副与间长、区长之关系；（四）模范之村长副；（五）现行法令；（六）农事简法；（七）人格上之注意；（八）信教与爱国；（九）禁止秘密结会；（十）人道上之注意。此为阎氏教训村长副之大概。

　　大抵中国教育不普及，生计复艰难。欲使之增益其智识，提高其人格，其难也，真不亚于登天。以此等愚懵媣惰之民，示以良法美意，何异持水沃石？所以法令虽类牛毛，文告触目皆是，彼等非束置高阁，'即熟视无睹，于事实上仍无裨益也。阎氏一以传布宗教之方法行之：一不从，再教之，再不从，三教之，勤勤恳恳，委婉动人，务使其明白这个道理而后已，务使其实在做出晓得的这个道理事业而后已。其进行方法，又文字与口舌并用。例如上述《人民须知》及《村长副须知》，阎氏即利用数项人员宣传之：（一）县知事公署宣讲员；（二）区署助理员；（三）国民学校校长及教员；（四）乡村长副及间长；（五）在籍之高等小学以上毕业生，及前清贡、举、廪、附、童生之品性端正者；（六）退伍军官。斯数者，皆阎氏之宣传员。阎氏自身即长于演讲，而又时时喜欢与乡民谈话。其常出外也，则呼村间长或人民来前，而难以《人民须知》、《村长副须知》两书中各道理，又详询各该乡村之实地情况，故晋民不敢忽本省暨本地之政情民俗，而亦乐于与阎督军谈话。其余如政治实察员、省县视学员、刑事协助委员、道属视察员、临时省委员等，下乡办事、询民疾苦，一准省长阎锡山氏。

　　教民政策及宣传方法，在山西可谓有绝大之功效。凡十五岁以下之男女小孩，印入脑筋者至深。试举一例以证明之。记者友人某君之子，太原市国民学校三年级生，甫十龄耳。今岁旧历新正，记者挈之游上官巷图书馆，涂次文瀛湖边，睹一残废者蹀躞路旁。予曰："是可怜矣。"学生云："身体不强壮是人生一大不幸事。"予曰："诚矣。"该生所举成语，盖太原电灯杆上阎锡山氏之格言也。旋见电杆上有"新青年"三字，予目之而询该生曰："何谓新青年？"生立指一团聚而嬉之男女童约五六人，答云："斯谓新青年。"予曰："否，否，此仅可谓青年而不得谓新青年也，汝再思之。"该生沉嘿久之，约行数武，遽曰："咱（山西土语言我也）以为读书的、不吃纸烟的、不赌牌的、女子不缠脚的，就是新青年。像那些不读书、吃纸烟、赌牌、缠脚、吃鸦片的一类人，就是旧青年，对不对？"予曰："得之矣，汝愿为新青年乎？旧青年乎？"答"新青年"。即此足见山西省教育普及之功。又记者偶至友人家，见一高小学生约十四龄，命一题试，演讲颇有条理、姿势亦复可取。太原市凡有讲演，彼固时常往听者也。此又足见阎锡山氏注重宣传之功。模范省新政之有效者，多类此（三月七日）。

1922.3.24

山西通信（作者：欧沧）：模范省文告择要

山西省之规程文告，几几乎与义务教育有并驾齐驱之势，盖已普及山右全省矣。不独太原省城街巷之电灯杆、各市场石柱、图书馆墙壁到处皆阎锡山氏格言，现在省外各县城、各县、各乡村，凡公共场合道旁壁上为人所易触目者，阎氏之格言告谕皆累累然，层出不穷。山西民俗本闭塞，重利经商，不愿问政治之得失。经阎氏竭力提撕，迩来上海、北京各报纸销行于山西者，日见其多，即此足征民智之有进步。清末太原政学界，仅有少数人看北京《国风报》（晋人景梅九办）、汉口《中西报》（山西有蒋汾特约通讯），余固乌有。洎革命之初，民立报乃大噪一时。迄于今，晋人欢迎本报（《申报》）之程度独高，而本报之输入山西者，亦较别报为独多。此记者昔年为目所亲睹，于今则实地调查之所得者也。晋民智识程度之日渐提高如此，是则不能不归功于阎锡山氏之教民政策。山西之文告既多，山西之印刷业亦日盛。现在晋省会，如桥头街、东西羊市、新南门、阁化寺各处，印刷局鳞次栉比，尤以文瀛湖边晋新书社印刷所最为发达。友人告予，民国七、八、九三年，仅太原商务印书馆一家每年结账阎督印刷费约三十万。京师《北京日报》每年亦代印四五万，其他印刷局尚不在此数。行政机关印刷费已如此巨额，而同时学绅商界，亦得喜欢印刷之传染病。毋怪乎山西人民程度之突飞猛进，一日千里也。谓予不信，记者试介绍模范省之文告两则，请读报诸君一观览之。

模范省之民德四要、立身要言六则、告谕人民八条、训言十八则，业见记者上月通信《太原市电灯杆上格言》中矣，其精粹文告，尚有为读报诸君所未见者，则有：

（甲）手谕人民十四条：（一）继母虐待前妻子女、婆婆虐待媳妇，是今日最可恨、最可惨的二件事。责成家长、村长、副、闾长严行禁止，亲属邻居切实劝诫；（二）举手打人、开口骂人，真是野蛮人。余在外国数年，没有见吵嘴打架的人，这就是文明国样子。你们如遇有吵嘴打架的人，要尽力劝戒他；（三）要想教自己的儿子好，教他上学校；（四）最可恨的二件事：男人吃鸦片、女人缠足，真是亡国败家的根原，均应快快的改了；（五）衣服要朴素整齐、尤要干净；（六）不说理、好占便宜，中国的上等人最犯此病。要知道这就是不公道；（七）禽兽也晓得亲爱自己的儿子，若人只晓得亲爱自己的儿子、不能亲爱人的儿子，就和禽兽一样；（八）传教的是为教人学好，入教的是为学个好人，不入教的不可仇视入教的人，入教的人不可藉教□□□【此处四字难以辨别】；如要犯了法，不问在教不在教一样的问罪；（九）外国有一种羊，名叫美利奴羊，每只每年能剪绒毛十五斤，每一斤能卖大洋一元，利大的很，现在已经从外洋买来一千头，请的外国技师办理牧羊的事。你们一家喂十头，一年就有一百五十斤的毛，生下的羔子还没有算，百姓应该早点预备；（十）溺女的一件事，残忍的很，亦罪大的很，从此以后再不可有；（十一）冬天患咳嗽病（俗名冬病），是煤炭火呛下的，所以男人得的少。要防此病，应该改良火炉或勤开窗户；（十二）父母爱儿子占人的小便宜，真是害他不浅；（十三）补习国民教育，是教人学好，并教人学本领，万不可不上补习学校，再耽误了自己；（十四）君主是皇上作主，皇上不好，人民就苦了。共和是人民举的议员作主，议员不好，人民也就苦了。想叫议员好，举的时候不可卖票子，谁好举谁，举下以后要常常打听他的主张、行为，如有不好处，就要干涉他，万不可举下以后再不管了。

　　（乙）家庭要言四十一则：（一）羞耻是家庭的骨干，和气是家庭的珍宝，干净整齐是家庭的文章；（二）纳妾是家败人亡的祸根，有子息的万万不可做；（三）教训子女亦如培养禾苗一样，最要紧的是小时。所以教育小孩儿最为要紧；（四）早气清、夜气浊，坏事都是晚间做的。早睡早起就是好人；（五）不教子以德，犹养贼也；不教子以义，是弃之也；（六）有廉耻的小孩一定有出息，是以养小孩的羞耻是家庭教育的要着，无廉耻的家庭永无兴发的机会；（七）欺人、恨人万万要不得；（八）盼望他人坏、忌刻他人好，是心短人。要知心短人不长；（九）不干净的空气，杀人甚于毒药；（十）父母的言行，即孩童的模子，好就印个好、坏就印个坏；（十一）上等人家的儿子，不会骂人；中等人家的儿子，不会打人；（十二）饿死不可做贼卖奸，病死不可吃鸦片金丹；（十三）不义之财就是祸患；（十四）无钱不算穷，无职业乃是真穷；（十五）婆婆虐待媳妇，是倒败人家才有的事；（十六）家庭残忍真是禽兽不若；（十七）一年赶过十年快，一年拖下十年债（俗语）；（十八）知过、认过、能改过，真是丈夫；（十九）悔过自新，是自省的真谛；（二十）仆役愈多，危险愈大；非真有用处不可雇用；（二十一）宝贵家的女子最多学坏，无职业的缘故；（二十二）无责任心的人，少一个，好一分；（二十三）男子穿艳色衣或华丽衣，不特是丑看，还令人小看；（二十四）心为万事之主宰，心一坏，不会有一样好；（二十五）自己心上觉着不对，就是坏事，应该不做；（二十六）想要愈做愈好，就是进取的精神；（二十七）办什么的不把什么办好，说到家上家必败，说到国上国必亡；（二十八）办什么的把什么办不好；就应该得什么罪；（二十九）办什么的办不好什么、又没有得办不好的罪，是人群公道倒了；（三十）俭朴是成家之根本；（三十一）为父母者，当知不能强迫子弟做好人，要在善于诱导、引起子弟心上作好人的兴味；（三十二）为子弟者，当知不能侥幸作好人，必须发了作好人的心芽，然后见了坏事才能不动心；（三十三）你看那待人前妻子女不好的，那后继母他生下的儿女，没有个好结果的，真是天理循环；（三十四）无学问的经验，比那无经验的学问，强的很多；（三十五）智者求己，愚者求人；（三十六）当将有日思无日，莫到无时看有时（俗语）；（三十七）祸莫大于任性，恶莫大于自欺；（三十八）最可怕的是不怕两字；（三十九）最可耻的是不能两字；（四十）淫词小说，唱的就把性情坏了，家中应当严禁；（四十一）不正当的小说是杀牲刀。

以上皆阎锡山氏文告中之富于趣味者，举此一斑而全豹窥矣。姑勿论其成绩如何，要不能不佩服其用心之良苦，惜乎山西民情风俗过于鄙陋闭塞耳。浸假南方各省，以原有之民智为基本，而加以此种诚恳击挚之教化，其成绩或当不止此。虽然西南诸省民智日高而民德不进，以致政潮起伏变幻靡常，如果阎锡山在南方，亦不能作督军至十年，兼省长至五稔，斯则敢断言者也。（三月十九日）

1922.5.25

宁波：劝募育婴经费

象山地处海滨，土瘠民贫，时有溺婴之事。去冬绞缩村忙爱山君，目击惨状，先自出资创一育婴堂于石浦镇。迄今未及一年，成绩斐然。惟因困于经费无法扩充，爱于日前邀集当地绅商各界，协商进行。莅会者有秦君少明、周君琼冰、俞君怀白、金君白山等六十余人，金云兹事体大，欲为永久计，非向各地募捐不可。当场即发募簿四十余号，分投劝募。想一般热心慈善家，必能慷慨乐助也。

1922.7.2
限制生育问题之我见（作者：姚群欧）

　　山额夫人（见注）来华提倡限制生育主义，其说颇风动一时。一般青年心目中，无不有节育二字之印像。盖人群生育，日增其额；漫不限制，世诚虞人满之患。而子女太多，家庭之负担亦重大。根本解决，不可不关发夫人之说，提倡正当的限制。（一）禁止早婚，庶所生子女，不致孱弱；（二）禁止残废疾病者结婚，庶痨瘵等等病根，不致遗传儿女；（三）节淫欲，庶不致多儿女之累。右提（上述）三项，前二基为绝对限制的。末项为相对限制的，惟社会恒情，向以子孙蕃蕃、瓜瓞绵绵为无上吉庆。父母为儿女完姻，以生男育女、含饴弄孙，为惟一之目的。若为单传子，尤必提早结婚，或更纳妾室，望不绝宗祠。身体将伤，反而不计。宜终生抱伯道之恨，或竟育而不举。求星问卜，怨天尤人，是病不知限制耳。至坠胎溺女等，种种惨无人道之举，亦不能引夫人限制之说，以掩饰罪恶。过犹不及，幸提倡者注意焉。

　　【编者注：山额夫人，又译桑格夫人，全名 Margaret Higgins Sanger，美国控制生育运动领导人，提倡优生学，曾因出版《限制家庭》被认为违反州法律和对上帝的信仰而入狱。曾于 1922 年访问中国，并于 4 月 19 日到北京大学演讲，宣传生育控制】

1922.7.18
太原通信（作者：渊如）

【编者注：《申报》继续对山西行政制度进行报导，于 1922 年 7 月 15 日及本日全文刊录"山西村区制村长副之责任"共十六条，涉及当时村级管理的方方面面。本文仅摘录各条名目并全抄与本书育婴、教案主题密切相关的两条】
山西村区制村长、副之责任：

　　山西行政制度，与南北各省现在之状况均绝对不同。非三级制也，而实亦非两级制。所谓我行我法，惟求办事上之便利……阎氏特注重于村之一阶级，因之村长、副之责任独重。而第一步即以养成村长、副应有之德性为前提。顾阎氏对于村长、副应有之德性，以何种方式而养成之耶？所欲养成村长、副者又为何种之德性耶？闻阎氏委任村长、副之初，即注重人选；择定后即每人颁发村范一书，责成村长、副按照书中所列举之事项次第与办，见诸实行……所欲养成村长、副之德性则分三种：一曰公道……二曰热心……三曰毅力……

阎氏本数年来政治经验之所得，知实行地方真正自治，非从村字上着手不可。故其视村长、副之重，无异于重视县知事，且其希望村长、副之良好，实较希望有良好之县知事为尤切。其规定村长、副应负之责任，综其大要约分下列数项：（一）委办事件…（二）报告事件…（三）发达一村之利益…（四）图谋一村之安宁…（五）开发一村之富源…（六）倡办一村之学务…（七）立定村志…（八）维持村德与村信…（九）定村规…（十）重村款…（十一）干涉游民…（十二）抑强扶弱…（十三）解释谣惑。现在乡间谣言甚多，每好无中生有，或是好事者故意造作、淆惑人心。比如现在，防疫本是一个救民命的事，而无知识的人反道是多方造谣，不是说省城没兵，就是说土匪已到。请洋医生来帮助防疫，在洋医生本是一片热心，又不要薪水，他们都是宗教中的人，以多救民命为自己积德，都是放下自己顶要紧事来帮忙。乃无知愚民和好事的人，反要造出多少谣言，甚至有因之聚众抵抗、不让防疫者，诸如此类，不一而足。村长、副嗣后遇此等事，应切实解说，以免人民误会。你想省城多少长官，经过多少次研究才能办得出一件事，乃不信长官的话，反信那造谣的话，岂不太愚。（十四）引导村民实行人民须知…（十五）提倡人民优待军人…（十六）提倡村中慈善事业。什么叫慈善事业？就是救贫恤寡，办这于公共有益的事。从前孟子说鳏寡孤独的穷民，要设个法子矜恤他，就是慈善的意思。这个慈善事业，本非一端，如义仓咧、孤院咧、赈济灾荒咧、修理道路咧、办恤兵会咧、育举堂咧，这通是叫作慈善事业。但是最要紧的有一件事，山西溺女的恶习向来狠盛，实属残忍，有伤人道。民国法律上定的罪名极重，犯者与杀人同罪。如有贫穷人家真正养活不起，村长、副应向村人与他捐助些银钱、粮米或衣物，总要使他养活得大。村长、副果能如此办去，不惟能救下小孩子的性命，且可免得他大人犯罪，真是莫大的阴德。如果是大村镇，能倡办育婴堂更好，或联合数村办个育婴堂也是很好的。

1922.9.2

论堕胎溺女之不法（作者：瞽丐）

父母对于子女，法律上虽有亲权之特许，然亲权云者，不过借以惩戒子女之不肖耳，非可杀之之谓也。杀人者有罪，杀子女者何独无罪？乃近今一般无知识之父母，徒以生计困苦，受胎则堕之，生女则溺之，残忍惨酷、全无人道。而且江北一带穷僻之乡，相率成风，见者、闻者恬不为怪，噫！异矣！夫胎儿之未出生者，法律上已具有保护之条，以禁止他人之侵犯。他人不得侵犯，父母反从而堕之。此新刑律所以有堕胎罪之规定也。至于既出生后有气也能呼吸、有声也能啼哭、有知觉也能活动转侧，是完全为社会上之一个法益。徒以其为女也而溺之，是更与杀人何以异乎？吾故谓堕胎、溺女等行为，不发觉幸也；一经发觉，有不受刑事之制裁者？吾不信也。

1922.9.10

改良家庭之最要办法

……实行男女平等。男女同属国民、同为父精母血所构造，本无歧视之理。然吾国数千年来，男尊女卑，几视为天经地义。现虽欧风东渐，盛倡男女平等之说，但按之实际，仍无异五十步之与百步。内地乡间，更风气闭塞，每多溺女、虐女及领童养媳等事，其他又墨守旧法、牢不可破，致女子之无学识者占大多数，言之可叹！故为家长者，对于子女，允宜施以同等之待遇，授以同等之教育，则不独造福家庭、国家，社会亦受良好之影响……

1922.10.22

十一年的国庆与十一年来山西政治之全盘的观察

……除以上整顿警察、编订统计、注意卫生、改进交通四项外，其余关于内务行政的措施为划一度量衡、取缔纸币、划一币制、戒奢靡、戒早婚溺女、奖励人民早起、整顿缉捕、劝积义仓社仓、试种区田等等，尤为晋政的大观……

1923.6.19

《实地调查：中华全国风俗志》销售广告

千里不同风、百里不共俗。一省有一省的风俗，一县有一县的风俗。有奇异的风俗，有古怪的风俗；有良善的风俗，有恶劣的风俗；凡是中国人应知中国各地方的风俗。《中华全国风俗志》是空前未有之新著作，是实地调查之大成绩。中国各地古来的风俗，纪载来明明白；中国各地现在的风俗，调查来详详细细。确是一部人人应备的书。本书特色内容列下：……辰州之刁风和溺女……【余略】。

1923.7.30

道德：革除重男轻女恶习之我见（作者：朱痴鸳）

重男轻女之恶根性，旧社会中沿习成风，其流弊遂至今日。即贤士大夫犹且不免有此见解，乡民更无论已。从前惨无人道之溺女之风，胡莫非此一念阶之厉。近已此风稍戢，不可谓非文化之一大进步。究之，卒未根本打破此种迷点。夫男女同为世界的人类、同为父母精血所构造，有何区别之可言？揣父母歧视之心理，厥有三端：（一）嗣续…（二）婚嫁…（三）经济…【详略】。基此三端，而父母轻视女子之心遂牢不可破。虽未必尽皆所同，究以此为大多数。今欲革除其成见亦有三端：（一）普及女子教育……（二）注重女子职业……（三）改良女子奁赠……以上三端略言其大纲，并未详尽。倘实行之，于男女轻重之界限上，不无改革之可能。故与邦人君子一商榷。

1924.5.6

杭州快信

元县向有溺女恶习。该县同善社会长朱云高，呈准省长，严令禁止。

1924.7.14

稳婆之非法堕胎（作者：朱痴鸳）

堕胎俗称打胎，多出自稳婆手，或下药条、或投猛剂，生吞活剥因而子死母腹者有之，胞衣不下者有之，危及母命者又有之。其损害公益、妨碍秩序、有伤天和，较诸从前溺女之恶习，厥罪惟均。而因奸怀孕之妇女祇图目前生产之隐讳，迁计本身生命之安危，往往多方买嘱稳婆行使手术，或贿托药剂师、药材商等为之用药。阴谋诡计，唯利是图。殊不知事为人道所不容者，即属法律所不许。所以堕胎之罪，新刑律规定甚严。按刑律第三百三十二条：怀胎妇女服药或以他法堕胎者，处五等有期徒刑拘役或百元以下罚金；又同律第三百三十三条：受妇女之嘱托或得其承诺，使之堕胎者，处四等以下有期徒刑或拘役；又同律第三百三十五条：医师、产婆、药剂师、药材商犯第三百三十三条之罪者，处三等至五等有期徒刑；又同律第三百三十七条：因犯第三百三十三条之罪致妇女死伤或笃疾者，并得援用伤害罪。如此各条，可知国家维护婴孩之苦心，及法律保障人权之至意。愿世之无知愚民及奸孕之妇女慎勿视为惯例，遽令稳婆打胎而自贻伊戚也。

1924.12.18
绍兴汤浦乡创设保婴会

绍兴汤浦乡公民钟荫棠、钟炳亭等，以该乡年来水旱交灾、民困更甚，每将所生婴孩溺毙、抛弃，有背人道，特捐助私资，创设保婴会，拟具简章呈请县署立案，并函请警察局转令各分所，随时查禁溺女恶习。

1925.1.15
谨代湖州菱湖留婴堂婴孩呼吁（作者：闻象）

两仪乾坤并重，男女平权，于今为甚。故溺女恶习久悬禁令。仆居义湖，见该地设有留婴堂，此风渐少。无如留养日多，经费日绌，甚至粥糊和烧酒，俾孩食后醉饿，鲜有不瘦且病者。每至夏秋，死亡枕藉；及冬冻饿，时殒生命。而领孩出养，祇月给六角，致领者不过冀其长大充婢媳。一遇恶姑劣主，磨折痛苦更不忍闻。曩见邻妇乳头生疮，往抱一孩，令其吮毒，惨何堪言。亟思拯救，自顾力微不获。已将目睹状况，一为陈述，除请湖属旅湖同乡会悲悯为怀、切实调查外，并将事实抄送各善堂，冀得同策进行一致救援，并恳登入来函，期望海内慈善闻而兴起、立解倒悬。仆谨为诸婴孩馨香祝焉，此启。上虞朱嗣臣、潘安祖。通讯处：英租界泗泾路七号永兴隆报关行。

1927.3.28
浙江最近政纲【共有多条，仅摘录与本书主题相关之第九条—编者注】

……九.关于妇女者：（一）妇女在法律上、政治上、经济上、教育上、及社会上，与男子有同等之权利；（二）凡执业妇女在生产时应给以两个月休假，仍给以薪水；（三）女子有承袭遗产权；（四）结婚、离婚绝对自由，打破旧时守节观念；（五）禁止蓄婢、娶妾及童养媳；（六）禁止娼妓并设法维持彼辈生活；（七）禁止贩卖人口；（八）设立成年女子补习学校；（九）禁止缠足；（十）禁止溺女。

1927.4.1

平湖消息：会衔布告——尊重女权

本县县党部妇女部长李怀新，接到省党部妇女部训令，对于蔑视女权、蹂躏女性之恶习，如妇女缠足、溺女、养媳、蓄婢、纳妾等，在此青天白日旗下，以后绝对不准发生此等事实。当由常务委员伊筹昌会同县长叶燮光，出示晓谕、严行禁止矣。

1927.5.29

浙省政府宣布最近政纲大会纪【与本报 3 月 28 日主要内容略有扩充—编者注】

……九. 关于妇女者：（一）妇女在法律上、政治上、经济上、教育上、及社会上，与男子有同等之权利；（二）设立公共育儿院，为妇女代管儿童，并设公立之裁缝业、洗衣业、烹饪业等等，以减少妇女家庭之负担，使得自营职业；（三）职业妇女在生产期前后，应给以两个月之休息仍照给薪金；（四）妇女有承袭遗产权，（五）结婚、离婚自由，打破旧时片面贞操之观念；（六）禁止娶妾、蓄婢及童养媳；（七）禁止娼妓；畀以和当之职业；（八）严禁缠足；（九）严禁溺女；（十）设立成年妇女补习学校；（十一）设立产科学校及产科医院，取缔稳婆营业。

1927.7.15

杭州快信

浙江省政府民政府厅昨令各县县长革除陋俗：（一）严禁缠足、束胸；（二）严禁溺女；（三）严禁吸种及贩运鸦片；（四）禁止赌博及发售有奖彩票；（五）严禁卖买人口；（六）废除各地堕民及类似堕民之制度；（七）劝导婚丧庆吊务从节俭。

1927.8.20

严禁溺毙女孩之布告

公益、公安两局长会衔布告云。

为布告事。案奉市政府发下国民政府训令天字第二零八号，内开案准江苏省党部特别委员会妇女青年运动委员会函称，"我国古来有重男轻女之陋习，皆以女子不能独立而依男子为生，遂生鄙视女子之意，男女不平等之待遇乃起。往往贫家生女，轻则送至收生堂，重则溺毙。此种陋习，沿之今日而不能免。现在革命成功，敝会以为此种陋习若不申令严禁，殊背总理三民主义之要义。依据现在国民政府之政纲，男女同享参政权，在政治上已无界限之分。且现在女子运动已达目的，与男子同享公民权，兼能独立谋生，是在社会上男女已处于平等地位。纵观上述各节，若再沿重男轻女之陋习、溺毙女孩，岂非大愚？且上天有好生之德，同属人类，一加爱护、一施残杀，背灭天道，莫此为甚。是以请我国民政府通令各地，严禁溺女，以重人道而维世风，实为德便等由，准此"。查溺毙女孩有乖人道，恶俗相沿、亟应禁止，准函前由。除分令外，令行仰该市政府迅饬所属，一体遵照，严切禁止，并将办理情形呈报，勿违此令，并饬严行查禁等因，奉此。查溺女恶风最为可惨，既伤天理且乖人道，情无可恕、法所不容，为特剀切晓谕本市境内人民，毋许蹈此恶习。如敢故违，定予严惩不贷。除密派人员随时查察外，仰各懔遵，切切。特此布告。民国十六年八月十九日公益局长黄庆澜、公安局长沈毓麟。

1927.9.20

硖石：饬属严禁溺女恶习

溺女之风，各地难免。重男轻女，已成恶习。县政府前曾奉省政府通令，饬令严禁溺女恶习，以维人道。徐县长奉令后，当即转令县属警所，随时查禁，并出示布告民众周知。

1928.6.15

苏省十七年度执政大纲：……（六）革除陋俗；（甲）禁赌博；（乙）禁溺女、弃婴、及贩卖人口；（丙）禁蓄婢纳妾；（丁）禁男子蓄辫，女子穿耳、束胸、缠足；（戊）限制庆吊酬酢……

1928.6.16

内部通令保护女权（南京）

内政部通令各省民政厅，保护女权、以重人道，共四端：一取缔娼妓，二禁蓄婢女，三严办诱拐，四严禁溺女。并咨各省政府取缔一切伤风败俗、以及其他迷信神权之商标图画，改为爱国明耻、劝勤崇俭、有益社会人民之图画文字。

1928.6.17

内政部保护女权

……（四）严禁溺女：我国东南各省，每多溺女之风。考其原因，或为家贫无力养育，或恐嫁女须赔厚奁，遂不恤以杀人手段乘其初生之时将其溺死。此种违背人道主义之残忍行为，实为各国所罕见。地方官吏负有保护民命之责，应即出示严禁、详加调查。倘有此等行为，即将溺女之人送交法院，按律处罪。一面对于民间嫁女，禁止赔送厚奁，并饬员在城乡村镇广为演讲，以启迷顽，更须筹设救济院或育婴所，收容女婴，以资补救。以上各端均为维护人道、实行保护女性起见。除分行外，合亟令仰该厅，即便查照，迅予转饬各县政府及公安局，遵照办理，并将遵办情形随时具报查考。切切此令……

1927.6.26

内政部保障女权之通令

上海县政府昨奉江苏省民政厅训令，文曰"为令遵事。案奉国民政府内政部第三九二号训令开，查中国国民党第一次全国代表大会宣言所定之对内政策第十二款，于法律上、经济上及教育上、社会上确认男女平等之原则，助进女权之发展。对于女子保护问题，视为何等重要！现值北伐完竣，民解倒悬，亟应保护女权，以重人道。除关于禁止缠足一事已经本部规定条例呈准颁行外，兹特列举数端示禁于左……"【通令内容如前】

1928.7.15

［广州］市政府通令保障女权：（一）取缔娼妓；（二）禁蓄婢女；（三）严办诱拐女子；（四）严禁溺女，同时改善女界生活……

1929.2.25

民政厅通令严禁溺女

上海县政府昨奉江苏省政府民政厅训令，文云："为令遵事。案奉内政部民字第七〇号训令内开，案查本部前为维护人道、实行保障女权起见，曾经通行各省严禁溺女在案，此次咨呈奉国民政府暨行政院核准，先就苏、皖、赣、闽、浙五省及京沪两特别市，召集第一期民政会议。浙江民政厅厅长朱家骅所提禁革溺女办法议案，经本部审核，认为可行，除分别咨令外，合行抄发原议案，令仰该厅即便转饬所属，酌量地方情形及经济状况，查照本部前令，妥议办法办理，并具报查考。此令"等因，计抄发议案一件到厅，奉此。除分令外，合行抄发原议案一件、令仰该县长即便遵办具报，以凭汇案核转。此令。

1929.2.27

市社会局禁止溺女、弃婴、堕胎

第一期民政会议，曾议决禁止溺女。经内部咨请市府、经府饬令社会局查照办理，该局以本埠尚有遗弃婴孩于路及堕胎等，故一并布告禁止，并将育婴场所开示，以便投送、免致溺弃，其布告云："为布告事。案查内政部第一期民政会议，由浙江民政厅厅长提出禁革溺女办法案，第三项内开溺毙婴孩本与杀人同罪，乃因社会恶俗相沿视同习惯，人民不告发，司法不检举，以致犯者屡屡，而不知身已犯罪，恬不为怪。此于禁革前途，大有影响，宜先行布告，嗣后如再有违犯，即将其父母实行依法惩办，以资儆戒而期革除等语。经部议核准，咨请本特别市政府转令到局，除查照原议案，分令各区市政委员酌量情形，组织保婴会，并责成村里邻长调查孕妇、随时劝告警戒外，合行布告市民一体知悉。此项禁令，系欲革除重男轻女之陋习，并为发达中华民族起见，不特溺毙婴孩罪无可逭，即遗弃于路或故意堕胎者，刑律具有专条，均应绳之以法。如实因家贫不能自育，可按照后开育婴处所，送往育养。倘敢仍蹈旧习，干犯法令，一经察出，定当拘送究办；邻户或产婆等知情不即告发者，并应按照部准办法，予以相当处分，决不宽贷。其各凛遵毋违，此布。计开：上海育婴堂兼保赤所。城内中唐家弄一二三号；江平育婴堂，闸北虬江路；仁济育婴堂，大沽路一一二三号；新普育堂，南市国货路。并令饬各市政委员切实遵照办理矣"。

1929.6.19

本埠市宣传部制发学生暑期宣传工作纲要

上海特别市党部执行委员会宣传部，以暑期将届，各校学生同志均将回籍度暑，大可利用时机，作普遍之宣传工作，因特制定"学生暑期宣传工作纲要"，发交各校学生，以便宣传。兹录其纲要如次：

光阴像流水般的过去，现在又是放暑假的时候了。男女青年学生，在这个长夏如年的时候，我们正好利用这个宝贵时光，做一些造福社会的工作。因为整个的中国民族，到了现在，差不多已成了老弱衰病的险象，而有一线生机的，就靠我们革命的青年。我们青年，若是不把这个"救亡"的责任担在自己身上，我敢说中国民族是永远没有办法。

本党的势力已统一了中国。然而国内的封建势力，仍未铲除；新兴的军阀，犹继续而起。我们要根本铲除革命障碍，完成革命大业，全靠武力解决，终不能澈底，非全国青年集合在本党领导之下，一致起来唤醒民众、训练民众、领导民众……

本来，学生是最富革命性的。有较好的学问、较清的头脑、较高的理想，尤其是有丰富的热情、蓬勃的朝气。在学校上课的时候，他们尚不惜牺牲学业，去做唤起民众的工作。在优焉游焉的暑假内，又处于一般"不知不识"的同胞中间，我们深信他们更会感觉宣传工作的需要。而他们的宣传工作，也一定会比平时更紧张、更切实、更感到兴趣。因此我们根据革命的理论，参照现实的环境，特制定这个工作纲要，希望学生同志，依照这个纲要，努力宣传。

工作目标：

甲、（一）三民主义的认识；（二）怎样去实现三民主义；（三）政纲的认识；（四）怎样去实现政纲。

乙、唤起民众一致起来废除不平等条约，打倒帝国主义。

丙、唤起民众防止共产党。共产主义是不合中国需要的，而且苏俄本身就是个赤色帝国主义者。为苏俄的卢布所收买的中国共产党徒，更加土匪一样，没有解放民众的能力，只有断送国权去换苏俄的卢布。所以同胞们应一致起来从根本上铲除他。

丁、唤起民众知道在党治之下，不应有土豪劣绅的特殊阶级。如果有土豪劣绅存在压迫民众，也应该毫无犹豫的去铲除他。

戊、揭穿军阀官僚的真面目，在党治之下是不许军阀官僚存在的。现在桂系和冯玉祥就是新兴的军阀，我们应当宣传民众，集中力量，一方面根本铲除叛逆，一方面严防新军阀之继起。

己、使民众一致拥护中国国民党。（一）三民主义及其使命；（二）党的历史与时代背景；（三）党的组织和训练；（四）容共清共的经过；（五）以党建国、以党治国的意义。

庚、我们应该随时宣传的，政治方面如：（一）训政时期人民应努力地方自治；（二）宪政时期人民可享的幸福；（三）领事裁判权的弊害；（四）鸦片战争之来源及其结果；（五）弱小民族之复兴与帝国主义之崩溃；（六）北伐虽已告成，革命犹不能算是成功；（七）总理遗嘱之解释与背诵；（八）民权初步之大略；（九）本党扶助农工之决心与办法；（十）农工商学兵团结。社会方面如：（一）禁止缠足、穿耳、溺婴、贩卖人口、虐待童养媳；（二）解放奴婢、妓女（要求政府强制执行）；（三）废止建立贞节碑及庙宇祠堂；（四）废除生日拜寿以及其他繁文褥节；（五）禁赌拒毒；（六）农民协会之组织与工作；（七）劳资争议处理法浅释；（八）识字之好处及其方法；（九）早婚之害；（十）求神拜佛、服仙丹及护月之愚妄；（十一）废止农历，遵用公历；（十二）关于卫生事项，关于特殊的按工作情形而施之训练与宣传：1、关于农运之意义及需要；2、关于工运之意义及需要；3、关于商运之意义及需要；4、关于青年妇女运动之意义及需要；5、其他。

工作方法：

甲、集合同志设立暑期宣讲，所组织宣讲队和新剧团按时出发。

乙、设立书报流通处及公共阅报社或通俗图书馆；或将报纸图画逐日揭贴（最好用板报）。

丙、设立暑期儿童小学及成年义务夜校，都市、乡间须视地方之需要而定。

丁、为扩大某种宣传起见，可以规定特种宣传，如识字运动、国货运动、卫生运动、消费合作运动等。

戊、多做私人谈话。与人谈话时，态度须和易近人，尤须考察对方思想及其生活状况。然后再找题目，总要设法使对方的思想统一在三民主义之下，赞成本党的主张。

己、要免除在民众前说自己好话的恶习惯，利益须站在民众方面，说话须站在党的方面。

庚、关于文字宣传。或发行周刊、或油印传单均可，惟文字须就浅识、务使民众一看就懂。

上面不过举一个大概。总之，宣传无论文字也好、口头宣传也好，总求随时应变，视当时环境的需要因人而施。如果学生同志们能够照以上的方法尽量做去，一定能够在最短期内得着最大的效果。

上海特别市执行委员会宣传部印发。

1930.2.14

济生会所得浙温灾情，筹办春赈

中国济生会，迭接浙江温属永嘉、乐清等县代电，报告"上年温属被灾各县，永嘉、乐清等县，重叠遭风、虫、水、旱四灾，赤地千里、禾稼荡然，灾情甲于东南，前曾一再沥情呼吁急救燃眉。近日以来，灾民典妻卖子，菜色成群，将填沟壑，惨状难言。各村逃荒十室九空，无处觅食，中途折回。饥饿就毙，触目皆是。乏食自尽、溺婴弃孩，无处无之，仅余一线生机，乞为援手。"等语。该会于浙之台属灾重之临宁等县，去冬已往查赈，现甫散放完毕用款。不赀温属乐清、永嘉等县灾情又复如此之急，揆情夺理，难使向隅。春赈在即，势不可缓。现已公推赈务素有经验之员为温属被灾极重县分主任，一面邀集赈友，筹拨款项，预备前往办赈，一俟就绪即当定期出发。浙灾如此之重，沪与浙邻，浙人旅沪为多，不乏慈善仁人，必能顾念梓桑，发心拯救，以期消弭劫运于万一云。

1930.5.12

浙江省缺少女子约二百五十万人

浙省民政厅对于本省各地溺女之风，认为罪大恶极。几经设法严禁，而各地仍所不免。不过较之以往，已经好得多。该厅调查本省七十五县女子生活状况之结果，在未经令禁溺女前，已比较男子缺少约二百五十万人，为数至为可惊。兹将昨日所得之缺少女子百分比率数录之如下（各县均以男子人数为一百计算）：杭州市，65.8%【原文为百分之六五·八，为符合现今常用格式，改为 65.8%】；宁波市，71.8%；杭县，82.0%；海宁，83.6%；富阳，79.1%；余姚，75.1%；临安，66.1%；于潜，70.0%；新登，73.8%；昌化，81.7%；嘉兴，79.0%；嘉善，79.2%；海盐，88.8%；崇德，78.6%；平湖，87.4%；桐乡，77.8%；吴兴，74.8%；长兴，65.7%；德清，77.2%；武康，72.9%；安吉，67.0%；孝丰，72.0%；鄞县，91.0%；慈溪，82.3%；奉化，82.8%；镇海，86.3%；

定海，84.7%；象山，77.5%；南田，75.7%；绍兴，82.5%；萧山，82.7%；诸暨，76.3%；余姚，80.2%；上虞，83.2%；嵊县，77.1%；新昌，79.5%；临海，81.1%；黄岩，85.1%；天台，81.5%；仙居，80.8%；宁海，78.9%；温岭，84.1%；金华，76.3%；兰溪，70.0%；东阳，82.4%；义乌，76.4%；永康，82.3%；武义，79.5%；浦江，82.0%；汤溪，76.2%；衢县，71.2%；龙游，66.2%；江山，70.2%；常山，66.0%；开化，70.0%；建德，76.0%；淳安，84.7%；桐庐，77.5%；遂安，77.1%；寿昌，67.5%；分水，71.0%；永嘉，77.2%；瑞安，73.6%；乐清，79.0；平阳，66.0%；六泰顺，60.3%；玉环，77.3%；丽水，75.6%；青田，74.7%；缙云，74.3%；松阳，74.3%；遂昌，70.7%；龙泉，70.0%；庆元，77.0%；云和，71.0%；宣平，64.1%；景宁，76.4%。

1931.1.12

解释中国男多于女的几种假设（原文载《社会学刊》第四期，东南社会学会编辑，世界书局发行）

中国男多于女，这是最近各方人口统计的报告。自然是可认为事实的，然这是与各国的现象所不同的，亦可说是一种变态的社会现象。本文作者吴景超引证欧美各国的现状，解释中国何以会男多于女。他提出几个假设，作为将来研究的出发点。他的几个假设是：㈠中国人的乡居大约与中国的男多于女一现象有关系。这是根据各国调查的结果，以为住在乡下的比住在都市中的生子多男，那么中国人的乡居可以说是造成中国男多于女的一个原因；㈡中国人的早婚大约与中国的男多于女一现象有关。这亦是根据各国的统计是认定早婚的夫妻生男较生女为多，且早婚会增加女子的死亡率；㈢中国溺女之习大约与中国男多于女一现象有关；㈣中国重男轻女的态度大约与中国男多于女一现象有关。而上述各种假设，其是否可靠，作者亦是说须待将来搜集事实来证明。我就希望作者能设法于最短期间内搜集事实来证明，进而加以确当的研究，以便消灭这称变态的社会现象。

1933.1.1

我们怎样应用医学来保护婴儿（作者：胡定安）

婴儿死亡数，在中国有惊人的统计，大概要占千分之二百七十以上。公家缺少完善保育婴儿的机关，私家往往缺乏育儿的常识。有产阶级和中产阶级人家的婴儿，只知道溺爱，不明白隐害。因了先天的虚弱、出生后的养育不适当，常有失败底例子。劳动阶级人家的婴儿，因了生计上的欠缺、环境的恶劣和医疗的不完备，所以婴儿的死亡也是很多。有时，在平民窟中看到天花或麻疹流行时候的相继死亡，差不多挨户过去。这种惨痛的事实，我们惟有从公共卫生的立场、用医学眼光来详细观察。有时参观内地育婴堂埋放婴儿尸体的地方，像个小山似的；循环簿上每天终有死亡的报告。再调查亲戚朋友，凡是有多个小孩的人家，不打折扣的绝无仅有。在这种状况之下，我们负着医学的责任和卫生的使命，再不从实际上来提倡育婴保健，用医药方法来保护婴儿，使民众增进育儿智识，眼光放远一点，就要对于民族复兴，先下强种救国的种子呢。照着天演竞争、优胜劣败的公例来说，凡是先天孱弱、抵抗不够的婴儿，自然的要归淘汰。这不免有所误解。因为婴儿本身，本来没有什么优劣的分别。就是婴儿先天的种因和生后的事实，也并不是婴儿自身所能主宰的。所以婴儿生存上的被害，完全要归因于保婴方法的欠缺。我们细考婴儿死亡的主要原因。（一）发育障碍；（二）呼吸器病；（三）下痢及肠炎。还有其他种种原因，如（一）两亲的身体薄弱；（二）先天性虚弱。父母有梅毒、肺痨、酒精中毒及其他工业上中毒，或在子宫内受障碍；（三）社会的原因。经济困难、生活不良、住居不洁、营养不足、公共卫生设备不全；（四）都市比乡村死亡数大，男儿比女儿死亡数大。此外季节的关系，如七月至九月，也有死亡数较大。这样看来，婴儿死亡的增减，完全在乎保婴方法的效果如何。我们还可以拿他国的统计来做证明。譬如英国把保婴的事业注重了以后，这可痛的婴儿死亡率，三月以内者，得减少百分之二十七；三月至六月者，得减少百分之五十；六月至一年者，得减少百分之四十三；一岁至两岁的比不满一岁的，减少四分之一至三分之一；二岁至五岁的，比不满一岁的，减少也很多。这就是从注重育婴保健所收的良好成绩。回顾我们中国，倘若专把这桩育婴保健事业注意起来，凡是医界同仁留心死亡率和当地保婴的现况，我想一定会自动的被一般惨痛的事实鼓激起来。应用实际的预防医学和治疗医学，挽救每年无辜可爱婴儿几乎枉死的危险；各地方育婴堂哺乳营养、处理传染病等重要问题，我们业医的更应起来劝说指导。家庭方面和社会主面，也须灌输育儿常识和预防传染病的应有智识。关于保婴方法的要点，如对于民众保产设施的力求完善、对于婴儿及五岁以下的小孩普设保婴诊疗所，为着健康上一切的指导及医疗上一切的帮助，尽力地筹办。

又如婴儿施诊所，医者义务的尽保婴责任，为地方造福，我们都应当提倡起来。这都是关于组织上的问题。有了那些诊疗所和施诊所，便可从事实际工作，为婴儿治疗检查以及指导卫生。但是医学上的根本问题，儿科学术的研究，许多小儿传染病的医治无效、许多营养方法的失败，在中国按着社会经济状况和家庭生活现况，用怎样的育儿标准，使人们可以普遍实行。日常需适合现代环境的育婴课程，要差不多使一般平民都能够办到。就是医药方面的补救，怎样可以使各种阶级人们的婴儿有了病都不失了医药救济。关于儿科学识因卫生设备的不全、风土人情的各异，如何可以简单的实施婴儿保健，我们到处要研究婴儿死亡的主因。从许多条件中唤起医学上对于儿科专门的探讨。育婴方法切实研究，更由统计上来比较死亡数，都是目前很紧要的事。吾愿全国各地慈善家与医界同仁，共发宏愿，特别注意育婴、保健这桩事。如育婴堂的改善等工作，这实在有关于民族前途的复兴。那末可使千百万婴儿生命上得了我们的保障，也是我们医界应尽的天职么。

十二月廿一日于南京四象桥中国育婴保健会首都婴儿施诊所

1934.10.19

全慈会议闭会后发表大会宣言

全国慈幼领袖会议，此次在上海举行大会。各地办理慈幼事业之领袖，联袂来沪出席，开我国慈幼界未有之新纪元。连日盛况，早志前报……至大会宣言，经大会通过原则后，连日各起草委员与大会秘书处缜密修改、特发表如下：

……四曰法律保障。国人对于恶习相沿如溺女、虐婢、摧残童养媳、抛弃私生子、掠卖雏妓等惨酷无人理之事，尚多漠视。亟欲严密侦查、加以重惩，更须请求政府制定儿童法律，特设儿童法庭，易刑为教。俾得自新、以重人道，是亦本会重大之使命……

1935.4.4

时评：对于儿童节之希望（作者：幼雄）

我国之有儿童节，迄今已第五届矣。历年每逢此日，凡主办儿童教养事业之团体机关，或则乘机举行儿童健康比赛，或则特别供给儿童娱乐场所，务使儿童在此节日，得有快乐之机会。往事追忆，足称盛举。本届儿童节，因儿童年实施在即，中央命令作大规模之庆祝，故其盛况，更胜于前。以事事落后之中国，对于儿童能加相当之注意，此诚足为全国儿童庆、为国家前途贺也。

儿童为社会、国家未来之主人翁。欲谋国家之强旺、民族之兴盛，自不能不置重于儿童之教养。故各国对于儿童权利，莫不有法律为之保障。爱伦凯女士至称二十世纪为儿童世纪，亦足证儿童权运动之重要矣。更进一步言之，国步艰难，至今日殆达极点。吾辈成人固当努力，然今后复兴国家之一部分重荷，势将落诸今日之儿童、即未来主人之肩上。今日对于儿童，设若不予以知识、道德之培养、与夫健康之保护，迨其成长，岂能成为良好之公民？欲令其负国家复典之重荷，不其难乎？故吾人于今日儿童之培养，良不容忽视。而儿童权利之保障、健康之维护、教育之普及，皆关于儿童培养之最重要者。吾人今日宜自省，对此数者，果已克尽厥职矣乎？

所谓权利之保障，即儿童有受养育之权利。而此权利宜予以法律上之保护也。然在今日之中国，以言养，则弃婴、溺婴、鬻子、卖女之风，尚未全绝。工厂法虽已颁布禁止童工；而全国童工之数，有调查者已在六万以上。此等儿童不能受父母之养、而反牺牲其未发育之身躯以养父母。天下之惨酷事，宁有过于此者。以言教育，我国强迫义务教育制尚未施行，教育经费十分支绌，能受义务教育之儿童，全国平均仅及学龄儿童百分之二十二。以言健康，我国儿童卫生素不讲究，各种体格缺点，逐渐增长（参阅二十三【民国纪元，即 1934 年】、二十四年本报年鉴卫生编）。而儿童死亡率，更较任何国家为高。夫今日以前，我国儿童教养方面，既均有巨大之缺陷，则今日以后，吾人之所应努力者可知矣。

今者国人对于儿童，已有相当之注意。政府亦以明令规定，自本年八月一日起至明年七月底止，为儿童年。吾人庆幸之余，觉有应诚者数事。第一，言而不行、或行而不彻底，乃国人之通病。对此盛大之儿童节，高呼口号之后，倘无切实之行动继之，则于事无补。第二，以中国儿童之众、分布之广，对于儿童之教养设施，易有偏倚缺漏之弊。如都市儿童，得有一时之优遇；而散处乡间及下层民众之儿童，反被遗忘。殊非所以嘉惠全国儿童之本旨。第三，吾人欲造成健全之儿童，必须对儿童之身心各方面，俱有详密之研究，任何方面不可使有缺无。故吾人更希望于实际教养工作之外，又能有儿童问题研究之运动（请参阅四卷一号申报月刊"儿童年的儿童问题"一文）。国人对于世界各国之儿童运动，倘欲有所借鉴效法，美国之儿童年运动及苏联对于儿童之设施，均有一顾之价值。美国之儿童年运动，系由政府劳工部儿童局主持其事，而以国防协会之妇女部任推行之责。参加活动之妇女，为数达一千一百万人。除妇女外，尚有无数之大学教授、教会牧师、社会事业家以及图书馆人员等加以协助。其集合全国人民之力量，以图谋儿童幸福之增进，实足为吾人效法也。苏联对其儿童，则利用全国一切之机会、所有之设备，以增益其知能。如将成人之文化设施、在某一时间内供儿童使用，剧场、电影院，俱在上午为儿童特别开演，工人俱乐部得由儿童利用，公园竞技场为儿童开放；凡有设施，儿童几莫不有参加或使用之机会与权利，此又足供吾人参考者也。

　　抑吾人尤有不能已于言者。儿童之教养，端赖成人之知识；如一国之成人多为未受教育者，则欲求儿童有良好之教养，殊为困难。我国失学人民过于半数，此实为我国教育上之一个严重问题。故吾人言及儿童福利，同时亦不能不联想及于民众教育之需要推广。盖社会乃整个之集团，社会程度不提高，而求儿童教育与儿童福利之提高，亦犹缘木求鱼也。

　　本报所能努力者，唯在唤起国人注意儿童权利。故既先创办儿童周刊，复于本年儿童节编印"儿童之友"，以为全国父母、教师对其教养儿童之一助。更复特约国内儿童教育专家为文，发行儿童节纪念册二十万份，赠予及本报读者。希望今后儿童权运动能普遍于全国，以推进儿童文化之建设。语云众擎易举，设国人而能群起合作、共策进行，岂惟全国儿童之幸，抑亦中华民族无疆之麻也。

1935.8.1

儿童年开幕特刊：儿童年中之精神建设（作者：潘公展）

　　今之谋儿童福音，咸致力于物质事业之建设，在儿童事业十分衰落之中国，此固为吾人应有之努力。顾所谓儿童事业之建设，决非仅赖少数人提倡所能为力，必也全国上下、人人具有慈幼之观念，人人以慈幼为应尽之义务，通力合作，方克有济。吾国儿童事业，虽经提倡有年，而迄今无若何建树者，国人慈幼观念薄弱、未能以慈幼为应尽之义务；对于儿童事业，未能尽扶植之责任耳。故于今日而欲谋儿童幸福之增进，于物质建设之外，犹应先谋精神建设之完成。

所谓精神建设者，一言以蔽之，提倡国人之慈幼观念而已。而今而后，政府应以慈幼为国家主要施政之一，以发展慈幼事业为立国大计之首。国库虽虚，慈幼应拨专款；国难愈重，慈幼愈不可废。以言国民，则应知儿童地位之重要，与国家民族之关系，以慈幼为国民应尽之天职，有力者出力，有钱者出钱，于自顾子女之外，犹应兼及一般儿童，"幼吾幼，以及人之幼"，允宜奉为圭臬，夫然后精神建设之意义乃克完成。精神建设完成以后，则政府倡导于前、国民扶植于后，物质事业之建设，庶几有解。今日为国定儿童年开幕之日，其即精神建设之开始乎？企予望之！【后有"儿童年之感想"、"告全市儿童"、"中华慈幼协会宣言"、"儿童年标语"等部分，本书仅摘录标语一节附后】

儿童年标语

（一）通用标语（十则）：儿童年是儿童世纪的开始。儿童年是复兴民族的初基。儿童幸福，肇始于儿童年。儿童是人类文明的花蕾。儿童是民族生命的新苗。儿童是民国的小主人。儿童是家庭的小天使。新儿童，创造新中国。爱护国家，从爱护儿童起。尊重儿童的人格与人权。

（二）关于保障儿童、救济贫儿的标语（十则）：全力保障童工。彻底改善学徒制。绝对禁止蓄婢。铲除虐待儿童的恶魔。严缉拐卖儿童的匪类。救济大多数的苦儿孤儿。不让全国有一个流浪儿童。男女儿童待遇平等。拿办溺婴的罪人。拿办伤残儿童、哄众卖技的江湖恶棍。

（三）关于儿童幸福机关的标语：使育婴堂现代化。改善贫儿院。广设大众化的托儿所。广设工学团，收容流浪儿童。为儿童开办剧场、电影院。广设儿童图书馆。广设儿童娱乐场。普遍组织永久的儿童幸福会。

1936.5.14

五月十五日为"儿童健康检阅日"，本市巡视各慈幼机关

本市教育局奉教育部及卫生署训令，定五一五（明日）为上海市儿童健康检阅日。教局已决定办法、会同各有关系机关，派员巡视本市各慈幼机关，兹录其办法及巡视人员如下……巡视时注意之点列下：一、饮食营养概况；二、衣被床褥是否清洁；三、宿舍厨房厕所是否合宜；四、环境卫生设备状况；五、医疗卫生设施情形；六、课室光线桌椅高低是否相宜。巡视后分别优劣予以书面通知、促其改善或请其注意，各慈幼机关距离标准过远者应于

巡视后切实整顿、合并或停办。派定人员……【下一条巡视报告中对视察人员有更详细介绍，故此处略】

1936.5.16
昨日儿童健康检阅，分路视察各个慈幼机关，规定一星期内报告当局

全体动员。昨日为儿童健康检阅日，本市教育局、卫生局、公安局、中华慈幼协会等机关推出之检阅代表，均于上午八时即出发赴各慈幼机关检阅。计有：卫生局第三科长吴利南，检阅上海妇孺教养院、上海福意所；卫生局科员王世伟，检阅腾佩福慈院、平民教养院；公安局殷冠之，检阅新普育堂、上海普益习艺所；公安长袁良驹，检阅上海贫儿院、淞沪纪念广慈院；中华慈幼协会陈铁生，检阅抚育工儿院、上海仁济育婴堂；慈幼会王振常，检阅上海市佛教慈幼院、腾佩福幼院；教育局蒋建白，检阅上海官童学校、徐家汇育婴堂；教育局胡叔异，检阅慈幼教养院、中国救济妇孺会；教育局谢思皋，检阅信德社、上海贫儿教养院；教育局钱弗公，检阅上海孤儿院、上海市劳托儿所等二十个慈幼机关。

检阅报告。此次各机关派员检阅儿童健康，为全国创举，各视察员视察项目为：甲、饮食营养状况；乙、衣被床褥之是否清洁；丙、宿舍厨房厕所之设施是否清洁；丁、环境卫生设备之是否适当；戊、医疗卫生之设施；己、课室光线桌椅高低之是否合宜等。当天下午巡视完毕，规定于一星期内分别报告主管当局、转呈内政部及市政府、并汇报儿童年福利委员会，以便从事改进云。

1937.4.4
论坛：我们应该怎样纪念儿童节？（作者：吴俊升）

今天是儿童年以后的第一个儿童节。记者作此应节的论文的时候，正在儿童的乐园的美国。我一面目睹美国儿童"席丰履厚"、康健快乐，以及可以尽量发展才能的种种情形，一面默察中国儿童生活困苦的现状，恰成一种天壤悬殊的对比；因此不免发生无穷的感慨，同时也觉得儿童节在中国更有特殊的意义，应该有适当的纪念……【随后作者详述了美国儿童在"养、教、保护"等三方面的情况，此处略】……总之，就一切方面说，美国儿童，真可算是"天之骄子"。

中国儿童的生活情形是怎样？就养的方面说，大多数的儿童，吃不饱、穿不暖，最低限度的生活，都不能有，更谈不到生活程度的提高。就教的方面说，全国百分之七十以上的儿童，没有小学可进。中学和大学教育的无福享受，更不必说。就保护的方面说，天然的、人为的对于儿童的损害，大都听其自然。儿童的死亡率，未见有若干显著的低减。童工的限制，仅是具文。不人道的徒弟制度，到处没有改良。溺婴的恶习，还在流行。对于贩卖儿童做奴仆、做娼妓、做各种残害身体的杂技的表演者，并没有有效的防止和惩罚。青年犯罪和成年人一样的惩罚。这种种惨淡的情形和美国儿童的生活情形相比，可说他们真是在天堂、而我们的儿童在地狱。

在这种情形之下纪念儿童节，一定无疑的，应该改良我国儿童的生活，增进他们的幸福。我国过去所以规定四月四日为儿童节，其目的原在看重儿童的价值、增进他们的幸福……【随后作者用大量篇幅，论述了当如何分轻重缓急地增进儿童的幸福】……等到这些最低限度的幸福实现了，我们再求改良和增加，使我国全体儿童将来可与美国以及其他先进国家的儿童有同样幸福，这才是纪念儿童节的适当办法。最后让我趁本文刊布的机会遥向祖国的儿童祝福，并向一切爱护儿童的人们致敬。

1939.7.31

徐家汇圣母院育婴工作（作者：陈征帆）

徐家汇圣母院成立于一八六九年，为天主教在上海之宏伟样构，于育婴工作方面，业建树不少优异成绩，颇值得吾人注意与赞许。帆因考察慈幼事业，曾参观并研究该院之育婴情形，特志其概略如下：

徐家汇圣母院成立于亡清同治八年（公历一八六九年），迄今已有七十年之历史（注一），其发起人为天主教薛孔昭司铎，赖于首任院长多敏悟嬷嬷之沉毅多才，与三十年长期之努力（注二），该院务蒸蒸日上，乃得有今日之宏大规模。现在院内分为育婴堂、幼儿园、聋哑学校、启明女校、圣诞女校、徐汇女中、施医处、浣衣厂、刺绣所、花边间、裁缝作等部份，现任院长为戴步贤会长（拯亡会会长），司育婴堂事务者，为奥斯定嬷嬷。圣母院一切事务，现由天主教拯亡会修女（一百五十余位）与献堂会贞女（二十余位）等分别担任，完全以牺牲服务，并不接受丝毫报酬。至于在育婴堂方面服务者，有嬷嬷十二名、教员十四名、保姆职工等三十余名。

圣母院育婴堂收容初生至五岁之无靠婴儿，自成立以来，前后共收容婴儿二万五千余名，目前有婴儿六百五十名。据谓，在八一三战事后，每年平均收容三千名，在过去，某日一日间会收容二十二名。在一周间收容八十名，乃惯常而非例外之事。

圣母院育婴堂有相当完善之医药设备，同时，所有嬷嬷皆具有丰富之医药智识（注三），更有名医何理、中医师常川义务负责，故能尽量收容患病之婴儿，与以适当及时之治疗。据该堂司事者言，上海其他育婴堂（如仁济育婴堂），亦每将病婴送往，转请治疗与收容。圣母院育婴堂为供给婴儿以新鲜清洁之牛奶起见，特自蓄养乳牛二十四头，每日由专门技师挤乳，并加以消毒之手续，此则不仅为上海慈幼界之创举，即在全中国亦属罕闻也。

圣母院育婴堂之男婴，至满一周岁后，即寄养于天主教人家，由堂方每月予以四元至九元之津贴费。寄养人家，于每月初一日，必须将婴儿抱至堂中，由司事者加以检查，如发现有待遇不妥处，即剀切指明，严嘱其力图改善。圣母院育婴堂之办理方针，每收进一婴儿，即对其全部生活（物质的与精神的）肩负完全责任，企图贯彻努力，将婴儿栽培成人、予以教养、授以技艺，并协助选择配偶，建立虔诚而美满之家庭。基于此种特有之方针，该堂对于普通育婴堂所通行之允许领养制度，并无采取与仿行之意。

圣母院育婴堂之婴儿，在六岁【按中国风俗，此处应指虚岁，下一段"六足岁"则指实岁】以上，即受幼儿园教育，每日学习识字、听讲、游戏、唱歌等。其每日生活状况如下：上午六时起身并晨祷；七时早餐；七时半散步；八时半识字并听讲；九时半吃点心；十时唱歌并游戏；十一时午餐；十二时午睡；下午三时吃点心；三时半散步并游戏；五时半晚餐；六时晚祷并睡觉。圣母院育婴堂之婴儿，日渐长大，男婴满六足岁者，送入土山湾孤儿院，继续修业。女婴满六足岁者，即授以初小课程，并指导学习缝纫（为必修科）、刺绣、花边、编织，暨其他家庭工作。

圣母院育婴堂之女婴，待长至成人时，堂方即协助择配，建立家庭。依据堂例，入堂者尽奉天主教，仅可与奉教男子结婚，而该堂主持者认为惟有孤儿乃能深切怜爱孤女，故极力协助该堂之成年孤女，与土山湾孤儿院出身之成年孤儿相配婚，藉谋永久而可靠之幸福。孤女于结婚后，如仍愿工作者，堂方则负责为之支配工作（刺绣，花边，编织等工作）；否则，孤女与堂方永维持密切接触，感情之挈合，正不啻亲母女也。

圣母院育婴堂因自有房屋、畜养乳牛，职员属于牺牲服务性质等关系，故每名婴儿之每月平均费用仅为八元，此与其他育婴机关相较，自不可同日语矣（按：仁济育婴堂之每孤每月平均费用为二十一元，上海战区婴孩收容所之每孩每月平均费用为十九元二角）。

圣母院育婴堂之经费，赖于中外教民之捐输，以及该院举办各种生产事业之赢余，其主持者从不向社会举行劝募，盖因无此需要也。【这一点，在两年后即变得完全不同，详见下一条报道—编者注】

（注一）薛孔昭司铎，于亡清咸丰五年（一八五五年），即创设圣母院于青浦之横塘，同治三年（一八六四年）迁至王家堂，同治八年（一八六九年）复迁徐家汇。徐家汇圣母院办理之历程，如连同其前身计，迄今已有八十四年之历史矣。

（注二）多敏悟嬷嬷为法人，在中国共传教五十六年，在圣母院之擘划经营共为三十年。

（注三）天主教之嬷嬷皆具有医药与看护知识，不仅传教，且医疗人之疾苦也。

1941.6.9

被遗弃的婴儿

徐家汇圣母院育婴堂，收养着六百个被遗弃的婴孩孤女，由襁褓中长大成人，抚育她们、栽培她们，然后替她们择偶出嫁、成家立业。仁慈的圣心，从地狱里救出这群被遗弃者，到达光明的境地，这工作多么艰巨繁重呀！上图是十岁以上的女小孩做女红情形，下图是残废盲目中年孤女摇线情形。详情请参阅「被遗弃的婴儿」一文。（康祖艺摄）

《请拯救被遗弃的婴儿，圣母院育婴堂参观记》（作者：蒋萍）

"请扶助无父母的婴儿，请救济被遗弃的婴儿。"我每次经过跑马厅仁济育婴堂的门前，这两句巨大的漆在墙壁上的标语，惊心触目地印入我的眼帘。政府虽曾颁布奖励生育的法令，但畸形的社会里仍有无数的婴儿被遗弃着。我虽非社会学者，但总觉得婴儿问题是最严重的社会问题；而且这问题牵连到多方面的。目前生活如此艰难，婴儿的命运，无疑是愈加悲惨，因此收育弃婴的慈善机关，他们的工作和责任愈觉艰难繁重了。

被遗弃的婴儿

徐家滙圣母院育婴堂，养育六百个被遗弃的婴，中襁褓的孤女，抚长成人，孩收，撫育她們，栽培她們，然後替她們擇偶出嫁，成家立業。仁慈的聖心，從地獄裏救出這羣被遺棄者，到達光明的境地。道工作多麼艱鉅繁重呀！上圖是十歲以上的女小孩做女紅情形，下圖是殘廢盲目中年孤女搖綫情形。詳情請參閱「被遺棄的嬰兒」一文。（康祖藝撕）

当我约定要去徐家汇圣母院育婴堂参观的时候，我已想象到将有一幕可喜可悲的活的电影映演在我的眼前。星期六中午，是一个最炎热的天气，当我与康君和我的内人等兴奋地长途奔波，到了徐家汇的教堂区，徘徊找到了这个世外天地的圣母院育婴堂的时候，汗流已湿透了我的衬衫。

徐家汇圣母院育婴堂，谁都知道是上海办理育婴事业最完善的机关，是著名的徐家汇天主堂经营的社会事业之一种。内部设备，非常完善，育婴事项，非常缜密，她们以仁慈的圣心，拯救地狱里的弃婴。

这座圣母院分辖着徐汇女子中学和婴育堂，这里完全是女子的天地，有女修道士、女学生和被遗弃的女婴和女小孩；一切工作的人，也都是堂里长大的孤女，房屋宽敞，清洁幽静。

承两位华籍嬷嬷领导我们参观育婴堂。最初触及眼帘的是包着褓襁躺在小床里的无数弃婴。有的静静地睡着，有的呱呱地啼哭。据说这里能吃饭的女孩从两三岁到十三四岁的共有四百名，在褓襁里的约一百八十个。据一位嬷嬷说，这一百多个褓襁健全的很少，有的被弃置在马路边，有的从乡间送来，相隔时间过久，多患了疾病，且送来的婴儿，都是贫苦人家所出，营养不足，极难抚育。四大间房间，无数的小床很有秩序地排列的，每一间里有几位孤女谨慎地看护这些弃婴。她们的食料，从前全是吃牛乳的，现在牛乳太贵了，而她们的经费正到了最困难的时候，所以只能吃米汤和奶粉。二三岁的小孩，在保姆照顾之下，已能很活泼地游玩着，六七岁以上的便授以初级的教育和练习作事，十岁以上学作女红，她们的生活非常有规律。另一间大房间里，备有许多的玩具和木马、小车、脚踏车等，供三五岁的小孩玩乐的。饭后必须上床午睡，醒后往花园里游玩。六七岁的小孩，都能自己脱衣服，很整齐的挂在床架上，便安静地睡着。六七岁的小孩的床四边都有栏杆，以防滚跌，每一床前置一小方凳，孩儿们从凳上跨上床去睡觉。八九岁到十岁以上的床，被铺已都能自己折叠，清洁整齐。面盆手巾，齐整地陈列在墙边。每一房间夜间有一位嬷嬷陪着睡觉，以便照顾一切。全部生活非常美满整洁。即如设备完善的医院也及不到的。

饮食方面，因为现在的物价太贵了，实在不能令人满意。孩儿时代，最需要滋养。从前她们用牛奶当茶喝，不以为奇；但是，现在牛奶是断绝了，褓褓婴儿也吃不到了，较大的孩儿更不必说。我们去的时候，正当在吃饭的时候，二三岁的小孩，由孤女喂着吃粥，粥里仅掺入一些豆腐烧的汤，六七岁的小孩，每人吃两小马口铁碗饭，饭里浇些豆腐汤和园里自己种的蔬菜。八九岁到十余岁的小孩，每四人吃一菜一汤，菜是素的，汤里仅有些猪油而已。饭是由籼米和碎米合煮的。

这里担任一切杂役的女子，都就是堂里长大的孤女，她们的资质愚笨、或者残废的人，如瞎眼等人，担任洗衣及摇线。每一部份的工作，由一个完备的人领导着这些残废者，并且照顾她们。所有孩儿的衣服鞋袜，都是这些残废的孤女手制的。洗濯部份，四五个残废孤女终日要洗十把条的孩儿尿布。厨房里每天要烧四五大锅的饭和菜，由七八个年长妇人担任烹饪，而这些妇人也是从这堂里长大的。孩儿们的衣服间由一位嬷嬷执管着。

每一女孩，除非真真愚笨或残废的，都要受初级小学的教育，由数位女修道士担任教授，她们的程度不一，所以注重个别教育。较大而伶俐的女孩学习精细的女红，如花边之类；聪慧的女孩，有的进修道院，学业完成后，分派到各处教会机关去担任布道、行医或学校教师等职务。她们是从褓褓一直抚育培植她们能有一技之长，可以自力更生，不会是一个无所作为而真真被遗弃的女子。

也有病房，以便孩儿生了病隔离医治。这育婴堂可说是一个独立的社会组织。除了米煤之外，一切都不需仰给于外面。每一女孩长到十七八岁便代为择配。一位嬷嬷指着一顶轿子对我们说，这里每一个女子，必须由这顶轿子抬着出院。这意思是说，这里的女孩子，平常不得出院门，除非她被这顶轿子抬了出去，嫁给了一位男子，成了夫妻。这里女子的择配，有的外面人家到里面去挑选，经院里调查这一男子确是诚实可靠的人。或者是孤儿院里长大了的孤儿，由院方代为择配。这里的女孩子，没有任何坏的习气，都是天真纯良的小天使，她们更不懂得什么是骂人的话语。社会上所有小孩种种恶劣的行为和话语，在这里边是永不会懂得的。假如一个较大的女孩儿被人送进了堂去，她们一定先要把她和其余的孩儿隔绝，以防她从社会上学得的骂人言语传入女孩群中。

一切生活真是满意舒适，可惜饮食太差了些，不够丰富的营养。她们的经费本来是法国教会供给的。可是从欧洲战争以后，法国经费断绝了，因此她们陷入从来未有的困难程度，从前每月只要一二千元的开支，而一切都很美满；现在每月一万元的开支，而一切反远不如前，这相差太远了。她们亟待着社会热心人们救济，六百个无父母被遗弃的女孩，盼望社会热心人们的扶助。我想一个拯救人类的组织，将是全社会的人们所乐于援手的。（按，如有捐款，可送至四川路宁波路口四百六十一号谦泰银行四楼钱兑业准备库代收）。附图（上）二三岁的女孩们围桌午餐情形；（下）襁褓婴孩饮乳情形（康祖艺摄）

1941.7.21

行政院：颁发儿童保育办法，每县至少设一儿童保育院

（重庆航讯）儿童为国家未来之主人翁，儿童身心有充分之发育，将来始为健全之公民。作战以来，因国民生活困难，父母对于子女之抚育，亦受影响，以致营养不足与失教流浪之儿童，到处可见，且有溺婴儿、鬻子女之情事。政府虽曾注意，提倡设立保育院、托儿所，稍资救济，惟尚不足以解决此严重之问题。现行政院已将蒙政训练班毕业演员建议之"儿童保育问题解决办法"分发全国卫生行政机关遵办。其办法如下：

（一）每县至少应设儿童保育院一所，人口较多之地方应多设之，并当充实其设备，务使无父母或虽有父母而无法抚育或事实上不能照顾周到之儿童，皆得寄养之；（二）政府对于育未成人之儿女逾三人以上、而家境确实困难者，每增一人，应酌予一定之生活津贴；（三）中小学及幼儿园应依地方人口之多寡、区域之大小，按照一定比例，普设有关健全学生身心之设备，应予充实；（四）各地方卫生行政机关，应近期派员至所在区域内各家庭指导妇女抚育儿童之办法，并检查儿童体格、指示其缺点之纠正办法云。

【编者注：此时的中国正处于日本的普遍侵略之下，但政府对保婴、育婴的提倡并没有停止。在一份 1941 年三月的贵州省政府公报中，便有一份要求各县市登记救济贫苦产妇婴儿及禁堕胎、溺婴工作的月报表，其中两项分别为"查禁所属境内堕胎溺婴工作概况"以及"有无堕胎溺婴情况共几起及处置情形"，可谓工作做到细处。将其摘贴如下：

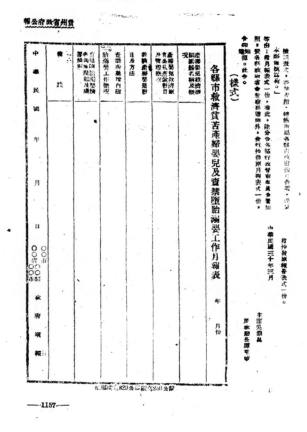

1943.2.22

为社会树立百年大计，抚养孤苦的儿童，于艰难困苦中尽人类应尽责任——徐家汇圣母院育婴堂访问记

幼有所养、壮有所教、老有所终，这是社会上何等迫切的事。尤其在这时艰多故、哀鸿遍野的今日，要谈教养，是何等难事。惟其为何等难事，更加需要群力来扶助。本报举办助学金，不过尽了"教"字极小部分的绵力。谈到"养"字，深惭暂时无从效力。偶然的机会，同时也具着诚意的访问，到了徐家汇圣母院育婴堂，我们感到这一般孤苦的儿童，我们想到将来社会的需要，我们觉得应予纪述以祈求社会群力，来维护这艰巨的事业。

<u>曾经抚育了七八万儿童</u>。在徐家汇蒲东路花园蔬圃的环境中，矗立着宽大高楼。这所高楼中，曾经抚育了七八万的儿童，施以教育、授予技艺。当然有不少人已经在社会上建立了事业，可是现时在抚养中却还有五百五十人。计襁褓至二三岁的小儿一百八十余人，自四五岁至十五岁的，有二百人左右，十五岁以上者近百人。

<u>创办近百年，声誉遍海内</u>。我们走进了这所大厦，觉得有两种感想：一种是感于此辈孤苦儿女身世的凄凉，一种是觉得他在凄凉的过度中已经获得了光明。我们和修女谈话，知道该院设立已近百年，办理为人群谋福利的事业，如兴学、济贫、安老、慈幼诸端。该院所设崇德、启明二女学，历史悠久、声誉卓著；其原设之老人院及残废院，则于三十年前，蜕化而为安老院、为新普育堂；今圣母院除附设崇德、启明二女校及托儿所、中西施诊所外，对于育婴堂及聋哑学校，则管理更不稍懈忽，且特设刺绣所、花边间、裁缝作、洗衣间等处。

<u>聋哑学校奇迹</u>。我们所引为奇迹的，就是在参观聋哑学校的时候，觉得他们的成绩殊可惊人：他们先以字母、助以手势、教之出音，再逐渐教之识字、写字、读书、作文；经过三四年后，哑童即能与他人言语，听者都能了解，五六年后几与常人发音相同，这种弥补人类天然缺憾的工作，真是聋哑童孩的救星。

<u>刺绣及花边，外界可定购</u>。我们到了刺绣间，见女工四十余人在刺着花卉、山水、鸟兽、照像，他们承接外界定绣，在一九二四年曾经获得罗马展

览会的奖凭。在花边间里，也有四十余人在工作，举凡被单、台布、枕套、手巾、缝衣、绒线、编织，应有尽有，各界前往定制的也很不少。我们经过两进卧室，都是七大间的建筑；瞧着每一个婴儿，都安卧在小铁床里，衣被整洁，看护周到。四五岁的儿童在幼儿园上课，正在举习识字，比较长的儿童分别在初高小学上课。

给养的困难，我们有责任。物价的腾涨，减低了读堂儿童的营养。据修女谈称：本堂经费，往年大多数由法国慈善家捐助，不幸欧战爆发之后，捐款完全断绝，日常开支，既无的款，而生活程度，日益增高，本堂遂陷入从来未有之困难中。孩童最需营养，昔日婴儿，以牛乳为主要食品，今只能以粥汤、奶粉充饥；二三岁之小儿，则由稍长之孤女，喂食糜粥，粥内仅和入素菜汤少许；四五岁儿童，一日三餐，每人食一小碗饭，或一小碗粥，下午仅予以极少量之点心；七八岁以上，则每早晚各食粥两碗，中午则面一碗、饭一碗，每四人食一菜一汤，每星期五食咸鱼一小块，星期日食猪肉小块，则仅如蚕豆瓣；而名虽粥饭，实则以籼米、碎米、珍珠米、番薯等合煮而成者。

我们关心着全堂给养的困难。据我们看见的，这五百余儿童每月须食米六十石，连同一切费用，每月需五万余元，而房屋修理等费均不在内。我们想到此皆无辜赤子，虽已见弃于父母，岂容见绝于人群；若坐视其死亡，则大背好生之义；若听从其飘荡，则行见流民之增。社会上应该共同设法来扶助他们成人，使国家多一良民，即社会多一裨补。

我们当然应以十万分的同情，来向社会陈述，并且希望各界能亲往参观，予以经济上的援助。至于代收捐款的地方有如下列：

（一）徐家汇蒲东路圣母院育婴堂，电话七〇二三五；（二）法租界外滩九号中法工商银行；（三）四川路宁波路四六一号谦泰银行，电话一二六四九；（四）南京路十三六号和泰银行，电话一〇五五四号。捐款人亦可以电话通知派员收款。

图片说明：孤苦儿童的乐园。徐家汇圣母院育婴堂创立已近百年，养
育儿童已七八万名。左图（上）；整齐清洁游戏有序的孤儿。
（下）孤儿用膳。期待各界捐款，来充足他们的给养。

1943.3.2

社会服务：圣母院育婴堂，盼各界源源接济

　　本报前记徐家汇圣母院育婴堂情形，深以该堂办理认真，苦于经费艰窘。
为持续其社会事业，盼各界慨予助力，顷接该院院长修女步戴贤函，用为刊
布，仍盼各界源源捐输，不独受惠孤儿之幸，亦社会之福也。原函云：

"敝院七十余年育婴事业，在平时惟知惨淡经营，默尽太生之义务，粗能取足，不妄四求，乃至此水尽山穷之日，孤苦五百待哺嗷嗷，非得各界急切援助，实难有生存之望。忽蒙贵报惠然顾视，大声疾呼，热忱洋溢，钦感无涯。敝院惟有益自奋励，冀以群力之资助，使于孤苦童稚，得继续不倦其抚育教养之任务。自二月二十二日起至目前为止，敝院收得捐款共计七千零八十元，谨将各善士芳名及捐款额开列于后，请代申谢。惟敝院育婴堂开支最少数额，每月须在五万元以上，尚盼各界源源乐助为幸。"

育婴堂捐款报告：（一）无名氏一百元。（二）代朱记九百五十元。（三）姚太太经募潘德新六十元，王竹香五十元，陈锡弟三十元，王永泰四十元，赵永海五千元，金尔昌六十元，蒋志昂六十元，郭宗华六十元，杨洪元六十元，谢宗元三十元，魏作民三十元，无名氏一百元。（四）安乐厂邓先生布疋计值一千二百五十元。（五）黄瑞记四千元。以上圣母院收，共六千九百三十元。（六）锦记一百元，（七）周家琪五十元。以上一百五十元，和泰银行代收。

1943.3.3

慈善小型球赛四强今日会师徐汇

星队出战波队，安华相逢徐汇。徐汇中学主办之慈善小型球赛，邀请沪上足球四强参加演出，定于今日下午二时在徐家汇该校球场举行……【球队介绍略】……门票五元及荣誉座廿元，全部收入捐助徐家汇圣母院育婴堂。如遇天雨则展至下周三举行。秩序及阵容如下……【球队队员名单略】

1943.3.19

为天主教慈善事业呼吁（作者：姚寒璧）

最近为了某种机会，看到：（一）徐家汇圣母院育婴堂，有婴孩儿童五百余名。（二）徐家汇土山湾孤独院，有儿童三百余名。（三）南市机厂街安老院，有老人二百六十余名。（四）南市国货路新普育堂，有男女老幼一千数百名。（五）法租界天主堂街圣母院，有贫孤儿童教养所女童一百三十余名。（六）仁善堂儿童施诊所，每日五六十名。（七）仁慈院施诊所每日一二百名。（八）仁善育婴堂婴孩四十余名。这都是上海天主教的慈善事业，由神父或是嬷嬷所主持的事业，经费都成问题，最近贫病救济协会虽曾分别补助了一些，也难持久。一天到晚为了许多苦人的肚子，已经花了主持人最大部分的精力了。因为经费不够、食料不足，眼看许多弃婴和贫病无告的人，不能收容而死去；就是已收容的，也因营养缺乏而死亡率特高，言之真觉惨然！我们即使不为国家民族着想，为了人道主义起见，也决不应坐视这许多事业衰落下去，自不能急起作有效的呼吁。爱主张：（一）请申报社会服务部发起，恳请几位天主教著名人物，如朱志尧先生等，出来号召，赶速成立上海天主教慈善事业董事会，得到各事业主持人的同意，统辖天主教慈善事业。（二）将各事业内容，向社会公布，招待各界参观，作切实的宣传，引起广大的同情。（三）编制统筹统支的预算，据以为向社会大募捐的材料。（四）各事业单位的工艺出品，请各界多多购用定制。（五）请法租界当局，分拨一再增加捐税的一小部份，作有效的补助。深信上海天主教徒人数之多、力量之大、团结之坚，实行为了主而牺牲一小部分的物质精神，以引起教外人士的同情，那么这许多天主教慈善事业经费的困难，是极易解决的。（编者按：本市天主教所办各项善举如医院、诊所、教养院、普育堂等，目前正感拮据万状，若不及早统盘筹划，何能临时应付。本报早有同感，务祈热心教徒奋起协作，共同设法组织有力的委员会，慈善事业前途唯此是赖）。

1943.5.11
上海市价贫病救济协会救济工作概况

上海市贫病救济协会，积极劝募捐款，按月补助各慈善团体办理救济事业，以调查审核之严密、支配补助之公允，故能款不虚靡，功归实际，深得沪市各业公会及社会热心人士一致赞助。其上届截至本年二月底止，收入捐款共计一百零九万八千六百三十一元六角三分，支出补助各善团经费共计一百零九万四千一百三十一元零二分，叠志本报，兹续得该会本年三月一日起至五月十日止收支对照表如下。收入捐款，均有该会司库室经收。康元制罐厂三万元，苏纶纱厂二万五千元……【略】……信泰昌、俞振甫先生各二十元，共收二十一万千九百五十元。

支出补助善团经费：自本年三月十八日起截至五月十日止，有上海仁济善堂所属仁济育婴堂部份七千二百元、该善堂给药部份二万元；上海难童教养院一万五千元；上海慈善团体联合救灾会所属慈联养济院一万元、慈济儿童教养所三千元；新普育堂四万元；中国红十字会第三医院二万元；洋泾浜圣母院二万元；徐家汇圣母院育婴堂四万元；上海安老院一万元；上海残疾院六千元；国医平民医院二千元；上海孤儿院六千元；上海福幼院一万元；上海基督教难童教养院五千元；沪西贫民救济会三千元；土山湾孤儿院二万五千元；上海儿童保育会一万五千元；净业孤儿教养院一万元；上海慈幼院三千元；母佑会四千五百元；上海盲童学校二万五千元；上海平民妇孺医院一万元；鲍斯高慈幼会二万元；上海福哑学校三千元；中华麻疯救济会六千元；共计拨付补助费三十四万二千七百元。此外尚有经该会议决、按月补助应付未付项下计有：佛教施粥厂十二万元、上海残疾院六千元、上海仁济善堂所属育婴堂部份七千二百元、该堂给药部份三万元，共计十六万三千二百元。

现在物价高涨、生活日艰，本市各善团所办收容教养等机关，人数众多，嗷嗷待哺，甚至有断炊者，待救之急，诚非社会人士所能想象。深望各业领袖暨各界善士，迅赐捐输、共襄善举，俾该会得以继续办理其补助救济之工作，劫后遗黎庶几免填沟壑，救民救国，功德宁有量耶。

1943.7.22-24【原载分三次登出，现为连贯，合并编录】

徐家汇圣母院访问记（一）——成千成万无依靠的羔羊，在修女们热爱的抚育中

孤女天堂：孤女过着人间最不幸的生活，那里有什么天堂呢？然而，从徐家汇电车或公共汽车站，出铁丝网，走行不到十分钟，就可看到小桥流水人家，一带白色围墙，古牌坊式的大门，这里竟存在着另一天地，是一般男人的禁地，是圣洁的修女和幸福的孤女之家！成百成千的孤女，人人变成"无愁公主"，饱受着爱的陶溶，不解人世的欺诈与罪恶！

拯亡会与圣母院：圣母院，这是中国天主教拯亡会修女读书修养之所，她已有近百年的历史，Helpers of the Holy Souls（天主教拯亡会），在西文原是一种专替穷人、特别是为家主亡故的孤寡之家服务的一种组织；在东方，是第四个传入中国的天主教修女会。自一八六七年以来，适应中国国情，扩大其服务范围，对于一切足以为人群造福的事业，如济贫、安老、慈幼以及积极性的兴办教育等等，都上显天主爱人之德，辛苦经营。七八十年来，在各省城镇，都有拯亡会的事工。上海方面，就有这个徐家汇圣母院，一般修女，在出家守贞、读经修道之外，依据拯亡会的宗旨，创办老人院和残废院（直

到三十年前，才发展成为今日独立经营的安老院和普育堂）。她们还创办了历史悠久、声誉卓著的崇德和启明两女校。现在，除了附设徐汇女中（崇德改名，现有初高中女生共约三百余名）、启明女中（现有高初中女生二百余名）及启明女中（约有高初中女生五百余名），以及托儿所、中西施医所之外，继续专心经营的，就是创设以来已达七十四年的育婴堂及其附属事业。今日徐家汇蒲东路上占一百余亩的整幢大厦，就是这个圣母院所经营的启明、徐汇二女中和著名的育婴堂。

天堂的来历：徐家汇圣母院育婴堂的名字，在中下阶层是很熟悉的。七十四年以来，收养的孤苦孩童，不下八万人。特别令人感动的是，一二八淞沪战争之时，多少人家流离失所，多少婴孩哀啼道左。当时修女们不顾危险，在激火声光轰射之下，抢救无告的小生命，每天所收救少则十余人、多至三十余人，替国家社会保留的元气可真不少。

现在，育婴堂里抚育着的孩童，自襁褓至三岁的共有一百数十人；四岁至十五岁的有二百人左右；十五岁以上的也有八十人；总数约共五百五十人。近来因为食粮困难，不得已把七岁至九岁的女孩四十名寄养在菉葭浜，一群异姓的小姊妹们捧着这批寄养出去的姊妹们的照片给记者看，她们自己也争着来看，那种手足互爱之情，真令人感动。三四岁的孩子们，已能回答记者的询问，表示她们爱嬷嬷，爱姊妹们。收养的婴孩，大都是贫苦人家自幼送院的，一部份捡自大门口，多数有着严重的疾病，或先天不足。然而经过修女们细心调养，死亡是绝无仅有的，她们自哺乳到成人，都由第二慈母修女们抚持。到了相当年龄，就施以教育、授以技艺，视其性之所近，替她们找求出路。每一个孤女进院以后，就须抚养到有自立能力，代其择婿出嫁之后，才算尽了责任。但是，嫁后生活，仍极关怀，至今院中有不少出嫁后回来工作、甚至有的带了女儿回院共同工作的。圣母院育婴堂，名符其实地成为无告孤女的天堂了。

婴儿的生活　绿草地的两端，对峙着两栋古老的洋楼，由于时常修整粉饰，看不出是七十四年前的建筑物。据说，在前年，曾经计划好翻造新厦，一切已筹备妥当。可惜十二月八日太平洋战争爆发，不克实现。现在这所古厦，分划为孤婴的卧室，前后各有七房。孩子们各有自己的吊艇式小铜床，一律挂着珠罗纱的小蚊帐，毯席毛巾被等，都很整洁，有的尚在睡眠，有的由 Sister 在喂牛奶。几乎个个都肥硕活泼，尤其那一群三四岁的，更是天真可爱，个个清秀美丽。记者不禁叹息目前中等之家的小孩，也决不能享受如此生活。但是，金嬷嬷说："几个月前，个个都是面黄肌瘦，实在营养不足，抚育的嬷嬷阿姐们，几乎没有一天不对这些可怜的小孩掉泪。幸亏贫病救济协会一再补助，恢复了牛奶、鸡蛋的供喂，才又肥白红润像今天这样呢"。孤婴到四五岁时，即受幼稚院教育，依一定的时间，讲谈、游戏、饮食、休息。孩子们有小汽车、脚踏车、木马、滑梯等各种各样玩具。为了孩子们一进院就和外界隔绝，特备各种挂图和模型，让她们获得关于轮船、火车、汽车及飞机等等新知识。每天除二粥一饭外，并有点心一次。中饭后例须午睡，睡醒即至花园散步。孩子们的日常生活，都由修女嬷嬷及孤儿中年长者在旁监护，完全依照卫生及教育原理，比一般母姊之待子女弟妹，更要亲切而合理。什么烟、赌、酒以及不良言辞，更绝无知闻，在优美的环境与合理的教养中，都能保养其良善的天性。对于外间年龄稍长的孤女，即隔别收养，他们（现约五十余人）另有卧室三大间，膳堂一间，与自幼进院的孤女隔处。男孤儿到五岁以上，就送入土山湾孤儿院。因此，圣母院孤婴的生活，完全是纯洁、天真而合理的。

学习工作：工作与学习合一，生活即是教育，圣母院里的孤儿早在实践了。这里的教育，可以分为两个部门：第一，普通教育。一般孤女，到了六七岁，修毕幼儿园教育后，就授以公教教育，由初级小学至高级小学，除了语、文、史、地、算、书等学科之外，同时教她们各种家事，如整理床铺卧室、洒扫课堂作场及饭间、抹桌、洗碗，以及厨房内的洗涤烹饪、庭园内的栽植浇灌等等，随时加以教导实习，并使年长者照顾年幼者，帮助她们工作与学习，彷佛所谓"小先生制"。同时，又按孤女的天赋能力，分别使学刺绣、花边、缝衣、纺织等等工艺，以备出院后处身社会，能自食其力，不作社会的寄生虫。

第二，对于残疾孤女，这不幸中之不幸者，也分别授以适当的教育，特别值得夸耀的是聋哑教育之认真，先以法文字母，教之出音，助以手势，再逐渐教之识字、读书、作文。到三四年后，就可和别人谈话，口音清楚，听者容易了解；到五六年后，便可与不哑者相较了。现有哑者十八人，分班教学，每一教师最多只教四人，已经辛苦不堪。参观时适值暑假，而哑生仍在上课，一位嬷嬷口手并用地各别教导着；一个七八岁的哑女，在黑板上写出"欢迎贵宾参观，我们都是没有父母的孤女"。她们还能够回答记者的问题，而教师之辛勤忍耐，更使人感动。在该院每一工场，几乎均有聋哑女子，成绩都值得赞叹。孤女中天资及向学心特别优越的，就可升学深造。现在约有三十个孤女寄读于徐家汇附小，有一个在中学求学，还有一班正趁暑期，特聘女教师补教英文等，以便秋季考入中学后获得较优的学分。修女们对于孤女前途之重祝爱护，真和亲生的女儿一样，

工场合托儿所：为着教导孤女们学习维持生活的技艺，为着出嫁后的孤女因生活之需要而进院工作，圣母院育婴堂特在院内开设几个工场，计有刺绣所、花边间、缝纫作、绒线间、洗衣场和修旧室等等，并为适应女工友们的实际需要，而开设小规模的托儿所。现在刺绣所有外来女工三十三人、孤女十名，刺绣各种花卉、鸟兽、山水、照相等大小物件，大都为各界所预定的。记者看到已经绣好的礼轴中，有一幅在人名三字内刺绣五彩山水、人物，非常精美，多数绣品，可以�妣美长沙湘潭一带所见湘绣，绝非市上卖品之粗俗可比。花边间现有外来女工二十七人，孤女三人，代结被单、枕套，台毯、餐巾、茶巾、手帕、妇孺服装等，凡是赞美汕头花边工艺品的来看这里的出品，一定要惊叹孤女哑者们的手工多么细致和精美呢。缝纫间外来女工有二十八人，孤女二名，有不少新式的缝衣机，都在紧张的工作中，大都是各方的定货。洗衣场的范围也不小，分洗浆和熨折二部，水槽及电熨的设备，极称完善。此外，尚有绒线间、修旧部等，适应目前社会的需要，专代修补衣服、袜子、绒线编织物等。设有编结机、制袜机、摇纱机等新式工具。现在绒线间有外来女工二名，孤女二十名，洗衣及修旧间有外来女工四十五名，孤女四十二名。年长的孤女已在教育幼女工作，技艺纯熟，不让工厂技师。

据嬷嬷们说，以前该院刺绣作品，传誉世界，获得罗马成绩展览会奖凭，国外定货多至无法应付。其余各部，亦以各界需要，工人增多至六七百人，对于孤贫女子，确为一大生计。可惜近来受战事影响，国外定货已绝，而国内需要亦见锐减。现有女工，大部为该院已嫁孤女，因为院内工资已无法维持院外女工的生活。但据记者询问女工，则称她们宁愿少得些报酬，在院工作，不愿拼命去贩米或进一般工厂，因为圣母院的工场是家庭一般和睦安静，她们所得到的无价的精神上的酬谢！附设的托儿所，专收女工的子女，早晨带来，下工带回，在所里另有职员将护一切，使母亲无须挂心。现在几家工厂能有这种合人道的置备呢？

修女们的努力：徐家汇圣母院育婴堂在大嬷嬷步戴贤主持之下，实际工作者有修女金嬷嬷、李嬷嬷等七十余人，包括法、义、英、美各国人，Sister

们则专力于院内工作。她们对于孤婴，不只是消极的收容，更注力于积极的教养；不只如世间一般父母之徒知溺爱其子女之躯体，本其宗教的超越观念，使孤儿在精神、学业、道德各方面，都能得到真善的灌溉。对于保健方面，还特设完善的病房，由富有医药知识的嬷嬷管理，并有名医自愿义务诊治；遇有危险急病，则送至广慈医院诊治。所以孤女一入该院，修女们就视为自己的女儿，为其计划及保障终身的幸福。修女们虽有国籍之分，但在同一牺牲服务的目标之下，互爱互助、欣勤合作、不取丝毫物质的报酬，各处捐入款项，无一滴不用在孤婴身上，与修女们本身的开支完全划分，尤为难能可贵。

迫急的危机：孤女天堂，真能这样顺利地存在吗？不能！时局与物价的浪潮，早已在袭击这个天堂，而快使陷入全部沉沦的危机。从前，该院的经费大多数由法国慈善家捐助，本身并无基金及积蓄。欧战以后，国外捐款断绝，而物价日涨、开支日增，婴儿们因为营养不足而日渐瘦弱。到去年底，几达不能维持之境，成群的鸽子，出卖了；成群的兔子，出卖了；连仅有的补充生计的奶牛，也一只只挥泪离院。孤女的天堂，也临于末日了。幸而在本年新春，申请上海市贫病救济协会补助，经委员纪振纲先生前往调查，认为非急加补助不可，结果该院获得两次补助总数达十二万元，才算夺回了几百个垂危的孤儿的生命。可是，在此物价暴涨漫无止境之时，单只维持五百余名孤婴的膳食，每月就需米达六十石以上，来源尚未确定。无怪修女嬷嬷们要诉苦说"我们都是出家求道的人，那里来这批巨款维持这七十四年来继承不绝的事业呢？但是，这些孤女们已见弃于父母，怎忍再看她们见绝于人群？"该院的光荣与辉煌的成绩，使令惊叹钦佩，功在社会国家，尤不能以数字估计，该院目前存亡的危机，实已不间毫发。社会上不乏明达好善之士，尤当为善争先。同时，我们更希望该院工场的出品能为社会所共赏，在各方援助之下，力求业务之改善与发展，也可开辟一条生路。我们要使今日修女们与孤女们的爱心之泪，在不久的将来化为人类博爱之光。

1943.10.31

社会服务两则

吴母王太夫人，移寿仪充善举

启者，本月廿六日为家慈王太夫人六旬寿辰，时值非常，谨遵慈命，不敢铺张，惟承诸亲友光临，且锡隆仪，民芳等以盛情难却，拜登之下，将现礼金捐充善举。除捐助新闻报馆馆谷助金五千元、贷学金五千元、寒衣捐一万元、宁海坽西乡慈善费二万元、联谊义务学校一万元、普陀山庄六千元、中国救济妇孺会六千元、上海孤儿院六千元、镇海儿童教养所三千元、南市聋哑学校三千元、上海济民医院三千元、上海时疫医院三千元、国医平民医院三千元、普德会三千元、仁济善堂三千元、仁慈善会二千元、中山聋哑义务学校二千元、启瘖画社聋哑同人福利基金二千元外，兹特捐助贵馆所办贷学金五千元、华北急赈会一万元，至祈查收、代为转致。区区之数聊表微忱，并代诸亲友造福。吴民芳偕弟颂扬、胜扬谨启。（按：王太夫人移筹仪充善举，嘉惠贫病及清寒学子，功德无量。贷学金已如数收存外，华北赈款当代转送念赈会，并深致谢意。）

柳氏节宴，嘉惠清贫

柳良材氏昨来函云："月之廿七日值孙女弥月之辰，乃蒙诸亲友纷致贺仪，第思漫天风鹤、遍地哀鸿，與其张筵靡费，曷若代为造福。缘于是日薄具酒席，以款亲友。谨将所节筵资一万元及亲友隆仪一万元，合计二万元，拨充善举，除已捐助宁波施粥处、难童教养所、育婴堂、安养堂、清妇堂、同善恤婴会、四明孤儿院、四明贫儿院、上海难童教养院、妇孺救济会、仁济善堂、明德集义会、新普育堂、安老院、土山湾孤儿院、徐家汇育婴堂、新闻报贷学金、馆谷助金各一千元外，兹奉上中储券二千元分助贵馆助学金、上海福幼院各一千元，至请转拨。柳良材顿首启。（按：款已收到，谨此拜谢，并盼福幼院方面备正式收据来本馆领取。）

1943.12.31

姚宅萼辉堂报丧

家主姚会孙先生，业于十二月二十九日未时病逝。本宅谨定于十二月三十一日下午三时在台拉斯脱路上海殡仪馆，遵天主教规入殓，特此报闻亲友。如惠吊仪，请折现款捐助徐家汇圣母院育婴堂。姚梦辉堂账房谨具。丧居文安路（即高乃依路）五号本宅。

1944.2.26

上海市贫病救济协会结束报告

由金城银行代收者：华侨银行四千元；由谦泰银行代收者：无名氏（收据一四六一号）十元；由同润钱庄代收者：成记木行姚晓明先生一千八百元、

瑞记木行严聘梅先生四百元、木材业公会三十元。以上续收捐款十三万九千五百元，连前合计二百十一万九千五百八十九元六角三分。利息收入一千四百二十一元五角三分，收入合计二百十二万一千零十一元一角六分。"支出类"：续支补助各善团经费（自上年七月一日起至十二月三十一日止）上海仁济善堂给药部份（七八两月份）二万元、仁济育婴堂（七月份）三千六百元、上海西门妇孺医院一万元、上海基督教普益工艺社（施药部份）三千元、基督教女青年会上海托儿所二万四千元、上海难童教养院三万元、中国红十字会第二医院一万元、中国红十字会第三医院一万元、上海安老院一万五千元又（结束余款悉数拨助）一万一千二百零二元七角、母佑会四千五百元、鲍斯高慈幼会二万元、徐家汇圣母院育婴堂六万元、善收会一万元、新普育堂六万元、土山湾孤儿院一万五千元、上海慈善团体联合救灾会所属慈联养济院三万元、慈济儿童教养所九千元、佛教施粥厂（贷款移作补助）十二万元，以上续支补助各善团经费四十六万五千三百零二元七角，连前合计一百八十七万四千零六十七元七角二分，事务支出二十三万四千七百七十二元九角九分，劝募支出一万二千一百七十元零四角五分。

1944.7.11

圣母院育婴堂，急盼求济

上海徐家汇圣母院育婴堂，设立迄今，已有七十余年。收养初生婴儿，自哺乳以至读书、学艺择配谋生，胥由天主教修女主持，贯彻始终。目前收养儿童，自褓襁至二三岁之小儿，计有一百七八十人；自四五岁至十五岁者，一百五十人；十五岁以上一百余人；残废者四十余人，总计五百余人。该堂经费，向恃海外慈善家捐助。自战事发生，捐款断绝，日常开支既无的款，而生活程度日益高昂，于是遂陷入从来未有之困境。孩童最需营养，昔日婴儿以牛乳为主要食品，今祗能以粥汤奶粉充饥，二三岁之小儿，则由稍长之孤女喂食粥糜，其较大儿童，一日三餐亦不能不杂进山薯、玉蜀、黍等物，以为果腹。如此已至节无可节，而每月费用，仍杂应付。际此时艰，来日大难，不得不仰求热心人士，以不忍之心，达之于其所忍，慷慨解囊。冀获支持，不致转乎沟壑，幸甚幸甚。如蒙捐助，可迳送至徐家汇蒲东路该堂，或电话七〇二三五号，即当饬人来收，或由本处代收，均无不可。各界乐善士女，如亲往参观，尤极欢迎。

1944.8.22

上海佛教施粥厂发放苞米粉，登记善团从速具领

上海佛教施粥厂，前以本市米价激涨，贫民所受影响最为严重，陆续购置苞米粉，共得一百十四担八十五斤，以备冬季施送贫民。嗣经常务董事会议决提前发放，如数拨送本市各慈善国体。此项消息发表后，各善团纷纷向本处登记者，不下十余所。前日（二十日）复经董事会决议，支配分送如下：上海安老院、沪南施粥厂，各二十五担；新普育堂十一担；慈联会养济院、徐家汇育婴堂，各十担；土山湾孤儿院七担；中教道义总会五担；基督教难童教养院、安当医院，各四担。抚育工儿院、中华麻疯救济会、平江儿童教养院、保安养老堂，各三担；爱老居，一担八十五斤。以上各机关望于三日内备正式公函，向西门关帝庙上海佛教施粥厂具领，以便早日结束，是所切盼。

1944.10.22

耆英雅集捐款助善

中秋节耆英雅集，即席由与会诸君捐集一万二千六百元，嘱本处代送慈善团体，聊资救济，兹就需要缓急，分别致送。计义务感化戒烟、济养院、爱老居，各一千元；安当医院，八百元；上海安老院、保安养老所、残废养老堂、新普育堂、虹口济老会、上海保健会（贫病老人医药）、徐家汇育婴堂、洋泾浜圣母院、仁善育婴堂、仁济育婴堂、佛教施诊所，各五百元。闸北贫老会三百元，及贫苦老人十名三千元，合计一万二千六百元，已如数清讫。

1944.11.6

拯救苦儿

日前至徐家汇圣母院育婴堂，由修女引导至各部参观，秩序井然，有条不紊，为慈幼事业中之佼佼者也。惟五百孤儿，嗷嗷待哺，参观归来，恻然有感，爰特表而出之。尚希社会热心，大发慈悲，教养苦儿，是所至盼。（叶心佛）。（按本处代收捐款，如蒙惠赐，自当汇转）。

1945.1.11

纪念先德

曹润生、咏沧、又飞昆仲来函云："迳启者，本月三日，为先严心安公举行追思弥撒礼，承各亲友厚赐隆仪，兹奉慈命，弥将该项仪金三万元，送至贵报。内一万元转捐徐家汇圣母院育婴堂，为诸亲友造福，并希将本函披露报端，不胜感荷"。

1945.5.28

服务社会【含慈善信息多条，摘与本书主题相关者两条为例】

于归之喜，贺仪移充善举

工业原料业巨子孙德良先生之次女公子淑人小姐，本月廿二日于归之喜，计收贺仪二百四十五万二千元，再由孙君自凑四万八千元，总共二百五十万元，悉数拨充善举，为诸亲友造福。计中华慈幼协会三十万元；无锡本乡五十万元；《申报》助学金、苦儿助金、医药助金、新闻报贷学金、海报疏散助金、安老院、圣母院、育婴堂、新普育堂、上海时疫医院、浙绍医院、光震声亚学校、幽默美术画社、上海哑青学校、中华聋哑学校、国医平民医院、绍兴同仁医院，各十万元；同仁辅元堂、南市聋哑学校，各五万元。除中华慈幼协会、无锡本乡、《申报》、《新闻报》、《海报》、同仁辅元堂，业经直接致送外，其他各善团，请见报后，备具正式收据，向本处具领。

隐名氏，积善种德

本处昨接某隐名氏函云："迳启者：兹送上国币一百万元，请为分捐下列慈善题体，藉充经费，至祈收代转为感。

安老院二十万元：纪念先考峙公逝世卅周年，先姒华太夫人逝世十周年，藉慰光灵，并祈冥福。

义学金、中华慈幼协会、上海福幼协会、上海新普育堂、徐家汇圣母院、育婴堂各四万元。继配容志纯女士五虞之期，节省经忏用费移助。

助学金二十万元：纪念亡儿谢诗章。缘亡儿诗章，天资聪颖，每试名列前茅，曾获裴公奖学金。去夏毕业大同大学土木工程科，秋间服务华铁工程系，不幸惨遭撞车，因公殉职，赍志以殁，今依遗志，捐款助学。

静安寺重建山门经费二十万元：追思先师吴兴王公一亭，合肥王公德邻，并祝早登莲座。

小本贷金二十万元：纪念故友吴麟书、胡筠庵、邵瑞生、高鑫实诸君，并祝兰桂胜芳。

1945.6.7

简讯，多条慈善、捐款、义学金等。

又有汪文彬君，捐助圣母院育婴堂十五万元，已送该院直接收讫。

1945.8.1

杨长康先生寿仪，再度移充善举

鸿发吉记号杨长康先生函云：七月二十九日，鄙人三十初度，蒿目时艰，安敢言寿。除将亲友寿仪五千五百万元悉数移充善举外，兹复承永进公司赠四百万元（郑锡麟、席季明两君经手），王家贤、周延龄、石奇峰三君各赠一百万元，朱文浩君四十万元，郑伟显、李多霞两君各二十五万元，苏志刚、徐莲芳、匡宝莹、陈善芬、徐美峰各十万元，傅鏵法君五万元，共计八百四十五万元，固辞不获，爰将上项寿仪，再度移充善举，为亲友造福。兹为分配如次：贵报助学金荣誉队二百万元；普通队一百二十万元；善牧会、黄十字会、徐家汇圣母院育婴堂，各一百万元；惠生产科医院、惠旅产科医院各五十万元；空袭救济金二十五万元；贵处济贫金、小教医药助金、小本贷金、助产金、医药助金各二十万元。兹送上支票八百四十五万元，祈请代转为荷。

杨先生欣逢寿庆，不事铺张，节约寿仪筵席，移充公益，于今二次，洵属难能可贵，足为社会倡导。除助学金、空袭救济金及本处五项基金已为收入外，其余团体，希于五日后，持据向本处领取为荷。

【编者注】：现在回溯当时抗日战争已经多年，国计民生遭到极大破坏。虽然作为中国人民受欺侮的上海租界早已于两年前的今天即1943年8月1日完成收回交接，完成了在该市的主权管理，但整个国家仍处在悲惨的境况中。当日也正是中国庆祝第一届复兴节、上海市庆祝收回法租界和公共租界两周内纪念日，《申报》头条发表文章"国府举行隆重典礼，纪念二届复兴节，首都各机关一律县旗志庆"，文中曰："际此大东亚决战已临最后阶段，敌美正企图侵攻我大陆，战局情势日益危急之时，适逢我国国民革命史上具有划时代重大意义之一日，凡吾国人自当益自警惕，坚定信念，上下一心，团结一致，

争取最后胜利，以求国家主权之完整独立，始不负此当有历史意义之复兴节。迩来上海市区迭遭敌机盲炸，无辜民众颇多死伤，敌人此种行为，殊属惨无人道，深信全世界爱好和平人士本保障人类福祉之立场，定能主持正义，寄予同情，俾我国复兴根据地之上海，不致再遭暴力摧毁。"在这样的时刻，民众的慈善之心也被激活，各种慈善捐助事业兴旺。现将《申报》本日其他与慈善相关报道，一并简要抄录在此，作为当时的一个缩影，供读者略窥一斑。

义学金捐款报告：邬氏夫妇三万元；隐名氏二万元；浦缉庭二千元；浦缉庭夫人一千元，以上共收五万三千元。

本处捐款报告：济贫金：杨长康三十寿辰（永进公司致送席季明经募）二十万元，浦缉庭二千元；医药乐助金：杨长康三十寿辰二十万元；小本贷金：杨长康三十寿辰二十万元，觉园一万元，大华五千元，浦缉庭二千元；小教医药助金：杨长康三十寿辰二十万元，浦缉庭二千元；助产金：杨长康三十寿辰二十万元。

福幼院捐款报告：瞿关福、杨镜澄合募五百四十万元；胡楚卿、处维中各经募二百万元；孙志显经募一百〇四万元；赵景元经募六十七万元；虞宗勋六十万元；王新隋、遂初觉生氏各五十万元；何继纲、义瑞行各三十六万元；无名氏三十一万元；裴正庸、葛文后各十万元；朱杏荪八万元；谢均如六万元；吕桂荣、陈桂轩各五万元；张之鼎二万元；以上共收一千四百二十万元。

安老院捐款：张秉辉十万元；同祥绸庄三万元；戴庸大、三德堂各一万元；董未明二千元；以上共收十五万二千元，连前结存二十一万六千九百三十元九角六分。

空袭救济金捐款报告：颐中烟公司人二百二十五万元，（计盈记一百万元，买办间蔡裳寰等同人十万元，俞樾亭一万元，姚阿虎五千元，顾阿弟二千元。调查间夏虎士，俞名氏，李厚楣各二万元，夏贻熊，夏贻鹏各一万元。保险间吴梦□二万元，姚永和一万元。保单部费君五千元，无名氏二千元。船头房祥记五万元，奚春记三万元，张宏二万元，朱伯记一万元，龚允璜，无名氏，盛载记，无名氏，姜子桐各五千元，无名氏二千元。定货间黄国华，孙家骏各五千元，夏益隆二千元。首善印刷部屠开甲五万元。税务科孙葆棠二万元，陈锦山，顾有成各一万元。书信间蒋长源五万元，叶维松五千元，陈渝舟二千元。材料部同人十万元。洋房徐志德、汤促贤（合）二万元，无名氏一万一千六百元，金宝林，顾恒初，郑嘉实各一万元，周家栋，周仲贤（合）一万元，吕国琪，吴□华（合）一万元，何赛林，卓其英，邓树滋，龚桂林，过荣生，朱寿仁，吴虹邨，蔡文思，刘廷端，朱林福，王斌各五千元，唐世荣四千无，陈瑞彪，无名氏，赵月麒各三千元，金琴夫，殷瑞琪，洪昆麟，黄文宽，施旭桢，陶关隆，无名氏，张虞各二千元，无名氏，罗成志各一千元。翻译部潘襄成，朱道根各一万元，程人俊，黄彝弼各一千元。广告部，瞿强生，梁君履，何兆伟各二万元，林国琛，陈子谦，邵敬美，曹志魁各一万元，王渊静，郑钰焜，唐文易，蔡逸廉各五千元，王伯笙，倪友迁，梁振声，沈根全各二千元，陈彬德，俞病梅各一千元。票贴记九万五千四百元，驾使者俞显清五万元，林志良，魏春耀，陈龙海，陆云堂，王阿生，范金宝各一万元，谢庙昌，冯□国，沈留福各五千元，陈章奎，彭见春，徐步留各二千元。

杨潘生一百万元。

中储检保处同人七十三万五千元（计无名，黄在江，沈□成各五万元，沈秋江三万元，汪记，汪恂芝，王世昌，陈仲良，程耀德，许明卿，崔鸿斌，容显宜，王宏星，钟静，沈业远，黄祖恩，无名氏，毛信霖，卞锦庄，朱乃清各二万元，方剑青，沈秀英，吕迪华，钱文洁，袁裕庆，无我氏，无名氏，无名记，无名记，孙殿国，金品三，郑日孚，张金声，朱兆珍，奚镜清，洪静舟，唐揆一，高瑞麟，华学衡，李文怀，李章，钱耀昌，成广儒，潘炳林，陈有恒各五千元。）

陆秀英，俞泽成，南元记各五十万元，益铭卅万元，崇琬，支弟弟，郑文杰各万元，杨长康三十寿辰（陈善芬致送）十万元，杨长康三十寿辰（国宝莹致送）十万元。鸿祥，李睐章，恒丰齐号郑振麟，周清华，李味齐，杨仪娟，蔡培德堂，新华皮鞋公司，赵希鸿各十万元。尤悛八万元，毛慕西陆万元，杨长康三十寿辰傅錞法（致送五万元），无名氏（收据六六二）梦隐，滕吴腾，王松年各五万元，王卷吾，郑康龄各三万元，沈逸仙，陶然，王锡如，姚善昌，王荣鑫，诸葛老太太，诸葛裕炎，诸葛陈氏各二万元，黄达川，慰惠，诸葛彩娥，诸葛彩雅，诸葛雅芝，诸葛爱堂，张达，沈国祥，凌冲，徐达，芳记，应祺鹤各一万元，无名氏（收据七〇六），丁彦记，代守崧各五千元。

以上共收入百廿三万元，连前决计二万八千〇四十四万四千五百元。

南京兴业银行代收空灾捐款：

怀记三万元，歧记五万元，邹鑫祥二万元。以上共收十万元，连前共收九千三百三十万〇一千元

上海特别市佛教会为鸣谢吴民芳女士启事：本会近为救护空袭灾民，除通令全市寺庙组织佛教空袭灾民临时收容所收容空袭难胞外，特再发起组织佛教救护队、担任空袭受伤者之紧急救治及护送医院工作。昨承静安寺住持德悟监院密迦，向甬籍旅沪吴民芳女士劝募壹仟万元，拨充救护医药经费。女士慷慨解囊，泽被灾黎，诚为女界之范式也。特此登报鸣谢。上海特别市佛教会启。

陈公博先生捐书款助学命名"寒风集队"：

陈公博先生对于本报助学金，历届赞助，极为热烈。承将新著"寒风集"售得书款，凑足一千万元，认捐"寒风集队"荣誉队【见后】。陈氏在上届特设奖学金，资助大学及专科学生，成效卓著。此番又慨助巨款，嘉惠清寒，为国储材，殊堪钦佩。

补偿损失，捐充助金：

怡丰颜料原料号函云："兹启者，敝号于去年三月二十六日向永大颜料号江永龄先生购进不退色 BB 洋篮一担，嗣以份量短少八磅，经通知江君验明承认照补，不料延宕至今，四月有余，经人调解，始照当进价补价敝号十九万六千元。而按目前市价，每斤近一百万元，敝号损失殊巨。兹将该款捐作助学金，藉尽棉力，并请将原函登报为荷"。

读劝募文有感助学：

颜料业伙计魏礼队函云："径启者，每读贵报倡导各业助学运动之文字，心殊感奋，其奈人微官轻，如鄙人为颜料业中一小伙计耳，兹以平时节约所余，勉力认捐十万元，若能因此而引起吾同业之大老板、有相当地位而拥资丰厚者，一致奋起、慨然出资助学，明知班门弄斧，敢云抛砖引玉。谨愿为贵报诸君作摇旗呐喊之后盾也"。

第九届《申报》读者助学金特别劝募队

荣誉队

第三十一队：寒风集队，一千万元；

第三十二队：杨长康三十寿庆节筵第三队（王家贤祝），一百万元；

第三十三队：杨长康三十寿庆节筵第四队（周延龄祝贺），一百万元；

以上共收一千二百万元。连前总计七千四百四十万元。

普通队

第一二〇队：杨长康卅寿庆第一队（朱文治祝），四十万元；

第二二队：邵钧华队，三十万元；

第二三队：汇利证券号队，三十万元；

第一二三队：方济诚队（千金弥月节约移助），二十五万元；

第一二四队：杨长康卅寿庆第二队（郑伟显祝），二十五万元；

第一二五队：杨长康卅寿庆第三队（徐多霞祝），二十五万元；

第一二六队：陈公寿庆队，二十万元；

第一二七队：怡丰颜料原料号队，十九万六千元；

第一二八队：俞守璨队，十五万元；

第一二九队：江新民队（纪念祖父国祥公十周年），十万元；

第一三〇队：新华皮鞋公司队，十万元；

第一三一队：赵希鸿队，十万元；

第一三二队：明队，十万元；

第一三三队：顾志惠小姐生辰队，十万元；

第一三四队：杨长康卅寿庆第四队（苏志刚祝），十万元；

第一三五队：杨长康卅寿庆第五队（徐连芳祝），十万元；

第一三六队：杨长康卅寿庆第六队（徐美峰祝），十万元；

第一三七队：颜料业伙计魏礼队，十万元；

以上共收三百十九万六千元，连前总计二千四百五十九万二千元。

（按）昨承杨长康先生寿庆节筵第三四两队各一百万元，又祝普通队六队，不胜感谢。嗣后工商界人士，倘遇婚丧喜庆等事，甚望能效法杨长康与朱鸣玉两君，节筵助学，嘉惠清寒，山高水长，意义至深。又方济诚君之千金弥月、顾志惠女士生辰、陈公寿庆、江新民君追念光祖，均各认一队，至可感佩。又邓钧华、汇利证券号、俞守灿、赵希鸿诸君，明队、新华皮鞋公司等，承各认一队，热心助学，并志谢。

又，昨收助金：傅君三万元；沈逸仙二万元；任映蟾一万元；姜杰人五千元；钱翔和五千元；邓士甫五千元；以上共收七万五千元。

[国难特别时期，《申报》版面也较之前有所缩减。当日本报只有两版，第一版正文均为国际国内要闻，如"希特勒生死未卜"、"英美军开入维也纳"、

"丘吉尔谢辞最高勋章"、"缅日军渡喜丹河，攻占两要塞"、"日国家船舶人员编成义勇战斗队"、"冲绳岛附近海面攻击舰船群，日特攻队续获战果"等，国内、省内、上海当地新闻则包括"第二六一次行政院会议"、"监察院长顾忠琛病逝"、"省政府组织法修正国府明令公布施行"、"沪市警察局最近警政设施满副局长复兴节谈话"等等。第二版中则为各种社会新闻，其中前所摘录有关慈善、捐助等相关内容占正文版面六成以上，可见当时民众对慈善的重视以及《申报》等媒体在倡导良好社会风气方面所发挥的作用]。

另附：（1945年7月5日《申报》）第九届助学金今日起开始征募--目标三万万元以一个月为期。

第九届本报读者助学金，自今日起开始"特别劝募"，恭请海上各界人士，本已往爱护清寒学子慷慨捐输之热忱，继续努力，使数千清寒优秀青年，弦歌不辍，他日桃李盈门，济济多士，国家社会，实深利赖！本报同人，自当随诸君之后，说勉从事，为助学工作，尽其最大之努力（详见本日社评）。第九届受助学生假定为三千五百人（包括新旧生），预算下届学费增加十倍，平均每人补助十万元，约需助学金三万万五千万元。故此次特别劝募，以三万万元为目标，连同结存及经常捐款本利合计，约与上数相等。兹录"特别劝募队"简则于后，敬希公鉴。

又，本届助学金，由本报社会服务处办理收款手续，并将捐款逐日悉数存储复兴银行，承复兴银行当局允以最优惠利息结算，利息数目随结随即报告，亦是使清寒学子多得受惠之机会。

第九届申报读者助学金特别劝募队

荣誉队：

第一队：申报社队，捐助一百万元；

第二队：申报同人队，捐助一百万元；

以上共收二百万元。

又，昨收助金陶慈起、李文珩、荣叶民，各二万元。茂兴食物号一万一千元；马仁荣、鸿飞、成奋益、沈惠麟（致送福中信托银行开幕、张□□先生荣任之喜）各一万元；无名氏（收据八九四七）四千元；浦缉庭（纪念叶澄衷）一千元；以上共收十一万六千元。

第九届申报读者助学金特别劝募队简则

　　第一条，本届特别劝募分荣誉队与普通队两种，凡捐一百万元者列为荣誉队，捐款十万元者列为普通队。

　　第二条，本届特别劝募总额，以三万万元为目标。

　　第三条，一人或一团体独认一队或数队，数人或数团体合认一队或数队均可，捐款人得自定队名。

　　第四条，捐款送到，依次编列队号，次日在本报发表。

　　第五条，劝募自七月五日起至八月四日止，以一个月为期。

　　第六条，助学金经常捐款，照常收受，如超过十万元者，亦得列入本队。

　　第七条，本队完全由于读者之热忱互助、救济清寒，为国储材，劝捐经募，一律欢迎，惟并无捐册等在外，捐款均以送交本报社会服务处开立收据为凭。】

1946.4.4

今日儿童节，全市盛大庆祝

　　〔本报专讯〕今日为我国第十五届儿童节，亦为我中国抗胜后第一届儿童节，本市各界在春光明媚、万户欢腾之温暖氛围中，举行盛大庆祝，兹特详志如次：

　　<u>慈幼协会领导各界庆祝</u>：儿童节，原为中华慈幼协会发起，于民国廿年呈请教育部，通令全国举行庆祝。今年已是第十五届儿童节，又为抗战胜利后首届儿童节，该会上海办事处特联合各慈幼团体四十余处，今日假室中正东路成都路口光华戏院举行庆祝仪式，由本市各慈幼团体儿童代表一千五百余人参加，恭请中华慈幼协会会长孔祥熙博士致训词，以示隆重。并举行联合游艺大会，其节目如下：

　　上午九时半至十二时：

　　一、军乐（上海孤儿院）；

　　二、儿童节歌（盲童学校）；

　　三、歌舞（职工托儿所）；

　　四、小小军乐队（陆家路义小托儿所）；

　　五、歌舞（怀幼院）；

　　六、国乐（儿童保育院）；

七、歌唱（爱育堂）；

八、舞剑（贫儿院）；

九、歌唱（圣母院育婴堂）；

十、歌唱（洋泾浜若瑟孤儿院）；

十一、游唱旗语（土山湾孤儿院）；

十二、侏儒舞，大合唱（基督教难童教养院）；

十三、奏乐（抚育工儿院乐队）；

十四、歌唱（伯特利孤儿院）；

十五、欢乐歌（圣若瑟院贫民所）；

十六、歌剧（福幼院）；

十七、奏乐（贫儿工艺院乐队），散会。

为唤起社会人士注意儿童福利事业起见，于游艺大会完毕后，排队游行，由中正东路光华大戏院起出发，经林森路至林森公园为止。为增加儿童兴趣，特向各有关团体征求恩物，计共募得：善后救济总署上海分署面粉三十袋；中华慈幼协会董斌经募陈大善士、邵子民各十万元；贫儿工艺院、钟志刚各五万元；此外董斌又经募虞大善士指购生梨、香蕉等恩物七十万元；又泰康公司捐助饼干二十包；业由恩物组购办生梨一千五百只、香蕉三千只，面包及蛋糕各三千只（由汇泰面包公司义务制办），该项恩物于全体参加儿童到达林森公园时分发，作为野餐之用。昨经恩物委员董斌、邵子民、丁秉南等决定，儿童每名可分得生梨一只、香蕉二只、面包及蛋糕各二只，以资慰劳。

市社会局嘉奖福利事业：市社会局吴局长开光，关心儿童福利事业，对于本市办理儿童福利事业，成绩优异者，如以马内利孤儿院、徐家汇圣母院育婴堂、漕河泾难民难童收容所、土山湾孤儿院、上海福幼院、伯大尼孤儿乐园、上海灾童教养院等，特于今日儿童节，颁令嘉奖，以昭激励。

1946.4.4

我替儿童申诉—儿童节正告社会人士（作者：杨同芳）

对于胜利后第一次的儿童节，我不想写"儿童节的意义"、"儿童节感言"一类的应时文章。但却抑不住我满腔的情感，要替纯洁天真的儿童们向社会人士申诉。

　　我想谁都不能否认，我们的社会对于儿童的待遇实在太不合理。我们中国的儿童，至少有大半以上度着极悲惨的生活。他们没有独立的权利，只是成人们的附庸，孩子出生以后所经过的一段需要教养的长时期，差不多完全交托给诸般不懂教养方法的愚昧昏庸的父母。当然我们也不能说没有开明贤良的父母，能负担培育子女的责任，可是那终究少得很。除去极幸运的儿童外，都没有接受适宜的教养的机会。最可宝贵的童年时期，便在看不见阳光的阴暗面度过了。

　　现在世界各国对慈幼的法律，都有明文规定，目的无非在保障儿童的权利，使下一代民族国家的后来者获得合理的保育。像英美和苏联，他们的儿童福利事业都由国家经营，而社会人士以于慈幼工作的努力，更不能不令我们钦佩。可是，反观我国，法律上虽确定儿童的权利，但社会上一般人仍然以漠然的态度对付儿童。虐待儿童的事简直司空见惯，父母可以把子女当作泄气的工具，而随便打骂；商店的学徒常常在老板惨酷的淫威下遭受鞭挞；十五六岁、发育还未健全的儿童，为了生活从事拉车的职业，而不为当局禁阻。以上海教育文化甲于全国的都市，溺婴的恶习还时有所闻，而不算犯罪。据统计报告贩卖人口的案件，以儿童占大半。社会上如此剥夺儿童们的生存权利，想起来真令人不寒而栗。

　　现在欧美诸先进国，倡导"父母教育"不遗余力，希望每个做父母的人都具备教养儿童的智能，用客观的科学态度，解决儿童生理上、心理上的重要问题。我国近年来虽亦已接受到这种进步的思想，然而还够不上普及。一般做父母的人，依旧拿传统的不合理的方法教育儿童（与其说是教育儿童，不如说是管儿童）。这般愚昧无知的父母，首先对父母、子女的关系就没有正确的认识，把子女看做是私有的，不知道他们或她们是一员，有着确定的社会地位。人家根据心理卫生的原则训练儿童，以积趋的暗示和鼓励矫正儿童的不良习惯，从身心发展的状态、遗传、环境等方面去研究儿童的思想和行为，而我们号称五千年文明的古国，大多数的父母，非但不能给子女们以适宜的"爱"，反而从种种方面伤害儿童们稚弱的心灵。责骂、体罚、呵斥、讥刺，成为教育儿童的主要手段。他们从不想到这些都是消极的、无效的方法，同时也是最不合理、最不开明的方法。对于保育卫生、医药、康乐等重要问题，自然更不是那般愚昧的父母所能了解。于是他们子女的幸福便在无形中剥夺了。至于一班自认为新女性的，她们又把教养孩子的事委托给婢仆，子女们根本受不到良好的培育。在严厉的教骂、体罚、呵责的另一面，又常见过于溺爱子女的现象，儿童们被一味的娇生惯养，造成以后适应生活的困难。

八年的抗战，许多儿童失去生活的凭依。前日报载，目下有数百万流浪儿童，在生死线上挣扎，亟待设法救济。这又使我们想到极严重的儿童犯罪问题。儿童得不到社会、家庭和学校良好的教养，势必走上犯罪之路，而我国对于儿童罪犯的处置和成人同样看待，影响他们的身心实在很大。像欧美诸国，现在都有"儿童罪犯感化所"的设施，专门对犯罪行为的儿童予以积极的教化。而我国却没有这种合理的组织，偶犯罪过便被禁闭到狱中去，与成年罪犯杂处一起，再接受他们的不良暗示，造成进一步的堕落。现在既有这样多的儿童濒于死亡或流亡他乡，如不从速筹谋有效的救济方法，这数百万儿童不是死亡殆尽，便将成为罪犯的后补者。英国在这次大战中，每于各地准备军事行动前，先将儿童向郊外疏散；美国在战时对儿童的安全保障推行亦颇周到，但我们的国家对于儿童似乎不关心。大多数的流浪儿童，再不适当的处置，那就不无故的把民族生命的幼芽摧残了。再如这些儿童因教养不善而沦于罪犯，到那时我们的良心将受到严重的谴责：谁使这些无辜的儿童犯罪？谁负担这些儿童道德堕落的责任？

儿童安全和健康上的威胁，也是很严重的。一般学校并不能供给儿童一个合理的生活环境，让儿童生活在光线不足、空气浑浊的地方，健康教育和卫生设施的标准都差得很，以致儿童脆弱的身心，常易传染疾病。即以上海一地而论，学校儿童体格羸弱的占百分之六十以上，这是卫生当局的统计，恐怕实际上百分比还要超过。走进"弄堂学校"去看一下，设备的不合卫生原则，简直不能想象。至于校外的生活，整天在马路上溜跶，或是坐在街沿下看"小书"，从意识不纯正的连环画里接受之神怪淫诲的毒素，这对身心的影响都很不好。社会上缺少专门供给儿童游乐的场所，健全的精神生活（包括文化生活）固然缺乏，而安全的问题也很严重。看了人家到处设立的儿童公园、儿童运动场、儿童图书馆，以及其他种种儿童福利事业，我们作何感想！为了儿童们身心的迫切需要，为了拯救他们身体上和精神上所遭受的苦痛，我不得不在这里替他们申诉！

我首先要求社会人士要改变传统的对儿童的态度，不可再忽视比什么还重要的儿童的教养。我们必须尊重儿童独立的人格和权利。"二十世纪是儿童的世纪"，我们应认清爱伦凯这句话的真义。儿童不是缩小的成人，他们应该有他们活动的天地，我们不能以消极的禁阻来妨碍他们身心的正常发展，我们更不能以打骂、体罚、呵责种种不合理的惩诫方法，来摧残他们身心的健康、剥夺他们天赋的权利。拿成人的判断、习惯和思想来期望儿童，无论如何是不对的。

我们还希望法律上对儿童的保障不成为一纸具文。要希望儿童福利事业的推进有显著的成效，必须将社会人士过去对儿童错误的观念完全矫正过来。同时，家庭和学校取得实切的联络，共同负担起保育儿童、教养儿童的责任，社会上的开明人士、贤良的父母、前进的教师能共同协力，培育未来的"社会的一员"、灌溉民族的新鲜细胞，那么中国的前途才有复兴之望！

1946.4.5-6
特稿：弱小与母爱——为纪念抗战胜利后首届儿童节而作（作者：王文新）

昨日为儿童节，遥怜宇内万千弱小飘零，目击今世人情冷淡，不禁怆然太息，有怀于母爱之伟大无伦。

夫老死为生物必不可免之现象，动物之寿者最多不过五百年，故生物必于个体未老死以前，生育幼小以谋个体"存在"之重演与扩大。惟凡幼小必弱，愈高等之动物，其幼小愈柔弱不能自存，饥不能自食、寒不能自衣、遇险不知避、遇敌不能防。使一切成长者皆报以冷淡无情、不喜扶育，则一切弱小，只有凋零萎悴，无以遂其生长；宇宙万有，亦将归于幻减。故同情弱小、爱怜弱小、扶育弱小，为一切成长者之本性。《康诰》曰："如保赤子"。孟子曰："今人乍见孺子将入于井，皆有怵惕恻隐之心"。人类之所以能生存繁荣、万有之所以能生生不已，一在于有弱小以弥补必不可免之老死缺陷，一在于一切成长者对弱小能特别寄以同情。

惟人类之同情，时为内在心理及外在环境所转移。内在心理，如权力欲、超越感，恒足以使人变为残忍、变为不屑对弱小及苦难同情。拉丁诗人路库里特尝称："在狂风起波浪时，站在岸上看到人在苦难中挣扎，是一件愉快的事"。大哲学家斯宾诺莎尝捉蚊蝇，置于蛛网，观其被吞食以为乐。尼采主张强者促成弱者灭亡、以尽其责任，皆其明证。在环境方面，如愚昧、贫穷、饥馑、战争，亦足以使人变为冷酷无情。罗马人使人与兽斗杀，西班牙人使兽与兽斗杀以为娱乐，斯巴达人残杀弱婴。在中国有的地方盛行溺女，视为固然；在贫穷饥馑时卖儿鬻女，甚至易子而食；在战争逃亡时，婴孩弱小，到处弃掷，皆其明证。罗素在"中国问题"中称中国"成千成万在饥荒中待毙，人们为着几个钱出卖儿女，卖不出就弄死"，谓中国民族为缺乏同情、性格残忍。殊不知哀怜弱小，人性同有，而愚昧、贫穷、饥饿、战争，有时亦确足以使人丧失本性。此次大战以来，因旷日持久、战火蔓延、毁坏特甚、牺牲太大，全世界三分之二人民，在炮火、逃亡、饥馑、挣扎中求生，不知不觉使一部份人变为特别看重经济、看重现实及势利，但知自己挣脱饥寒、死亡情景之下，可怜万千弱小将谁凭依？在逃难迁徙中，乃或者不免为成人视为但能坐食而予以出卖，在舟车上下时乃或者不免因年轻弱小而被挤落；踯躅街头在被掳、被卖、被拾得后，乃或者不免为敌人残杀玩弄，为生人奴隶或虐杀。一幅弱小苦难景色，在无情炮火、饥寒中渐次展开。试一留心黄昏街头、荒村田畔，则伤心故事，几令人疑已置身地狱人间。夫痛苦则思父母，今欲救弱小于频危，反冷酷为温和，遂天地之失机，其惟推广母爱乎？

爱为一切生之根本，宇宙间无爱则一切生意灭绝，人与人但有旁观利用、虞诈、相争相杀、冷酷无情，一切幼小者无以生长、柔弱者绝难自存、危难者无以免死，人世间但有险森、冷酷，无复光明、温暖。方今战争、饥馑、贫穷、愚昧及种种权力欲、优越感，使全世界人群多数丧失本性，变为冷酷无情，只知利用。夫弱小有何可以供人利用之处，但有飘零频沛、踯躅无援，绝望而待毙。人种之绵延、天地之生机，莫危险于此矣。挽救之道，首在提倡人类相爱，人人以慈母爱子之心，爱怜一切弱小、扶育一切弱小，"安得慈母心，照临沟中瘠？"天地间一切皆不免带多少假藉，惟有慈母心最高尚、最光明，从灵魂最圣洁处自动发出献身的爱，不计报酬、不计代价，对方愈弱小无用，愈特加爱怜，一味"以他人为中心"，牺牲自己、成就他人、殷勤扶育、使之长成。"辛勤三十日，母瘦雏渐肥"，母爱之伟大无伦，其一即在于牺牲自己、成就他人，其次即在其不计对方美恶及一切功利，一味笃爱。一只母性蝴蝶，用其全副精神，保护一只素昧生平之后一代生命，安放卵子于花树根旁较宜孵化之温地，而自身却死于近旁之湿土。叔本华以为世界意志，发动在求种族自身之永久生存，母爱牺牲精神之高度表现，即在完成世界意志。同时亲子之相互默契、相互理解、精神上之相互交流，亦成为人与人相互结合之最好榜样。"母颜如朝旭，温厚复慈祥，母恩如沧溟，万里怅汪洋"。使人人皆以伟大之慈母爱为榜样，同情弱小、扶育弱小、成就他人而不计功利得失，则人间将不知如何温和可爱？愿天下为母亲者，勿令最可骄人之固有母性爱须臾或失！天下一切成长者，以慈母爱为榜样，扩充其对幼小之同情怜爱，扶育弱小，勿令势利、冷酷、阴森之气象再在滋长人间！

今当抗战胜利后首届儿童节，吾人望滔滔天下，强争弱死，愈不禁深感于万千飘零弱小之未可轻忽、人间母爱之弥可流连，谨撰斯文，以为呼吁；并申其义，以具体建议于当局及有心人之前：

一、今后学校教育，自国民学校起，在语文及其他含有品德陶冶功能之课程中，关于发扬母爱及一切同情弱小老弱、含有圣洁感情陶冶之教材，宜占有相当分量；最低限度，不能少于灌输知识之教材分量。

二、在社会教育方面，对发扬母爱、同怜弱小老弱之通俗读物、唱本、歌谣、音乐、影片、戏剧、及一切艺术创作及演出，宜尽量提倡奖励。

三、在民俗方面，除积极提倡爱助弱小、敬助老弱、慈爱、孝顺诸善行外，凡在习惯歌谣谚语、口头语及戏剧表演中，有涉及亵辱母性及玩弄弱小、摧残弱小成分者，宜力予弭绝。

四、在法律方面，宪法中宜特订保护母婴专条，在民刑法中，涉及危害母婴之处，宜尽予保障。

五、全国交通码头，对妇孺老病，应如优待军警及公务人员，专窗售票；上下舟车，应准妇孺老病先行。

六、在灾荒及危难救济时，对各地母婴，应优先救济。

七、在医护方面，全国各地方应普设卫生所，以产科及儿科为必不可少之部门。

八、其于反功利、重道义，及种族绵延繁荣之必要，全世界所有国家，应以保护母婴为共同政策。

九、在战争发生时，对于敌国之母婴，应绝对禁止虐待或杀害。

1946.11.26

查禁民间不良习俗，内政部订办法施行

内政部以民间不良习俗，如崇拜神权、迷信、妇女缠足、蓄养婢女、童养媳、堕胎、溺婴等，亟须查禁改善，已经制订一《查禁民间不良习俗办法》。闻是项办法内，对供奉淫神敛财、藉符咒邪术医病及假托神权迷信、从事其他非法活动、及秘密结社者，将强制使改营他项正常职业。对于妇女缠足、蓄养婢女、童养媳等，将采劝告解放、解约，与强制解放、解约。对于堕胎、

溺婴，将以宣传开导、设法救济，及送司法机关法办等办法查禁之。上项办法，市政府已准内政部函嘱查照施行，市政府并已分令有关各局处，依照原办法，会拟本市查禁民间不良习俗施行细则呈报云。

1947.1.9

崇明弃婴风盛，倡议保育办法

〔本报崇明讯〕本县弃婴之风，素极流行。年来秩序不定，生活艰难，此风更形猖狂，兼以各育婴机关或以经济拮据、或以主持失人，不能善加收养。入冬以来，田野间、堤岸旁，时有弃婴发现，然已多为猫犬咬死，肢首不全；年前甚有人乘夜一篮三婴，赤裸裸挂于堡镇育婴堂门首，任其冻毙，惨不忍睹。闻已有人准备拟具保婴办法，呈县施行。

1947.4.6

一个标志（作者：心耳）

又是"儿童节"。早上打开报纸才知道，这时才想到一点感想，可见得感觉的迟钝。有儿童节显然是一种进步，因为说明我们已注意到儿童了。

儿童节转眼一天就要过去，然而儿童是还存在的。我总觉得"儿童节"彷佛是大人们的一种恩典，犹如长辈给孩子们压岁钱，固然有让孩子们欢喜的成份，然而大抵则是装面子的。

如果有人说，民国以来的中国，实在没有什么进步。这说法诚然是使我们动气的。譬如"儿童节"，民国以前当然没有，而现在有了。其实这还是大人的东西，大人没有什么办法的时候，大抵还是装不出什么面子来的。因此也难说儿童节便是一种进步。不过既然有了，总是算注意到孩子了，我想孩子们总会一年年好起来吧，这才是真的进步了。

记得亚当斯密斯在《原富》一书中很多部份描写到中国，有一处说结婚，在中国是受到奖励的，但奖励的方法是什么呢？是有杀害儿童的自由。在各个大城市里，每天晚上有弃婴发现在街头巷尾，或者简直被抛入水里。而且据传还有一种靠杀婴吃饭的职业者。

亚当斯密斯说这话时，离开我们大约是一百七十年。而这话对目前的上海或全中国仍然适用。

亚当斯密斯的原意，当然颇易明白，他并不是说真有奖励杀害儿童的法律订出来。中国的社会伦理中，父母的绝对权力，正反映出封建专制的政治制度。结婚之后，即随时可以成为父母，一为父母，这绝对权力便俱与偕来了。"小杖则受，大杖则走。"古之圣人，对怎样为儿子已颇有教训了。

斯密斯颇为幽默地说着"杀害儿童的自由"，说着"职业者"，意在表明中国社会的停滞。这是事实，这种停滞虽然经过辛亥革命和八年抗战，还没有中止，所以这种现象至今依然。

斯密斯说过一句欠通透顶的话。说中国虽然停滞，却还没有退步，因为被居民遗弃的城市还未见过。居民固然未曾遗弃都市，而都市却在遗弃居民。这在一百七十年以前的斯密斯老先生，实在是不易辨解的。

尽管装点着儿童节，而实际上社会还是停滞。我们大的已看到英国生育子女的政府津贴，以及日本儿童都营养得很好的报童纪载吧？看社会的进步或退步，以如何对待儿童为标帜，大约是不会错的。（四月四日）

1947.10.8

仁济育婴堂六十年纪念

〔本报讯〕自前清光绪十四年开始创办之仁济育婴堂，定于双十节下午二时，在武胜路一五七号举行六十周纪念。昨日下午招待新闻界参观，由该堂主任张庆宝领导参观儿室，并介绍六十年来之历史，称：我国溺女之风甚盛，自该堂成立以来，育活婴儿不可胜计。目前每月送入该堂之婴儿数以百计，其中以私生子为最多。待育至数月后，多为富家具保领养。该堂房舍整洁，设备因经费限制，虽甚简单，而秩序井然。百数婴儿，得乳安眠，一无声息。现已改乳媪制为护士制，哺乳制为喂乳制，聘请医师护士十余人，日夜轮班看护。目前该堂收得混血弃婴一口，黄发碧眼，伶俐动人，不知其问世之日已成无父母之国际孤儿矣。该负责人呼吁各界人士惠予捐助，俾此育养无告婴儿之慈善团体，得以继续光大。

1947.8.18

福州弃婴风炽

〔本报福州十一日讯〕此间物价昂腾、生活迫人，原来喜气盈盈的生男育女，今成一大威胁。榕市近来弃婴之风日见严重，婴儿每因无人收养而饿毙。昨日市内慈峰坊省社会处处长曹挺光官邸门口放着一个竹篓，内盛刚问世的婴儿一名，因无人收养，数小时内即告饿毙。各方咸闻此种严重问题，得到当局的适当救济办法，愿替下一代多留些种子。

1947.11.17

榕市野狗咬死弃婴

〔本报福州十六日电〕榕市弃婴风盛，此间西洪路汽车站附近，昨发现被野狗咬食之婴尸一具，血肉模糊，仅存残骸，厥状至惨。附近居民辨认确为生前活咬死者。

1947.11.26

绣带儿，两阕（作者：胡卢）

福州弃婴风盛，前几日发现野狗咬食活婴。犹记本年初，南京城内亦有同样惨事。因念全国各地弃婴之多时见报载，难保不为狗食，人自不见，见亦无人报导，其未知数字倘能统计，定骇听闻。真使人有"斯世不知何世"之感，爰填此调作哀悼——

记得在南京，野狗食遗婴；不料福州城里，同样狗狰狞！小命岂该轻，忍心太□硬把牺牲！是何时代？亲生骨肉，没爱无情！

岂止福州城，到处有遗婴；时见报章连载，数字计难清！野狗饿牙争，多可怕，惨绝啼声！生当末世，食人畜类，白昼横行！

1947.12.19

路毙激增弃婴尤多

〔本报讯〕昨本市初雪，气温骤降，路毙激增，普善山庄一日中收殓成人尸体十具，孩童尸体达六十具，其中几全为生甫数月之弃婴。此与去年初雪后每日收殓露尸一百六十具之记录相较，今年仅占一半不足，相信今后冬令救济工作积极展开，路毙或可逐渐减少。

1948.4.4

私生子（作者：毛毅）

直到现在，社会对私生子还是带着歧视的眼光。但是，私生子为甚么要受污辱呢？他们对于自己的出世根本不能够负甚么责任。私生子是自从人类有了婚姻观念以来就存在的，各时代和各地对待他们的态度虽然是以歧视居多，不过，其中也有所不同。在耶稣纪元以前，雅典人对付私生子的方法是将他们弃置于露天，任他们冻馁而死。罗马人对私生子一样的蔑视，并且将他们分为两类：一类是淫欲的产物；另一类是爱情的结晶，分别给他们定有特别的称呼。

古代日耳曼的法律仅宽容父母的社会阶级相等的私生子，对于他种的私生子则认为不合法。

法兰西民族素来浪漫，他们在封建时代对私生子就无特殊的侮蔑，他们承认私生子有与嫡子相同的继承权。许多国王在外沾花惹草所制造出来的小国民，在日后同样的能够获得爵位和特权；不过，有一个限制，他们不能够入承大统，继承法兰西王位。

在意大利，早在六世纪，耶稣教堂就想设立育婴堂以制止未婚的父母弃杀婴儿。在十二世纪，教皇英诺森三世在罗马正式设立了一个育婴堂。育婴堂外放着一个篮子，婴儿放进去之后，只要拉动响铃，里面就有修道女出来把弃婴抱去，代替不负责任的父母将他扶养长大。这种收容私生子的方法传播很广，意大利各地和西班牙、南美洲、葡萄牙，都模仿采用。

时代在进展，法律对私生子的保障也日益增加。但是，势利的社会依然在歧视无辜的私生子——这是卫道观念在作祟。

1949.4.4

社论：儿童权利，社会责任——儿童节献辞

春到人间，万物欣欣向荣。我们在此时举行一年一度的儿童节，象征着儿童们的美丽远景。真的，儿童之于人类，犹一年四季中的春。我们这一代的光明面，要他们发扬光大；黑暗面，更要他们连根掘去。

中国儿童跟着多灾多劫的国家受苦受难，实在是我们这一代成年人的罪过。今日成千成万的儿童，陷入奄奄一息、萎顿孱弱的境地，许多床畔已无慈母呵眠，许多饭桌已无阿父伴食；他们失去了养，更失去了教。其他儿童应享的权利，更不要说了。

保障儿童的权利，原是社会的责任。考诸周礼，荒政十二，保息有六："慈幼、养老、赈穷、恤贫、宽疾、安富"，而慈幼事业列入六政之首。孟子说："幼吾幼，以及人之幼"。足证中国社会向来要负荷儿童的责任。西洋亦有此同样的情形。年前日内瓦保障儿童宣言，列举儿童权利之多、社会负责之重，为过去历史上所少见。可是人类习性，囿于注意今天而忽略明天，也很少留心目前的状况会影响将来。如果多想些明天的事，社会自可减少自私自利，

对于下一代就会发生更进一步的兴趣。将来的幸福有时要牺牲现在的快乐；如能注意到将来，则现在的任何牺牲也甘心情愿了。

今日大家在谈社会政策，不是羡慕苏联，就想仿效英国，自然觉得非如此不时髦。但须知社会政策，对于儿童的责任越来越高；有些责任，可怜，社会尚未完全认识。我们认为乱离时代的中国社会，对于儿童基本权利的起码责任应该为：一、生命的保存；二、健康的增进；三、游戏的机会；四、童工的禁止；五、教育的实施。这几件事，不是儿童节日叫叫喊喊所能了的，也不是空讲社会政策所能实现的，大家必须要切实倡导，埋头苦干，才见功效。

（一）生命的保存：儿童向社会第一个要求，就是胎儿、婴儿时期需要适当的养护权利。这是生存权。我们必须使胎儿起，就得保存他的生命，一直至独立成人。他有权利获得良好机会的生活。把儿童带领到世界上，是一件严肃端庄的事，须要千方百计防止他夭折。宇宙间再没有更大的悲剧，比残忍的消灭健强的人类生命还厉害。原始社会不重视人命，打胎、弃婴、杀婴等事层出不穷；中国儿童死于非命的仍不少，尤其在战乱时期，折磨母亲、浪掷生产、糟蹋了小生命。小生命或死于炮火，或死于风俗不良，或死于不懂卫生与缺乏医药，也有的是葬送于"白发伤怀，青发饮泣，妻啼饥，儿号寒"的穷困中。多少嫩脆的幼苗，就有意无意地被成人所桎梏而牺牲了。

【其余四条，因与本书主题较远，此处略】

综合上述五事，关于保存生命，社会应督促政府切实执行堕胎、杀婴等禁令，承认私生子的地位，并以育婴堂的精神多办新式的托儿所。增进健康，主要在实施卫生教育、推行公医制度。社会上多设游戏场、提倡户外娱乐，充实学校游戏设备，以达到个个儿童有游戏机会。童工和教育，虽属国家之事，然社会亦应出力出钱，造成舆论，辅助公家的不逮。总之，儿童的福利即社会的福利，儿童的权利是社会的责任。我们在今岁儿童节，以沉重的心情，呼吁社会人士，把眼光放远些，多分些温暖给下一代！

结　语

《申报》自 1872 年 4 月 30 日创刊至 1949 年 5 月 27 日停刊，其中关于溺婴、弃婴或曰保婴的话题，贯穿始终，前后历时 77 年。设若一个人生于 1872 年却不幸成为弃婴、而又有幸被成功保育成人、学会认字、有机会天天读《申报》，至 1949 年下半年终老，那么她一生中便会时时被提醒：溺婴现象一直存在；即使有时好像不再严重（"浇风稍息"），但更多的状况仍是"溺女之风日盛"。扩而言之，在溺婴恶俗成习的数百、上千年间，到底有多少婴儿惨遭亲生父母故意杀害，怕是只有上帝知道；又有多少婴儿幸运被救并长大成人，怕也只有上帝知道。

上帝固然知道，祂也必为了这些无辜受冤的婴孩忧伤。那些在历次教案中屡受打杀、侮辱的宣教士，正是领受了上帝的差派，以上帝使者的姿态，来到这片陌生的土地，尽他们的力量，不但试图拯救人的灵魂，也努力拯救人的生命。他们也试图运用理性、科学的方法，来探究溺婴到底有多严重。Michaelle Ting 在 *Between Birth and Death: Female Infanticide in Nineteenth-Century China*（Stanford University Press，Stanford，2014）一书中提供的两个数据基本可以略知大概。1793 年即来到中国的英国人 John Barrow 常年居住在北京，他根据多方资料，估计单是北京城内，每年溺杀的婴儿约四千到九千人。当时每天在东城、西城、南城、北城和中央地方，各有一辆马车四处搜集被弃的死婴、活婴。活婴送交育婴局，死婴集中到一个峡谷里面丢弃，上面撒上一层石灰作为遮盖和洁净。美国新教宣教士 David Abeel 在亚洲其他地区宣教多年，1842 年进入中国福建并滞留近两年，他通过人对人个人调查的方式，在泉州和漳州访问了各阶层的数百人（并非是直接的溺婴者），得出一些估计的数据：泉州共 65 个村镇，漳州则超过 28 个村镇，平均溺婴率均在 25% 以下，其中在同安 40 个村镇中，溺婴率由 10% 到 70-80% 不等，在安溪 8 个村镇中，溺婴率约 30% 左右，南安 7 个村镇中，溺婴率超过 1/3，龙溪 18 个村镇中，溺婴率约 25-30%。另一位美国新教女宣教士 Adele Fielde 在汕头宣教十年（1873-1883），她则请她认识的在各地的女宣教士调查在各自地方聚会的妇女的生育情况。收回确定信息、超过 50 岁的 160 位中国妇女，共生育过 631 个男孩儿和 538 个女孩儿；其中 366 个男孩活过了十岁，但只有 205 位女孩活过了十岁。这些妇女共溺死过 158 个女孩，但没有一个男孩被溺死；其中一位妇女承认共杀死过 11 个孩子。

正如前录 1876 年 12 月 14 日"葬幼殇骸骨说"和 1892 年 11 月 8 日"婴孩殡园章程"等代葬婴孩告示所言，在中国，即便意外死亡的婴孩，其遗体也是无法像成年亡者那样被认真掩埋入祖坟的，更别说这样因为不受待见而被故意溺杀的婴孩。随意丢弃或胡乱埋葬在荒郊野外的亡婴尸骨，也就按照自然的循坏、最后融入了土地。虽然婴童尸体埋葬所需棺木和墓地、费用较少，但积少成多，仍有可能成为善堂不小的负担；显然并非所有地方都有这样能够代葬的善堂。于是，在随意丢弃和体面安葬婴童之间，出现了第三种折中的办法，既避免了随意丢弃溺杀婴儿所带给活人感官或心理的不适，又相对简便可行。承载这种"眼不见为净"改良或善事的，便是"婴儿塔"。敬请继续阅读下一部分：婴儿塔（童塔）—部分溺婴的归宿。

第二部分 婴儿塔（童塔）
——部分溺婴的归宿

在新中国成立后的头五十年中，溺婴现象主要被作为"旧社会"的特征之一被批判，偶有学术探索。最近十几年，则开始对该问题进行较为系统的研究，除了对产生该现象的背景、演化、消亡及造成的后果进行分析外，还对当时代有识之士的呼吁或政府机构的整治措施进行阐述，以期达到历史学的警示功用，值得关注。比如关于溺婴的背景和地域性[1]、溺婴与救济的关系[2,3]、政府的管理[4]、可能的后果[5]等。我们在研究溺婴相关的历史文献时，关注到与此密切相关的一种建筑，即供人丢弃死亡婴儿尸体的塔样建筑——童塔，早期国外文献中将其译作 Baby Tower。从互联网上的一些讨论可以得知，这类建筑，在一些地方比如江浙一带，仍有不少残存。2009 年 3 月 7 日的《东南快报》曾经登载徐文彬撰写的"婴儿塔，旧时福州婴儿血泪控诉"一文，文中并附了一张图（图 1）。六年后的 2015 年 4 月 30 日，《东南快报》都市栏目

1　田红湖。近代东南地区溺婴问题研究[D]。陕西师范大学，硕士研究生论文，2016。

2　雷妮，王日根。清代宝庆府社会救济机构建设中的官民合作——以育婴堂和养济院为中心[J]。清史研究，2004，（03）：53-58。

3　陈熙。清至民国福建溺婴现象与育婴堂研究[J]。地方文化研究，2015，（02）：49-59。

4　赵增越。清代设立与管理育婴堂档案（上）、（下）[J]。历史档案，2015，（02）：4-32；（03）：4-30。

5　徐晓望。溺婴习俗看福建历史上的人口自然构成问题[J]。福建论坛（经济社会版），2003，（03）：52-56。

再以"网络流传海外摄影师拍摄的福州'婴儿塔'"为题分享了另一张照片（图2），并访问了相关专家。时任福建师范大学教授的徐文彬认为"婴儿塔的出现，其实也可能和当时来华传教士宣扬的一些宗教思想有一定的关系"；而福建闽江学院历史学专家翁伟志则"认为与传教士没有直接关联。婴儿塔应是中国人某种仁慈观念和鬼神观念的体现"。我们启动调研后发现国内对童塔/婴儿塔的研究基本属于空白，缺乏相应的文字和其他档案资料。我们借助近年兴起的网络电子化图书馆，特别是早期的报章书籍资料，找到若干重要线索。

图 1. 2009 年《东南快报》引用的婴儿塔照片

存于耶鲁大学图书馆（http://findit.library. yale.edu/ catalog/ digcoll:993787）。获授权使用。在美国南加州大学图书馆也存有该照片的电子版（http://digitallibrary.usc.edu/cdm/singleitem/collection/p15799coll123/ id/53206/rec/1）

图 2. 由 Bird 拍摄的福州婴儿塔

引用自 All the eBooks 网站中 Chinese Pictures Notes on Photographs Made in China. 该照片也被 2015 年《东南快报》引用。

第一章　浙江现存部分童塔资料

　　2007 年国务院决定开展第三次全国文物普查。浙江省在完成普查后出版了《浙江省第三次全国文物普查新发现丛书》，其中《古墓葬》一书的"其他古墓葬"（杭州：浙江古籍出版社，2012.03）部分提到武义金川孤童塔（图 3 上）和盘安新宅婴塔。这类建筑还出现在关于该省人文的其他出版物中。比如在陈志华、李秋香合著的《中国乡土建筑初探》（北京：清华大学出版社，2012.10）中，对浙江兰溪市诸葛村南的枯童塔和永康市厚吴村的宝童塔进行了详细的介绍，甚至给出了厚吴村宝童塔的建筑构造模式图。更早的 2003 年，由《建筑创作》杂志社和浙江省永康市文物管理委员会编辑出版的《文化厚吴--厚吴的宗祠与老宅》（北京：机械工业出版社，2003.08）一书将厚吴村的宝童塔叫做唬童塔，因为大人们常常会用它吓唬不听话的孩子。2012 年 5 月 25 日《金华日报》赠版刊登"厚吴宝童塔"一文，并说直到现在，村里每年都都举行祭塔的仪式。该文记载，该村老人"吴文龙认为，里面的结构应该更加复杂。塔内横截面可能有三到四层的弹簧门，进入东门的死婴，在重力作用下压动弹簧门进入下一层，同时弹簧门又起到一个缓冲作用，最后使死婴缓慢地进入塔底……这宝童塔并非只进不出，它有一个隐秘的出口。宝童塔伴山而建，在山坡一侧低于塔身的正南方有一高 0.3 米、长 0.3 米的方形洞口，直通塔底，洞口用两层石板与一层厚木板封住……每隔几年就要对塔进行一次清理，不然再大的塔也会被装满。最近的一次清理是 1959 年，由吴文武子嗣出钱，念经超度亡灵。塔内的残骸或被深埋，做一个大公墓，或进行焚烧处理"。如此看来，宝童塔只是供暂时弃置亡婴的地方，待尸体或骸骨积累到一定数量，便集中处理。与此类似，诸葛村枯童塔塔身文字也表明可以挖开泥土下的砖门，将尸骨另埋（详见下）。

图 3. 金川村童塔

上图引自网络，拍摄年代不详，应为此处田地改造前之景象，显示两个入口。下图由王宜强摄于 2017 年 10 月。二张照片角度不同，但经附近老人确认，为同一地方。

虽然前述《古墓葬》一书在介绍枯童塔和宝童塔时均提及"专用于掩埋儿童的墓葬在浙江省十分少见"、"婴塔在浙江省发现较少"，实际可能并非如此。

当然，如果跟现存其他墓葬群，或与当时代祖坟数量相比，这类童塔的数量确实较少，但非"十分少见"。网络上便有一些浙江一带的论坛讨论到记忆中曾有不少这样的建筑，并有人贴出图片。而根据目前我们了解到的资料，浙江省是唯一一个在这次全国文物普查后出版的文集中提到童塔或婴塔的省份。2017年国庆假期期间，笔者根据出版物或网贴上提到的线索，实地查看了几处。

一、诸葛村枯童塔

由于诸葛村景区规划，现在该塔位于景区界内，并已经完全淹没在竹林之中，从景区中供行人走路的道路经过，根本看不到它的影子（图 4）。景区的工作人员也只有个别人知道其大概的方位。其六角形的塔身，相隔的石板上分别刻着"枯童塔"、"启骸门"和一个圆洞，其余三面石板则没有文字或特征。"启骸门"下面的小字则曰"此处下掘去泥即见砖门启开便可拖尸别埋"（在前面提到的陈志华的书中为"此处下掘去泥即见砖门启开便可拖尸别埋"。拖=拖）。陈志华文章还提到该塔于1936年重修。根据一位60岁左右的当地人说，之前的塔更高，他们常在附近玩耍；到了大概二十年前，有一位村民喝醉酒行夜路，结果迷迷糊糊地跑到塔那里；虽然醉酒，却仍知道跑到那地方不吉利，就从周围抱了些秸秆树枝之类，放火烧了它。

图 4. 诸葛村枯童塔身的三面石板

左侧图阴刻"枯童塔"，右侧图为"启骸门"。 王宜强摄于 2017 年 10 月。

二、在兰溪前倪村和唐店村的无名童塔

　　这两个村子直线距离相距不到 1.5 公里，但两个村庄仍各有一座童塔。前倪村的童塔在村北侧，紧挨着村民住户（图 5），离最近的民居只有二三十米，虽然已毫无用处，但貌似也没人想着把它拆去，村民显然也并未忌讳它的存在。唐店村的童塔离村庄略远，位于一个土丘的坡上，紧挨着一群看着并不久远的坟墓（图 6）。

图 5. 前倪村的无名童塔

位于池塘水边，四周被一丛灌木或杂树围着，距民房很近。王宜强摄于 2017 年 10 月。

图 6. 唐店村无名童塔

位于一个山坡上，被灌木丛覆盖大半，其西侧为零星墓穴，东侧为成片规划的唐氏墓地。王宜强摄于 2017 年 10 月。

三、雅里村埋婴塔

在金华金东区雅里村村东头，乡村主干道的旁边，是一座条石结构的"埋婴塔"，上面明确刻着"民国二季仲春"，当是建设的年份。塔建在水塘的岸边，开口在西侧靠着田的地方，迄今仍还能够看到有木制结构残存。附近的老人说，以前塘里是常年有水的，死婴从开口处的木窗扔进去，塔底应该也有水与塘中的水相通。至于为何这样建造，老人推测说有水的地方尸体容易腐烂，水中也有蛇与水鼠等，有利于尸体消失。

图 7. 雅里村埋婴塔

左图分别为西侧和东南侧观，右图示塔上层所刻字期。王宜强摄于 2017 年 10 月。

四、武义县金川村童塔现状

金川村的童塔是目前我们看到的唯一一个男女分开的童塔。后来其周围农田被改造为石沿梯田，但仍保留了这座特殊的建筑。目前其顶盖和开口一侧均被荆棘完全掩埋（图 3）。

第二章 早期文献关于上海婴儿塔资料

较早提到婴儿塔的文章，多是单纯的文字介绍。1858 年 2 月 12 日澳大利亚的 *Mount Alexander Mail*[1] 刊登了一篇 "时代" 特约通讯员 Cooke 跟时任驻华副大使 Harvey 一起在上海遭遇婴儿塔的经历："那种像胡椒瓶子一样的建筑，虽然不足 20 英尺高，但按照中国人的逻辑，也绝对算得是一座塔……从里面发出刺鼻难闻的气味，我以为是化粪池……大使告诉我那是'婴儿塔'，'你说……是什么？'我差点惊掉下巴。'婴儿塔。你从石头缝里往里看看，但别靠太近，否则会把你熏倒。你看到一片竹叶好像在动，那都是蛆虫在爬。有时从竹叶下面会伸出个孩子的小小的腿或者胳膊或者骨头。现在还没有我曾看见过的那么满，可能最近刚清扫过"。"这到底是墓地还是屠宰场？""中国人说它是坟墓。这里棺木很贵，而农民很穷。如果孩子死了，父母就用一些竹叶一裹，从窗户里扔进去，就万事大吉了。塔满的时候，衙门找人把它烧了，骨灰撒在地里……没人管……父母有权决定孩子的生死……中国母亲的心和英国母亲的胸怀一样都有良心，但有时困难和处境逼得他们没办法……这个城里有座育婴堂，门外有个摇篮，上面是一个空心的竹筒。你在竹筒上敲一下，摇篮就被拖进门去。如果是个婴儿，就留下来养着，不用问什么。

---

1 所有报纸来源资料者，均在正文中给出报纸全名和具体发行日期，不再在注释中列出。所有以书籍出版发行者资料，均在注释中顺序给出作者、书名、出版社、出版地、年份、页码；但因有些图书资料在进行电子化时会改变原内容所在页码，对于这种情况，将无法给出出处的具体页码。

中国现在的社会是家庭奴隶制。年幼的孩子值一块钱，父母可以仅仅为了这一块钱而行使他们的绝对权力，而且这权力还永不失效：虽然父亲可以把儿子卖给一个陌生人，或者母亲可以把女儿卖给妓院—这也是这里妓院得到娼妓的唯一途径—但儿女对父母的义务却不可撼动，并被严格执行。也正是这种出于对钱财的贪婪，加上本土一些慈善力量提供的机会，使得一些可能本来要被毁灭的生命得以存留，但这婴儿塔是个可怕的地方，它杵在离一个人口密集的城市不远的地方，明目张胆地邀请人杀死婴儿"。虽然 Cooke 的游记登在 2 月份的报纸上，但他所写的遭遇婴儿塔的事儿应该不是发生在 2 月或稍早，而是应该发生在夏天，否则上海地区不可能有蛆虫。

澳大利亚 Launceston 市的 *The Cornwall Chronicle* 报在 1862 年 5 月 24 日转登了 3 月 26 日 *European Times* 刊登的两封信的内容摘录，作者是一位在上海做生意的年轻人。其中一封讲的是 1 月 22 日太平军在上海附近烧杀抢掠的见闻，另一封讲的则是因为天冷，有很多人被冻死，特别是羸弱的婴孩，他写道见到的一座婴儿塔："我在国内的时候虽然听说过处理死婴的塔，但我从来没法相信。但现在我知道，这竟是百分百真的。有天晚上我去看了一处，离城墙大约一英里，是一个圆形的塔，大约 10 米高，顶上有圆洞……里面散发的味道也证明了它所装的东西。去年曾有人告诉我说塔满了，最后一个孩子的腿伸出洞外。每当此时，官府会找人清空。外国人把它叫做'婴儿塔'。本地人对这种残忍的习俗不以为然……"。

澳大利亚悉尼的 *Empire* 1868 年 5 月 9 日，有一篇文章题目为《中国的杀婴——记录上海附近的婴儿塔》。"一位近日到访上海的女士说，上海附近有不少婴儿塔，我们去看了其中的一座。他们是用墙围着，有供扔进尸体的开口。似乎所有的穷孩子死后都用草裹着扔进塔里，省了棺材和墓地的费用。塔散发着可怕的气味，当草桔快到塔顶时，才会被清理。里面的东西被烧掉，留下的灰洒在田里做肥料……"。

在 1880 年 8 月 7 日的 *The Sydney Mail and New South Wales Advertiser* 中，有篇文章说："在回上海的路上进入法国大马路前，我们经过一个婴儿塔，这是我们所知唯一的一座离外国租界如此近的婴儿塔。塔是圆型的，用砖造成，开口在顶部……"。

由上述资料可以看出，当时的上海县城外可能有不只一座婴儿塔。虽然当年与现今上海的市貌有天壤之别，但我们仍期望根据有限的线索，大致缩小它们可能的位置范围。结合上述报章和其他汇总资料[2]，我们知道其中至少有一座在即将进上海县城的路上、在当时法国租界内法国大马路（如今的南京西路之大世界与南北高架之间）的西侧起头附近[3, 4]、在当时的裨文女中和玛格利特·威廉逊医院（中文名为"上海西门妇孺医院"，如今的复旦大学附属妇产科医院前身）附近[5]，同时又如多数婴儿塔一样离城不远等，我们可大致推测它是在原上海县城西门外地区，即现今的西门地铁站以西附近地区。同时还需要确认的是，上述上海城外婴儿塔的尺寸。我们在前面第一章已经看到和后面两章将要看到的其他地区的童塔，在地上部分都不高，其开口在侧面，高度可以让人方便地将婴尸投入塔内。但 Cooke 文章说塔身不足 20 英尺（即六米），另一篇文章则说塔身"大约 10 米高，顶上有圆洞"，这样的建筑，更象是一座老式烟囱；而且这样的高度，非要人需要梯子或其他辅助设施才能攀爬上去。不过从另一角度讲，上海县城当时人口远比浙江乡下稠密，如果像诸葛村、厚吴村那样在山区的孤立小村，都需要考虑塔内骸骨满了以后挖出另葬，那么上海需要更大的童塔倒也可以理解，只是尚需要更多的详细资料支持。

2　同上页内容。

3　Halcombe CJH. The mystic flower land. Luzac & Co., London, 1896, 第 64 页。

4　Mayers WF, Dennys NB. The treaty ports of China and Japan, a guide book and vade mecum. Trubner and Co. Paternoster Row, London, 1867, 第 406-407 页。

5　Mayers WF, Dennys NB. The treaty ports of China and Japan, a guide book and vade mecum. Trubner and Co. Paternoster Row, London, 1867, 第 406-407 页。

第三章　关于福州地区的婴儿塔

　　目前查到最早为婴儿塔拍照并散发的，可能是 Bishop 夫人（又名 Isabella Bird）。她在 1894-1896 年到中国旅行时拍摄大量反映中国人日常生活的照片，并通过加注解的方式着书发表[1]。其中一幅正是《东南快报》2015 年介绍的关于婴儿塔照片。原作者给这张照片的标注是："婴儿塔，福州。如果一个婴儿死去，而其父母太穷无钱体面地埋葬他，就通过这个塔上面的窗口把死婴的尸体扔进去。乐善堂每两三天来打扫一次，按照宗教的仪式埋葬所有尸体"。因为 Bird 在注解中使用的"乐善堂"原文是大写开头（Guild of Benevolence），所以很有可能是特指某一个慈善组织或其下属的具体机构。目前我们找到的婴儿塔照片，以在福州拍摄的最多；而国内目前关于溺婴风俗的研究结果，也表明福州地区溺婴现象最重。这之间存在着必然联系，还是纯属偶然，尚未可知。

　　Bird 关于中国的旅游照片可能很快就流传开来。1900 年 9 月 14 日的 *Marshall County Independent* 重发了 Bird 婴儿塔照片的线描图（图 9，当时在报纸上直接刊用照片还很少见），并配发了文字："这里展示的婴儿塔，印证了广为谈论的关于中国人的残忍。这个国家的很大一部分的女婴注定要直接死去。中国的很多地方都有这种塔，尤以福建省最多。据估计，在某些地区，大约 25-40% 的新生女婴被处死。中国没有制止杀婴的法律——至少可以说没有被有效执行的类似法律，虽然从现实看，被保留性命的女儿会给父母带来

---

[1] Mrs. Bishop BF. Chinese Pictures：Notes on Photographs Made in China. Charles L Bowman & Co. New York, 1900，第 60 页。

很好的回报。这回报，体现在她们长大成人后给父母带来的爱和关心，远超过儿子所能带给父母的。抛弃婴儿的方式有很多，有些被溺死，但更被青睐的方法是将婴儿带到城外的塔那里，放在靠近顶部的窗口上，直到下一个来的人把他推进去。过去的年份里，看见河里漂着婴儿的尸体并非稀罕事儿。当然，虽然杀婴盛行，也有些中国人从来不会杀死他们的孩子，甚至当他们以船为家的年代，他们还特意在孩子身上绑着救生用的物件，以防孩子万一落水会被淹死。对于那些把孩子丢在婴儿塔的人，贫穷是主要的借口。他们说如果把孩子养大，最后还是要把他们卖为家奴，所以还不如早早死掉。目前在中国宣教的重要内容之一是从窗口那里拯救孩子，并把他们培养成本地本国的信徒。外国人通过拆毁这些婴儿塔，已经救回来成千上万的孩子。为了做到这一点，信徒们需要白天黑夜地盯着那塔"。不得不说，文章揭露了婴儿塔的残忍，但对这一现象的缘由以及对中国人的评价还是十分中肯的。他们对自己行动的目的并不隐瞒：就是将救起来的这些人培养成信徒，这正是最近一百年中国新文化运动中反西方的重要内容之一；而且他们拆毁婴儿塔的行动，想必也不是那么受人欢迎。因此，在合适的条件下，这些宣教士成为国人的运动靶子，就可以理解了。

图 9. 澳大利亚报纸对婴儿塔的素描和介绍之一

　　1901 年 3 月 20 日的 *Newcastle Morning Herald and Miners' Advocate* 也引用了 Bird 照片的另一个素描版本（图 10），并配发文字："……以前主要用于

丢弃女婴的婴儿塔，现在也用于男婴了。基本上只有穷人才用到它，当穷人家里有婴儿死去，家长就把尸体带着穿过田野，从图上所示塔身的开口扔进去。或早或晚，更富裕的人或更有爱心的人来打开，把尸体清理出来，并按照正常的样子埋在地里的坟穴里。有时这可能要等好几个月，那时候，塔里的情景真是难以描述"。

A CHINESE "BABY-TOWER."

图 10. 另一份澳大利亚报纸对婴儿塔的素描介绍

在 1907 年 7 月 31 日发行的 *Northwestern Christian Advocate* 中，刊登了 Foss 会督题为"福州素描"的文章，讲到在他周游访问各地监理会教会时在福州住所附近的婴儿塔（图 11）："塔高大概 15-20 英尺，用于盛放婴儿的尸体，甚至活着的女婴。我有一次看到一个孩子用草席裹着的肢体从靠近顶部的开口处露出来，说明当时已经快满了。可以肯定地说，处死新生女婴的方法有很多。公会神学院的校长告诉我他最近去了趟福州附近的山区，很谨慎地做了点调查，得知那里五分之四的女婴在澡盆里淹死或以其他方法处死，因此在有些村落里男孩子多出三到四倍。在街上经常见到婴儿贩子卖小女孩。我在我们的育婴堂里就见到一个从婴儿贩子手里买回来的女孩，买她只花了四毛钱"。

BABY TOWER, FOOCHOW.

图 11. Foss 会督 1907 年文章中所用照片

仔细对比《东南快报》2009 年刊载过的照片（图 1）和 Foss 会督引用的照片（图 11），从塔的整体结构（特别塔顶石板的一个下角缺失）、远处的房屋、以及房屋附近的牌坊，可以判断两张照片所拍摄的应是同一座婴儿塔不同时间的景象。进一步搜索，我们在耶鲁大学图书馆近年建立的特殊藏品的电子档案中，找到图 1 的原版。在耶鲁大学档案中，这张藏品标注为"Gek Siong Sang 福州婴儿塔照片"，由 Ralph G. Gold 拍摄于 1911-1913 年间。其他文献显示 Gold 于 1911-1927 年在福州，任基督教青年会即 YMCA 福州区执行干事，YMCA 则与 Foss 会督提到的监理会关系密切。耶鲁图书馆这批藏品中的另外一幅标明为摄于 1946 年的照片（图 12），仅标注为位于福建协和大学校园附近的婴儿塔，但拍摄者未知。同样地，根据图 1、11、12 三图塔顶结构细节的对比，我们判断三张图片所指均为同一座塔。Gold 记录的 Gek Siong Sang 应该是福州话"吉祥山"的拼音写法。当时的吉祥山在现今福州城区的台江一带，与位于闽江南岸的外国人居住区隔江相望且由万寿桥相连。这一点与 Karl

Vogel 在其环球旅行游记 *Aloha Around the World* 一书[2]中的记载相符合。Vogel 提到他们在福州停留期间于 1922 年 1 月 9 日下午由当时福建协和大学的美籍教师陪同到离大学不远的墓地看了"那座婴儿塔"，并表示很高兴地知道当时婴儿塔比以前用得少了。然后，他们一行人乘黄包车经过万寿桥，回到位于闽江另一侧的西人居住区，先是去看了 Anglo-Chinese College（即鹤龄英华学院），然后到 Jones（时任福建协和大学校长庄才伟）家用晚餐。Vogel 虽然没有在其书中给出所见到婴儿塔的照片，但他的描述（"在一片散乱的墓地中的一座约 10 英尺直径的低矮石头建筑"）和措辞（"那座婴儿塔"），表明他所指的极有可能是一座当时在福州的外国人（特别是与福建协和大学及 YMCA 密切相关者）都很熟悉的婴儿塔，也就是上文所言 Gold 拍照过的吉祥山婴儿塔。Vogel 还提到附近有一排"寡妇牌坊"，用以纪念那些为亡夫守寡终生的女人，在图 1、图 11 中也确实清晰可见这样的一排牌坊，而在图 12 中，由于拍摄方向较图 1 中沿顺时针方向转了大约 45 度，加之 30 年后周围堆积了新的渣土，因此未能看到那排牌坊。

图 12. 耶鲁大学神学院图书馆所藏标注为 1946 年拍摄的福州婴儿塔照片（http://findit.library.yale.edu/catalog/digcoll:994572）。获授权使用。美国南加州大学图书馆也存有该照片的电子版（http://digitallibrary.usc.edu/cdm/singleitem/collection/p15799coll123/id/53819/rec/2）

2　Vogel K. Aloha Around the World. GP Putnam's Sons，New York & London，1923，第 123 页。

Gold 在给图 1 照片的标注中还提到"婴儿塔之前为遗弃女婴而设，现在可用于死亡的男婴或女婴……在附近还有很多这样的婴儿塔，造型设计各不相同"。1912 年出版的 *Woman's Missionary Friend* 中[3]，McDowell 给出福州地区的另一种造型的婴儿塔（图 13）。与多数描述婴儿塔只在顶端或上部有窗不同，McDowell 显示的这座塔在一侧有门，其上有三字匾额（暂不可认），门、窗之间的墙上竖着的三个字的首字可基本判定为"女"，整体疑为"女□儿"。果真如此的话，是否该塔的另一部分即背对镜头的一面是为男孩儿设置的？同样地，如果考虑 Gold 在其标注中的措辞（now used for dead babies of either sex，更倾向指"两种性别中的一种"即"男婴或女婴"；若指男女兼有，则用 both sexes 即"男婴和女婴"更准确），再加上中国向有男女授受不亲的习俗，那么在某些比较"讲究"的地方，为男婴、女婴尸体分别设置婴儿塔，或者在同一座塔中分别设置男婴、女婴的房间，可能也是一种普遍的做法，正如前述浙江金川村的童塔（图 3）。

THE BABY TOWER OF FOOCHOW

图 13. McDowell 在书中采用的婴儿塔照片

---

3 McDowell CL. Glimpses of Foochow. Woman's Missionary Friend, 第 44 卷，1912，第 343-344 页。

与前述和牌坊相邻的婴儿塔不同，1911 年底出版的 *The Changing Chinese: The Conflict of Oriental and Western Cultures in China*[4]有一张拍摄于福州、紧挨祠堂的婴儿塔照片（图 14）。图中祠堂门额上的三个字依稀可辨为繁体的"义靖屋"，即"義靖屋"（根据后文可知实际为"義權屋"即"义权屋"）照片的标注也声明婴儿塔是为接受女婴而设的。按照中国汉族多地的风俗，男子无论长幼，都是父亲姓氏家族的本家人；结了婚的女人算是夫家人，若亡故可以埋入夫家林地，而结婚前的女子，则"不算人"，若亡故，是不能埋入父家祖坟林地的。因此特别指出婴儿塔是为接受女婴而设，倒也合乎风俗。在 1903 年出版的 *Women of the Middle Kingdom*[5]介绍了几位离开中国到了美洲的妇女，论及她们出生后曾经面临的危险："家里没有人因一个女婴的到来而高兴，她被厌弃、拒绝，正如救赎主耶稣曾遭遇的一样。她的襁褓可能很快就要变成她的裹尸布，因为在中国，杀死婴孩是再常见不过了。她的父亲可能把她丢在婴儿塔那里，任飞鸟来吃。临近的河流也可能成为她的坟地。她甚至可能被埋在她出生的屋中"；该书正文第三页提供了一幅婴儿塔的画像（图 15），貌似与图 14 照片来自同一场景。令人感慨的是，图 15 中的婴儿塔周围开满了鲜花，生意盎然，并且墙上工工整整地写满了貌似一首诗的文字。围绕着这样一个残酷意义的婴儿塔，却有这样令人愉悦的环境，也算是作者对悲惨命运儿童的祝福。经过多方寻索，我们最后经福州网友提供线索，从一篇题为"莆田 100 多年前珍贵老照片曝光，或许会让你了解到一个不一样的莆田"（网址 http://www.sohu.com/a/196927670_769226）中获得上述两图所指婴儿塔的原始照片（图 16）。童塔塔身上的文字明确记录了该塔的来龙去脉和用途，是目前我们能够找到唯一一份同类的文字照片档案。文中记载该塔最初建的"壬辰年"应指 1892 年那个壬辰年，虽然未明确写明由谁初建，但可以合理推测为述善社所建；后由述善社于光绪廿四年（1898 年）重建。同时，该图童塔文字和后方建筑匾额都清楚标明后方建筑为"义权屋"，即慈善机构安葬贫穷者的地方。如此看来，图 14 中的照片应是摄于童塔仍为砖灰结构时，塔身也无文字；而图 15 则是某位并不认识汉字者比照着图16进行的描摹。关于述善社的善举可参见第一部分1891.7.14和 1894.1.16 报道。

4　Ross EA. The Changing Chinese: The Conflict of Oriental and Western Cultures in China. The Century Co., New York, 1911，第 206 页。

5　McNabb RL. The Women of the Middle Kingdom. Hennings and Pye, 1903，第 14-16 页。

Joss house, Foochow, and Baby Tower where girl infants
are thrown when not wanted

图 14. 标注摄于福州的义权屋和婴儿塔

下方英文为"福州祠堂和婴儿塔，后者供遗弃女婴用"。

THE BABY TOWER.

图 15. 《Women of the Middle Kingdom》一书中婴儿塔的插图

图 16. 网络流传一组莆田老照片中传标记为"述善社"的一张

塔身文字大致为"万善全归：壬辰之秋建义权屋，同放冢塔乃砖灰所，作难
儿投焜垂寿。我社构石改造既能久远，惟等（？）塔无多余地，不可从窗（？）
进塔者，可（勿？）用木器。后有再收骸骨，但开顶盖石可也。清光绪廿四
岁在戊戌孟春述善社立"。

图 17. 宁波义塔（左图）和孩儿塔（右图）

宁波义塔（左图）和孩儿塔（右图，拍摄时可以看到很多的小棺材堆在一起，
未能来得及埋葬），后被宁波网友鉴定分别位于宁波老城墙的南门和北门附近。

第四章　其他地区的婴儿塔

英国 Bristil 大学保存着一张 1870 年前后拍摄于宁波的义塔照片（图 17 左），左右写明由"赵茶房建造"、"体仁局收埋"，而另一张在网络流传、貌似来自某处英文书的照片，则显示另一个类似建筑，旁边堆积着等待处理的婴棺（图 17 右）。1885 年，伦敦差会已在武昌服事九年的宣教士 Bryson 夫人出版了一本名为 *Child Life in Chinese Homes* 的书[1]，讲述了她和同工们通过医疗、教育在当地服事和宣教的经历。书中包含了 35 幅反映当时武昌人文风情的素描插图，其中一张画的就是一位父亲往婴儿塔里扔一个包裹的情景（图 18）。这是我们找到关于以图画方式显示婴儿塔的最早一份资料，她在书中提到"有些母亲甚至以这种方式丢掉了五六个女婴"。多年后，在汉口服事多年的 Bernard Upward 牧师，在其 *The Sons of Han—Stories of Chinese Life and Mission Work*（可译为"汉族后裔——在中国生活与服事的故事"）一书[2]中提供了一张方形婴儿塔的照片（图 19）并写道："沿着这条路就能看到三座婴儿塔。每座的顶上都是一个栅栏，上面放着一些小棺材，等着好心人行善或是把他们埋了。有时候在塔的脚跟上，放着些裹好的小包袱，是因为他们的父母连棺材也买不起。每个塔的里面还有一个方形的洞，这些洞是为了那些最最穷的父母准备的"（图 19）。

---

1 Bryson MI. Child Life in Chinese Homes. The Religious Tract Society. Piccadilly, 1885, 第 15-17 页。

2 Upward B. The Sons of Han-stories of Chinese Life and Mission Work. London Missionary Society, 1908, 第 92-93 页。

图 18. Bryson 书中插图，题目为"婴儿塔"。

BABY-TOWER.

图 19. Upward 牧师书中的婴儿塔照片
其上的三个字难以确认。

　　从位于华中腹地的武昌和汉口往内陆西行，同样可以见到婴儿塔的影子。曾任北京普林斯顿办事处和 YMCA 北京办事处干事的 Sidney D. Gamble 在四川灌县也拍摄到过一座婴儿塔（图 20）。正对镜头的一面的对联依稀可以辨别为"名塔快登千佛选，封尸愁说二陵秋"，横批"骨肉相關（关）"，真道尽万般无奈。

图 20. 1917 年摄于四川灌县的婴儿塔

原版现存于 Duke 大学图书馆，获授权使用。

第五章　西方人关注婴儿塔和
溺婴现象的不同角度

　　平心而论，当年西方报刊、书籍报道甚至关注婴儿塔，其心态并非是站在道德的高地或以此为借口抹黑中国。如果回看国内研究现在整理出的关于当时溺婴的资料，我们也不得不承认我们的先人实在太过野蛮。从"人"的角度看，溺婴现象和治理不只是主权国家的"内政"或个人人权问题，而且是涉及对人本身价值认知的人类学问题，正如纳粹的种族灭绝政策一样是人类的公共危害。1912 年一位美国医生出版的一本叫做 *Race Suicide* 的书就罗列了自古以来、各个国家或民族（包括美国自己）曾实行过的种种种族屠杀问题，其中中国的例子之一就是婴儿塔[1]。鸦片战争后中国的国门被迫打开，其早已存在的溺婴问题确实极大地影响中国的国际形象和国际关系[2,3]。比如，如前所述，关于婴儿塔的报道隔三差五地登上澳大利亚各地的报纸，显然给澳大利亚人民留下了"深刻"的负面印象。在 1866 年 8 月 21 日悉尼的 *Empire* 报纸上，有一次关于是否应该接收更多来自中国的移民的讨论，其中反对方在试图驳斥对方"中国移民无害论"的观点时，做了一个比喻："……如果你方的说法成立，那就相当于说在悉尼的社区里树立起一些每天堆满被害婴儿

1　Iseman MS. Race suicide. The Cosmopolitan Press, New York, 1912，第 60 页。

2　吴巍巍.近代来华西方传教士对中国溺婴现象的认识与批判[J].江南大学学报（人文社会科学版），2008，（06）：83-86+90.

3　杜伟.19 世纪前，方对中国人口问题的认知[J].历史教学（下半月刊），2010，（09）：25-29.

尸体的婴儿塔并不是一件羞耻的事……我们不想抹黑中国人的品格……我们不是在提倡对移民课税，而是我们要保持对移民的必要限制"。

在 Bird 拍摄婴儿塔的年代，美英等西方国家在中国的常住或暂居者多数信仰基督教且在其母国有固定的教会生活，所以 Bird 的书在美国出版后，给当时英美教会在中国的工作提供了一些重要的参考，特别是看到在关于婴幼儿及妇女利益保护等方面，开始加强并且也确实做了很多工作。美国南加州大学图书馆电子档案里还有一张时任英国长老会妇女差传委员会主席 Bell 夫人在 1911-1912 年访问其差会在中国潮州一带的工作站期间拍摄的照片（图21）。根据照片的英文解说，池塘边的篮子是为了大家放要扔掉的孩子的，里面有个纸条大意是"请把孩子放在篮子里，不要扔进水里"。

在基督教信仰里（包括天主教和基督教新教），婴儿是颇受上帝和救赎主耶稣眷顾的，而中国婴儿受到如此"不人道"的待遇，是西方人难以想象和接受的。特别是在天主教信仰体系中，他们认为给婴儿施洗同样可以赦免他的原罪而被救赎主接纳，这也是为什么当时的天主教机构会将明明知道不可能救活的弃婴也要捡回来的原因：他们坚信只要婴儿还有一丝生命气息残留，为他施洗就可以拯救他的灵魂。而基督教新教虽然有些不施行婴儿洗礼，但多数也是遵照"爱人如己"的圣训，尽力挽救每一个有希望的尊贵生命。因此不少教会就以 Bird 的婴儿塔故事为切入点，鼓励信徒向在中国服事的机构奉献金钱甚至鼓励他们加入到中国服事的队伍中。在 1909 年 12 月 29 日于纽约召开的第 6 次国际学生志愿者运动和国外宣教大会上，来自福州工场的 Harriet I. Osborn 做了题为《为中国妇女而做》的发言，讲到当时社会变革中的妇女的命运和法制的无力："已有法令把处死女婴定为犯罪，但离福州一个居民小区五分钟步程之外，就是一座婴儿塔，经常堆满小女孩的尸体，她们被扔进去时有时还是活着的。今天下午如果你如果走在大街上，很有可能遇到一个挑着竹扁担的男人。一端是一块石头，另一端的篮子里，一个旧草帽下盖着一个可爱的女婴。如果没有找到买家，那女婴的价值就等同于那块石头，他们会被一起扔掉。所谓真正的进步，还没有临到我们的这些女人身上，对于这些我们眼中毫无人道的风俗，除了基督的福音，没有什么能改变它"[4]。

4　Osborn HI. Students and the present missionary crisis. Student Volunteer Movement for Foreign Missions, New York, 1910, 第 234-239 页。

图 21. 池塘边的篮子和宣教士（Bell 夫人）

照片摄于 1911 年。篮子用于暂时放置本打算溺死的婴孩，宣教士定时前往巡视，若有婴儿放入则收留入院。电子档存于南加州大学图书馆
（ http://digitallibrary.usc.edu/cdm/singleitem/collection/p15799coll123/id/48520/rec/16 ）。

　　因为当时对中国最感兴趣的人群是教会差会和基督教、天主教信徒，因此很多关于婴儿塔的文字和图像记载都是在宗教或宣教相关的档案中，但其引起关注的途径显然不只"信仰"和"传教"这一条。比如 Duke 大学出版社

2012 年出版的 *Medical Anthropology at the Intersections: Histories, Activisms, and Futures* 一书中[5]，在讨论人为干预下的性别选择对人类史本身发展的影响时，就以中国曾经的杀婴现象作为重要举例之一，并选配了 Gamble 拍摄的灌县婴儿塔照片作为支持。同样地，在网络课堂 CosmoLearning 系列中由 Robbert Wyman 所讲授的 Female Disadvantage 也引用了关于中国婴儿塔的说法[6]。英国著名作家毛姆 1919-1920 年间曾游访中国，在其游记 *On a Chinese Screen* 一书中[7]，讲述了他在某个地方遇到婴儿塔的经历："塔高大约 10 英尺，象是童话剧中的帽子，立在山腰上，与蓝天相应，以坟墓做背景，画面相当美。在它的脚跟，散乱地丢着几个粗糙编织的篮子。我绕着走了一圈看到一个大约 18 英寸长 8 英寸宽的洞，上面搭着一段不算细的绳子。从入口处传来一阵奇怪的令人恶心的味道。我突然意识到这东西是什么了……一个婴儿塔"。毛姆的这篇游记自 1922 年首版，已经出版了无数版本和译本（我们看到的其最近的一次是 2014 年由 Camphor 出版社出版），并被众多学者引用，直至如今[8]。

---

5 Inhorn MC, Wentzell EA. Medical Anthropology at the Intersections: Histories, Activisms, and Future. Duke University Press, Durham, 2012, 第 45 页。

6 讲课录像网址为 https://cosmolearning.org/video-lectures/female-disadvantage-6759/。

7 Maugham W.S. On a Chinese Screen. William Heinemann, London, 1922, 第 166-168 页。

8 King MT. Between Birth and Death: Female Infanticide in Nineteenth-Century China. Stanford University Press, Stanford, 2014, 第 88-92 页。

结　语

　　我们关注婴儿塔，不但希望以往发生在婴儿身上的悲剧能够避免，也希望与婴儿塔相关的历史悲剧能够避免。目前国内关于溺婴问题已有部分学术资料，但关于婴儿塔的学术研究基本完全缺如，若干问题都需要解决。比如，婴儿塔这一特殊建筑，最开始到底是在哪里或如何起源的？在中国各地的大致分布或"配置"情况如何？又有多少婴儿尸体是通过婴儿塔这一途径被"消化"？婴儿塔内的尸体，有多少是经过焚烧被处理，又有多少是经过自由腐烂而化为白骨？当年曾遍布各地的婴儿塔，又是什么时间被铲除的呢？为何浙中一带的童塔得以保留至今？由于现存婴儿塔相关资料多数来自曾与中国有着诸多恩仇的资本主义国家，容易让人因为民族感情因素而产生抵触情绪和猜疑。而国内关于婴儿塔的文献，无论是官方档案或个人资料都极少，更多的可能埋藏在某些被遗忘的角落。为此，我们盼望从事历史学研究和档案工作的同道，一起努力，从现有的线索出发，挖掘国内关于婴儿塔及相关问题的记录和凭据，重现真实的历史。

　　从前两部分可以看出，中国本身存在普遍、持久的溺婴、杀婴恶习，甚至屡遭官禁而不止；但凡有些天灾人祸，溺婴便成为解决生活压力的途径之一（参见第一部分，如 1947 年 1 月 9 日报道）。但另一方面，民众却对偏偏对外国人"可能"存在的虐婴或溺婴十分警惕；时常出现关于西人或教堂虐婴、甚至杀婴的传说，甚至成为众多"教案"的导火索。比如，1870 年发生的天津教案主要原因正是因为民间传言天主堂诱拐婴孩、虐婴杀婴、挖眼剖心而引起。而受清廷指派处理天津教案的曾国藩，在调查后发出布告称"有闻无知之徒，歧视外人，甚或结队成群，横行暴动"且计划"除查缉外，犯者以扰乱治安论罪"；不料（又是可以理解的），一代重臣曾国藩，正因为他这样明显"偏袒"洋人的调查结论，不单被当时的人骂为懦夫、卖国，也一直被后人所诟病、怀疑[1]。讽刺的是，就连公认溺婴现象最严重的福州，1927年也发生因为民众怀疑天主教育婴堂溺婴而攻击育婴堂、教会机构和外国人的案件。同半个多世纪之前的曾国藩一样，时任福建省长官的北伐军司令何应钦，因为在联合调查后说并没有发现育婴堂有虐婴现象，而被人扣上了人民公敌的帽子[2]。

至于清朝政府和民众到底在因为"洋人虐婴、杀婴"的"传说"而引发的教案中，付出多少的代价，请继续阅读本书第三、四部分。

（作者感谢加拿大多伦多大学图书馆 Lucy Gan 提供部分资料并参与讨论）。

1　马道宗。《曾国藩全书》第一卷，光明日报出版社，北京，2002年，第96-113页。
2　黄国荡。蒋介石与第一次国共合作的福建省政府[J]。党史研究与教学，1993，第22-33页。